Lahouaria Bendoukha

Ein ontologisches Rahmenwerk für Kooperationsunterstützung

Lahouaria Bendoukha

Ein ontologisches Rahmenwerk für Kooperationsunterstützung

Eine Multisicht-Betrachtungsweise der kooperativen Arbeit für einen integrativen Kooperationsunterstützungsansatz

Südwestdeutscher Verlag für Hochschulschriften

Impressum/Imprint (nur für Deutschland/only for Germany)
Bibliografische Information der Deutschen Nationalbibliothek: Die Deutsche Nationalbibliothek verzeichnet diese Publikation in der Deutschen Nationalbibliografie; detaillierte bibliografische Daten sind im Internet über http://dnb.d-nb.de abrufbar.
Alle in diesem Buch genannten Marken und Produktnamen unterliegen warenzeichen-, marken- oder patentrechtlichem Schutz bzw. sind Warenzeichen oder eingetragene Warenzeichen der jeweiligen Inhaber. Die Wiedergabe von Marken, Produktnamen, Gebrauchsnamen, Handelsnamen, Warenbezeichnungen u.s.w. in diesem Werk berechtigt auch ohne besondere Kennzeichnung nicht zu der Annahme, dass solche Namen im Sinne der Warenzeichen- und Markenschutzgesetzgebung als frei zu betrachten wären und daher von jedermann benutzt werden dürften.

Coverbild: www.ingimage.com

Verlag: Südwestdeutscher Verlag für Hochschulschriften GmbH & Co. KG
Heinrich-Böcking-Str. 6-8, 66121 Saarbrücken, Deutschland
Telefon +49 681 37 20 271-1, Telefax +49 681 37 20 271-0
Email: info@svh-verlag.de

Zugl.: Hamburg, Universität Hamburg, Diss., 2009

Herstellung in Deutschland:
Schaltungsdienst Lange o.H.G., Berlin
Books on Demand GmbH, Norderstedt
Reha GmbH, Saarbrücken
Amazon Distribution GmbH, Leipzig
ISBN: 978-3-8381-3032-3

Imprint (only for USA, GB)
Bibliographic information published by the Deutsche Nationalbibliothek: The Deutsche Nationalbibliothek lists this publication in the Deutsche Nationalbibliografie; detailed bibliographic data are available in the Internet at http://dnb.d-nb.de.
Any brand names and product names mentioned in this book are subject to trademark, brand or patent protection and are trademarks or registered trademarks of their respective holders. The use of brand names, product names, common names, trade names, product descriptions etc. even without a particular marking in this works is in no way to be construed to mean that such names may be regarded as unrestricted in respect of trademark and brand protection legislation and could thus be used by anyone.

Cover image: www.ingimage.com

Publisher: Südwestdeutscher Verlag für Hochschulschriften GmbH & Co. KG
Heinrich-Böcking-Str. 6-8, 66121 Saarbrücken, Germany
Phone +49 681 37 20 271-1, Fax +49 681 37 20 271-0
Email: info@svh-verlag.de

Printed in the U.S.A.
Printed in the U.K. by (see last page)
ISBN: 978-3-8381-3032-3

Copyright © 2012 by the author and Südwestdeutscher Verlag für Hochschulschriften GmbH & Co. KG and licensors
All rights reserved. Saarbrücken 2012

*An meinen Eltern und lieben Kindern
Mariem, Zakariya und Redouane*

Danksagung

Herzlich danken möchte ich an dieser Stelle Frau Prof. Dr. Christiane Floyd, die mir während meines Forschungsaufenthaltes am Arbeitsbereich Softwaretechnik der Universität Hamburg eine Arbeitsumgebung bereitgestellt und meine Sichtweise auf die Softwareentwicklung grundlegend geprägt hat. Sie hat mich in ständigen Diskussionen in meinen Ideen bestärkt und wertvolle fachliche Anregungen zu der vorliegenden Arbeit geliefert. So hat sie mir geholfen, neue Einsichten zu gewinnen, neue Zusammenhänge herzustellen und beides in geeignete Begriffe zu fassen.

Herzlichen Dank an Prof. Ingrid Schirmer, die mich zu dem Thema inspiriert hatte. Unser Austausch am Anfang hat mir geholfen, die Schwerpunkte der Forschung im Arbeitsbereich zu begreifen, und dazu motiviert, einen Beitrag hierfür leisten zu können. Ich danke ihr danach für die Übernahme der Zweitbetreuung dieser Arbeit sowie für ihre ständige Bereitschaft, sich mit meiner Arbeit in konstruktiven Diskussionen auseinanderzusetzen. Auf diese Weise hat sie mich dabei unterstützt, meine Arbeit in einen breiteren wissenschaftlichen Kontext einzubetten und einen konkreten Beitrag für Kooperationsunterstützung in die wissenschaftliche Landschaft der Softwaretechnik einzuordnen.

Ich möchte allen denen danken, die mir bei der Erstellung dieser Arbeit auf die eine oder andere Art behilflich waren. Mein ganz besonderer Dank gilt Herrn André Bönat und Frau Dorothee Sperber für ihre Bereitschaft, die sprachlichen Korrekturen zu übernehmen, trotz ihrer knappen Zeit.

Ein außergewöhnlicher Dank gilt meinem Mann Menouer. Er hat zunächst die Entscheidung für meine Promotion mitgetragen und dann ihre lange Dauer ertragen. Außerdem hat er mir ständig mit spannenden und fruchtbaren fachlichen Diskussionen viel geholfen.

Hamburg, im September 2009

Lahouaria Bendoukha

Vorwort

Die Gestaltung der Kooperationsunterstützung ist eine komplexe Aufgabe für Systementwickler. Sie umfasst einen gezielten Veränderungsprozess, bei dem unterschiedliche Stakeholders innerhalb und außerhalb der Organisation beteiligt sind. Kooperationsmodellierung soll nicht nur die Identifizierung sowie das Verstehen der aktuellen Situation der kooperativen Arbeit ermöglichen, sondern auch die Antizipation der aus der Einbettung des zukünftigen Systems ergebenden Veränderungen, sodass das System ständig an die permanenten Veränderungen angepasst werden kann. Verstehens- und Design-Aktivitäten müssen dann gleichzeitig berücksichtigt werden, d.h. die Ausrichtung der Software- mit der Organisationsentwicklung wird verlangt und muss explizit im Entwicklungsprozess selbst integriert werden.

Die Orientierung auf die Anwendungswelt bei evolutionären und partizipativen Softwareentwicklungsansätzen betrachtet die Lern- und Kommunikationsprozesse als Hilfsmittel für die gleichzeitige Berücksichtigung der Verstehens- und Design-Aktivitäten. In diesem Kontext lässt sich die Frage nach den Ursachen der damit verbundenen Komplexität spezieller stellen: In wieweit können die Methoden und Vorgehensweisen in der Softwaretechnik die Wechselwirkung der Verstehens- und Design-Aktivitäten bei der Systemgestaltung und die daraus entstehenden Synergieeffekte unterstützen und dabei gleichzeitig erzielte mehrstufige Lernprozesse mit einer benötigten Vielzahl von Organisations-, Arbeits- und Software-Sichten initiieren? Diese werden als neue Anforderungen für die Kooperationsunterstützung betrachtet. Ein neuer Kooperationsmodellierungsansatz und neue Konzepte und Vorgehensweisen, um die bislang gegenüberstehenden Sichtweisen für Verstehens- und Designaktivitäten gleichzeitig wahrnehmen zu können, sind erforderlich.

Ein integrativer Kooperationsmodellierungsansatz wird im Rahmen dieser Dissertation vorgestellt. Die Lösung besteht in der Erweiterung der Softwareentwicklung über das Einzelprojekt hinaus, um auch die Organisationsentwicklung sowie ihre kontinuierliche Wechselwirkung in Lernzyklen explizit einzubeziehen. Eine entsprechende interdisziplinäre Begriffsbildung zu den herausgearbeiteten Kooperationssichten wird in einem konzeptuellen Rahmenwerk zusammengelegt. Das darauf aufgebaute ontologische Rahmenwerk für Kooperationsunterstützung (ORKU) erlaubt die semantische Anreicherung der Entwicklungsdokumente und wird dadurch die Unterstützung der wechselseitigen Lern- sowie Design-Prozesse ermöglichen. Seine Einbettung zeigt, wie sich die multidisziplinäre Betrachtungsweise der Kooperation im Entwicklungsprozess verwirklichen lässt. Der implementierte Prototyp anhand von Protégé-2000 zeigt die technische Umsetzbarkeit von ORKU auf.

An ontological framework for cooperation support by evolutionary and participatory system development

Designing cooperation support characterizing work practices in organizations is a complex task for system developers. It should be considered as a change process requiring the participation of various stakeholders within and outside the organization, where the future system will operate. Cooperation modeling should not only allow the identification and understanding of the actual work practices, but also permit the anticipation of the changes the future system will initiate, so that the system could be kept adaptable to the continuously changing environment. Accordingly, both understanding and design activities have to be simultaneously taken into account, i.e. the alignment of software development with the organizational change is needed and should be explicitly integrated into system development and embedding processes.

Application-oriented system development, as a principle focus of participatory and evolutionary software development approaches, takes into consideration learning and communication processes as means for taking into account simultaneously understanding and design activities. In this context, the reasons which lead to the resulting complexity can be specifically summarized: At which level are the methods and procedures in the software engineering able to support the interactions between understanding and design activities during system design, as well as the resulting synergy effects, and to initiate simultaneously the multi-level learning processes across the multitude of necessary organizational, work practices and system views? These are the new requirements for cooperation support. A new cooperation modeling approach, new concepts and methods are needed, in order to perceive simultaneously the so far opposite views for understanding and design activities.

An integrative cooperation modeling approach is proposed in this dissertation. The research idea consists in the extension of the software development process beyond the scope of a unique project lifecycle, in order to integrate explicitly also the organizational change processes as well as their continuous interaction through learning cycles. An appropriate interdisciplinary paradigm corresponding to the resulting cooperation views is consolidated together into a conceptual framework.

The ontological framework for cooperation support (ORKU) is built on this conceptual background. It allows the semantic enrichment of development documents and may therefore be adapted for supporting the reciprocal learning and design processes. The embedding of ORKU shows how the multidisciplinary view of the cooperation could be carried into the development process. The implemented prototype based on Protégé-2000 highlights the practicability and the feasibility of a technical realization of ORKU.

Inhaltsverzeichnis

DANKSAGUNG I
VORWORT III
INHALTSVERZEICHNIS 1
ABBILDUNGSVERZEICHNIS 5
TABELLENVERZEICHNIS 7
1 EINLEITUNG 9
   1.1 Problemstellung 9
   1.2 Zielsetzung der Arbeit 12
   1.3 Aufbau der Arbeit 15
2 KOOPERATIONSUNTERSTÜTZUNG ALS HERAUSFORDERUNG 19
   2.1 Arbeitsformen 20
      2.1.1 Strukturierte Arbeit 20
      2.1.2 Unstrukturierte Arbeit 21
      2.1.3 Semi-Strukturierte Arbeit 22
   2.2 Kooperatives Arbeiten 22
      2.2.1 Herkunft und Ziele kooperativer Arbeit 23
      2.2.2 Charakterisierung der kooperativen Arbeit 25
   2.3 Computergestützte Kooperative Arbeit 29
      2.3.1 Formen kooperativer Gruppenarbeit 32
      2.3.2 Verstehen und Design in CSCW 38
      2.3.3 CSCW Design als schlimmes Problem 40
      2.3.4 Zusammenfassung 41
   2.4 Konsequenzen für die Kooperationsmodellierung 42
3 KOOPERATIONSUNTERSTÜTZUNG UND ORGANISATIONSENTWICKLUNG 45
   3.1 Die Komponenten Aufgaben, Organisation, Mensch, Technologie. 46
      3.1.1 Aufgabe 48
      3.1.2 Organisation 50
      3.1.3 Mensch 50
      3.1.4 Informations- und Kommunikationstechnologie 53
      3.1.5 Zusammenfassung 64

3.2 Wechselwirkungen Organisation, Mensch und Technologie 65
   3.2.1 Wechselwirkungen zwischen Technologie und Mensch 66
   3.2.2 Wechselwirkungen zwischen Technologie und Organisation 67
3.3 Zusammenfassung und Folgerungen 69

4 VERSTEHEN &DESIGN BEI ORGANISATIONSBEZOGENER SOFTWAREENTWICKLUNG 71

4.1 Organisationsbezogene Softwareentwicklung 71
4.2 Der STEPS-Ansatz 73
   4.2.1 Partizipative Softwareentwicklung 74
   4.2.2 Evolutionäre Softwareentwicklung 74
   4.2.3 Das STEPS-Projektmodell 76
   4.2.4 Dokumentbasierte Lern- und Kommunikationsprozesse 78
   4.2.5 Wechselseitiges Lernen und Rückkopplung 79
   4.2.6 Prototyping 80
4.3 Visualisierungsdokumente als Analysetechnik 81
4.4 Wie evolutionär sind projektbezogene Dokumente? 89
4.5 Zusammenfassung 91

5 MODELLIERUNG BEI ORGANISATIONSBEZOGENER SOFTWAREENTWICKLUNG 93

5.1 Konzeptuelle Modellierung für Informationssysteme 94
5.2 Konzeptuelle Modellierung im Requirements Engineering 99
   5.2.1 Visionen bei der Modellierung 100
   5.2.2 Organisation als Kontext für konzeptuelle Modellierung 101
5.3 Modellierung als sozialer Prozess 104
5.4 Softwareentwicklung als Semantikerstellung 107
5.5 Bildung einer Projektsprache 108
5.6 Ebenen der Begriffsbildung 109
5.7 Zusammenfassung 112

6 ONTOLOGIEN FÜR SOFTWARE- UND ORGANISATIONSENTWICKLUNG 113

6.1 Verhältnis Daten, Informationen, Wissen 114
6.2 Individuelles, kollektives und organisationales Wissen 116
   6.2.1 Individuelles Wissen 116
   6.2.2 Kollektives Wissen 118
   6.2.3 Organisationales Wissen 118
6.3 Individuelles & Organisationales Lernen 120
   6.3.1 Wissen als Ergebnis individuellen Lernens 122
   6.3.2 Förderung des individuellen Lernens durch die Organisation 122
   6.3.3 Organisationswissen als Ergebnis von organisationalen Lernen ... 123
   6.3.4 Wissensprozesse 124

6.4 Ontologien und Konzeptualisierung 128
6.5 Typen von Ontologien 131
    6.5.1 Kategorieneinteilung von Ontologien 131
    6.5.2 Formale & situierte Ontologien 132
    6.5.3 Foundational ontologies 136
6.6 Der Beitrag der Ontologien für die Kooperationsmodellierung..... 139

7 GRUNDLEGENDES KONZEPTUELLES RAHMENWERK .. 143

7.1 Der STEPS-Ansatz als Ausgangspunkt 145
    7.1.1 Design-Sicht der Softwareentwicklung 146
    7.1.2 Lern- und Kommunikationsprozesse 147
7.2 Partizipation und Evolution über das Einzelprojekt hinaus 149
    7.2.1 Kontinuierliche Einbindung weiterer Benutzer 149
    7.2.2 Kontinuierliche Änderungsverfolgung 150
7.3 Kooperationssichten im Kontext der Organisationsentwicklung ... 150
    7.3.1 Kooperationsgranularität: Individuum & Gruppe & Organisation 151
    7.3.2 Kooperationsformen: strukturiert & semi-strukturiert & unstrukturiert 152
7.4 Kooperationssichten im Kontext der Softwareentwicklung 154
    7.4.1 Kooperationsperspektive: Organisation & Mensch & System 154
    7.4.2 Kooperationsaspekte: Kollaboration & Koordination & Kommunikation 156
7.5 Ein integratives konzeptuelles Rahmenwerk 157
7.6 Die Multisicht-Begriffsbildung 160
    7.6.1 Basisbegriffe 161
    7.6.2 Erweiterte Begriffsbildung 162
7.7 Zusammenfassung 170

8 DAS ONTOLOGISCHE RAHMENWERK ORKU 173

8.1 Semantik-Anreicherung der Dokumente 174
8.2 Das ontologische Rahmenwerk ORKU 177
    8.2.1 Top-level ontology 177
    8.2.2 Foundational ontologies 181
    8.2.3 Überbrückung der foundational ontologies 184
    8.2.4 Überblick über die konzeptuelle Sicht von ORKU 186
    8.2.5 Kooperationsmodellierungsebenen anhand von ORKU 188
8.3 Aufbau des ontologischen Rahmenwerk ORKU 191
    8.3.1 Protégé-2000 192
    8.3.2 Darstellung der top-level ontology in Protégé-2000 194
    8.3.3 Darstellung der foundational ontologies in Protégé-2000 196
    8.3.4 Fallstudie Krankenhaus 199
    8.3.5 Semantik-Anreicherung des Kooperationsbildes anhand von ORKU 202
8.4 Einbettung von ORKU in den Systementwicklungsprozess 207
    8.4.1 Das ontologische Rahmenwerk als Designartefakt 208
    8.4.2 Unterstützung von Wechselseitigem Lernen 210
8.5 Erweiterung der Vorgehensweise 211
    8.5.1 Flexibilität der Anforderungsermittlung 212

    8.5.2   Verbindung von Ist-Zustand und Soll-Konzept 215
  8.6 Zusammenfassung.. 217

9 ZUSAMMENFASSUNG UND AUSBLICK 221
  9.1 Zusammenfassung... 221
  9.2 Ausblick 227

LITERATUR 229

Abbildungsverzeichnis

Abbildung 2.3-1: Bestandteile und Interdisziplinarität von CSCW (Schäfer 1999) 30
Abbildung 2.3-2: Entwicklungen und Forschungskontexte (Grudin 1993) 31
Abbildung 2.3-3: Ebenen der Zusammenarbeit nach Lubich (1995) 32
Abbildung 2.3-4: Direkte und indirekte Kommunikation (Schlichter et al. 1997) 36
Abbildung 2.3-5: Spektrum an Koordination in CSCW-Systemen (Schill 1996) 37
Abbildung 3.1-1: MTO-Konzept (nach Ulich 1992) 47
Abbildung 3.1-2: Leavitt Raute (Leavitt 1958 in Borghoff & Schlichter 1995) 48
Abbildung 3.1-3: Metamodell der Prozessdefinition (nach WFMC 1995) 58
Abbildung 3.1-4: Technologie-Einordnung in das Spektrum Mensch-System 59
Abbildung 3.1-5: Technologieverteilung und Prozessverteilung 61
Abbildung 4.1-1: Software im Kontext von Arbeit und Organisation 72
Abbildung 4.2-1: Das zyklische Projektmodell in STEPS (z.B. 1994b) 77
Abbildung 4.2-2: Lernen mit Dokumenten (Floyd2004) 78
Abbildung 4.2-3: Softwareentwicklung als mehrstufiger Lernprozess 80
Abbildung 4.3-1: Krankenhausprojekt 1/3 82
Abbildung 4.3-2: Krankenhausprojekt 2/3 83
Abbildung 4.3-3: Krankenhausprojekt 3/3 84
Abbildung 4.3-4: Kooperationsbild einer übergreifenden Aufgabe 87
Abbildung 5.1-1: Zwei Phasen-Organisation des IS-Lebenszyklus 94
Abbildung 5.1-2: Konzeptuelle Modellklassifizierung 96
Abbildung 5.2-1: Relationships between subject, usage and system worlds 100
Abbildung 5.2-2: Zusammenfassung von Informationssystem -Analyse und –Design 103
Abbildung 6.1-1: Handlungstheoretische Abgrenzung des Wissensbegriffes 114
Abbildung 6.2-1: Wissensprozesse des Einzelnen 117
Abbildung 6.2-2: Individuelles, Team und organisationales Lernen 119
Abbildung 6.3-1: Zyklus des Organisationslernens 124
Abbildung 6.3-2: Wissensspirale nach Nonaka und Takeuchi 126
Abbildung 6.5-1: Kategorieneinteilung von Ontologien 131
Abbildung 6.5-2: Der Begriff „Ontologie" in der Informatik für unterschiedliche
 Artefakte 132
Abbildung 7.1-1: Ausrichtung der Software- mit der Organisationsentwicklung 148
Abbildung 7.5-1: Kooperationssichten bei Softwareentwicklung für
 Kooperationsunterstützung 159
Abbildung 7.6-1: Software im Kontext von Arbeit und Organisation 161
Abbildung 7.6-2: Repräsentative Begriffe für die betrachteten Sichten 163
Abbildung 7.6-3: Integratives konzeptuelles Rahmenwerk für
 Kooperationsmodellierung 165

Abbildung 8.1-1: Monosicht der Analysten 174
Abbildung 8.1-2: Ideale Vorgehensweise nach Züllighoven 175
Abbildung 8.1-3: Semantik-Anreicherung der Dokumenttypen 176
Abbildung 8.2-1: *Top-level ontology* von ORKU 178
Abbildung 8.2-2: Foundational ontologies bezüglich Oragnisations-, Mensch- und System-Sichten 182
Abbildung 8.2-3: Konkretisierung des Zieles durch Menschen 185
Abbildung 8.2-4: Operationalisierung der Organisationsziele 185
Abbildung 8.2-5: Der Zusammenhang zwischen Operation, Aktivität und Aufgabe ... 186
Abbildung 8.2-6: Überblick über die konzeptuelle Sicht von ORKU 187
Abbildung 8.2-7: Kooperationsmodellierungsebenen anhand von ORKU 189
Abbildung 8.2-8: Wechselwirkung der Verstehens- und Design-Aktivitäten 190
Abbildung 8.3-1: Darstellung der individuellen und kooperativen Entitäten 195
Abbildung 8.3-2: Auszug aus der Hierarchie der Klassen von ORKU 196
Abbildung 8.3-3: Darstellung der Entität übergreifende Aufgabe aus der Organisationssicht 197
Abbildung 8.3-4: Darstellung der Entität „Akteur" 198
Abbildung 8.3-5: Bezug zum Krankenhausanwendung 200
Abbildung 8.3-6: Darstellung der ausgewählten Aktivität „Bett-Vergeben" 201
Abbildung 8.3-7: Konzeptualisierung der Entitäten im Kooperationsbild 203
Abbildung 8.3-8: Darstellung der Aktivität „Bett-Vergeben" auf der Instanz-Ebene .. 204
Abbildung 8.3-9: Zusammenbringen des Kooperationsbilds und Dokumentation 206
Abbildung 8.3-10: Auszug der Ergebnisse der Anfrage an verwendete Dokumente ... 207
Abbildung 8.4-1: Zusammenbringen der Verstehens- und Design-Aktivitäten 209
Abbildung 8.5-1: Vorgehensweise bei der Aufgabenanalyse 216

Tabellenverzeichnis

Tabelle 4.3-1: Wozu-Tabelle für die Aufgabe „Anmeldung eines Patienten zur Röntgenuntersuchung" (vgl. Krabbel et al. 1996a) 89

Tabelle 5.6-1: Unterscheidung der Begriffe auf konkreter, fachlicher und analytischer Ebene 110

Tabelle 8.3-1: Die Hierarchie der wichtigen Systemklassen 194

Schreibweisen

Die Wörter in englischer Sprache werden kursiv geschrieben.

1 Einleitung

1.1 Problemstellung

Kooperationsunterstützung bei der Softwareentwicklung ist im Rahmen des partizipativen und evolutionären Entwicklungsprozesses eine komplexe Aufgabe für die Softwareentwickler, weil es sich dabei nicht nur um Design eines zukünftigen Systems handelt, sondern auch um das Verstehen der aktuellen Situation der kooperativen Arbeit im Anwendungsbereich und wo genau die Veränderungen eingeführt werden sollen. Trotz der fortschrittlichen Technologie und des Netzwerks der Rechner bleibt die Kooperationsunterstützung mehr Ziel als Realität. Sie wird als schlimmes Problem in der Literatur bezeichnet, das meistens in sozialen Kontexten auftritt.

Die Frage nach den Gründen der Komplexität bei gleichzeitiger Betrachtung von Verstehens- und Design-Aktivitäten lässt sich in der Literatur in unterschiedlichen Disziplinen und auf verschiedenen Ebenen erklären.

Eine wichtige Ursache dieses Problems ist die multi-disziplinäre Natur des Problems selbst. Diejenigen, die sich mit dem Verstehen und die anderen, die sich mit dem Design beschäftigen, kommen aus verschiedenen Bereichen. Auf der einen Seite sind Informatiker skeptisch in Bezug auf die Verwendung von traditioneller Anforderungsanalyse und Design für die komplexe kooperative Arbeit, insbesondere für die Interpretationen der sozialen Beschreibungen der Arbeit und ihre Umwandlung in die Substanz des Designs. Auf der anderen Seite sind Sozialwissenschaftler der Meinung, dass ihre traditionellen Perspektiven (*ethnomethodology, distributed cognition, activity theory,...*) gefragt sind, um eine Aufgabe im Design-System zu erledigen, für die sie ursprünglich nicht gedacht waren.

Ein wesentlicher Unterschied zwischen den beiden Bereichen liegt darin, dass sich die Rolle der Modelle und Abstraktionen in den verschiedenen Welt-Sichten unterscheidet. Für die Sozialwissenschaftler beschreiben die Abstraktionen die zu analysierende Situation, während für Designer eher das zu bauende System.

Im Rahmen meines Dissertationsvorhabens habe ich spezielle Ursachen für diese Komplexität im Rahmen der partizipativen und evolutionären Softwareentwicklungsansätze erkannt. Meiner Meinung nach wird diese Komplexität hinsichtlich der Softwareentwicklung noch stärker auch von den Methoden und

Vorgehensweisen selbst, die die Partizipation und Evolution in den Forschungsprojekten betonen, verursacht.

Bei dem partizipativen und evolutionären Softwareentwicklungsansatz STEPS (Floyd 1987) können die Probleme nicht fest vorgegeben, Anforderungen veränderlich und Softwareprodukte im Einsatz eng mit den Arbeits-Kommunikationsprozessen verzahnt sein (Floyd 1986; Floyd 1994a). Die Softwareentwicklung wird hier als Lern- und Kommunikationsprozess mit veränderlichen Anforderungen verstanden. Zu diesem Zweck bezieht sich der STEPS-Ansatz auf eine Reihe von Grundannahmen (vgl. Floyd et al. 1989). Auf der einen Seite die „Partizipation". Damit ist die Beteiligung der Entwickler gemeinsam mit den Anwendern an der Durchführung der Lern- und Kommunikationsprozesse gemeint. Dieser Prozess basiert auf der Komplementarität von Prozessen und Produkten. Produkte sind einerseits Ergebnisse solcher Prozesse und lösen andererseits wieder Prozesse aus. Auf der anderen Seite die „Evolution". Damit ist gemeint, dass Herstellung und Einsatz des Produkts Softwaresystem eng miteinander verschränkt sind und gemeinsam betrachtet werden müssen. STEPS betrachtet die Softwareentwicklung als einen integrativen Bestandteil einer übergreifenden Organisationsentwicklung und thematisiert die Einbettung des technischen Produkts der Softwareentwicklung in das Umfeld. Dies ist als „Design-Sicht" der Softwareentwicklung bekannt (Floyd 1994a) im Gegensatz zu einer Produktionssicht, bei der nur die zu erstellenden Produkte ohne ihren Einsatzkontext betrachtet werden. Bei der Design-Sicht stehen die Arbeits- und Kommunikationsprozesse, die durch die Softwareentwicklung unterstützt werden sollen, im Vordergrund.

Es ist klar zu erkennen, dass abgesehen von der Kooperationsunterstützung die Wechselwirkung zwischen Verstehens- und Design-Aktivitäten im Kern eines partizipativen und evolutionären Softwareentwicklungsprozessen steht, und schon lange als Tradition des Ansatzes anhand von Lern- und Kommunikationsprozessen durchgeführt worden ist.

Die Frage nach den Ursachen der Komplexität der Kooperationsunterstützungsaufgabe hinsichtlich der Softwaretechnik lässt sich konkreter stellen: In wieweit können die Methoden und die Vorgehensweisen in Softwaretechnik-Forschungsprojekten die lebenswichtigen Prinzipien der Partizipation und Evolution und das Lernen als Hilfsmittel für die Wechselwirkung der Verstehens- und Design-Aktivitäten erfüllen?

Die Ergebnisse dieser Untersuchung werden uns sicherlich dabei unterstützen, einen geeigneten Kooperationsmodellierungsansatz nachvollziehen zu können. Es geht nicht darum, ein einziges generelles Kooperationsmodell für alle kooperativen Arbeiten zu erarbeiten, sondern um eine Anleitung für unterschiedliche Beteiligte zur Selbsthilfe, damit jedes konkretes Entwicklungsteam sein passendes Kooperationsmodell erarbeiten kann.

Um dieses umfangreiche Thema zu begrenzen, steht im Zentrum meiner Arbeit die Verwendung von Entwicklungsdokumenten, z.b. von WAM-Dokumenttypen (Züllighoven 1998). Ich betrachte insbesondere Kooperationsbilder und Wozu-Tabellen, die in Forschungsprojekten, z.B. Krankenhaus (vgl. Wetzel 2000; Krabbel 2000) und Lehrplanungserstellung (vgl. Döhring 2000; Tesmer & Blank 1999) als Lern- und Kommunikationsartefakte bei der Anforderungsermittlung erstellt wurden.

Auf Grund der graphischen Technik der Darstellung der Kooperationsbilder, der statischen Struktur der Wozu-Tabellen und des Mangels an einer adäquaten Begrifflichkeit unterstützen diese Dokumente nur die Verbesserung der Kommunikation zwischen Entwicklern und Benutzern, d.h. die „Partizipation". Im Fall von großen Systemen kann die „Evolution" leider nur schwer oder gar nicht erfüllt werden. Der Fokus auf die situierten Prozesse wird den Designprozess vom gesamten organisationalen Kontext entfernen. Der Blick ist auf den Designprozess selbst gerichtet, welcher die Dialoge zwischen Designer und Nutzer nur über eine bestimmte Anwendung betrachtet.

Verstehens- und Design-Aktivitäten stehen bereits im Fokus der Erstellung der Dokumente, aber nicht der Zusammenhang zwischen den beiden Aktivitäten. Das organisationale Lernen wird betont, aber nicht unterstützt.

Im Folgenden wird untersucht, wie die Dokumente strukturiert werden müssen, um die Verstehens- und Design-Aktivitäten sowie ihre kontinuierlichen Wechselwirkung in Lernzyklen zu berücksichtigen.

Sind die Ursachen der Komplexität der Kooperationsunterstützung für die Entwickler im Rahmen eines partizipativen und evolutionären Softwareentwicklungsansatzes erkannt und begrenzt, so können Vorschläge für einen vereinfachten Kooperationsmodellierungsansatz gezielt herausgearbeitet werden. Hierbei könnte auf Erkenntnisse der Ontologien als interdisziplinäre Forschung zurückgegriffen werden. Laut der einfachsten Definition der Ontologien bieten sie ein gemeinsames Verständnis über eine Domäne, das zwischen Menschen und Anwendungssystemen kommuniziert werden kann. Somit sind Ontologien heutzutage in vielen Fachgebieten der Informatik sehr populär geworden. Ontologien können einerseits zumindest dann die Kooperationsmodellierung unterstützen, wenn die Softwareentwicklung als Semantikerstellung betrachtet wird. Dann geht es um die Einigung auf die Entwicklung einer Sprache, die eine solche Semantik unterstützen soll, die Wahl einer geeigneten Begrifflichkeit, die von allen Beteiligten verstanden und verwendet wird, den Aufbau einer Semantik, die die unterschiedlichen Kooperationssemantiken im Anwendungs-

sowie im Entwicklungskontext explizit darstellen kann. Andererseits bilden Ontologien das gemeinsame Gedächtnis der Organisation, worauf die Organisationsentwicklung basiert. Der Beitrag der Ontologien besteht darin, das gemeinsame Gedächtnis so zu strukturieren, dass es als Artefakt der gemeinsamen Lern- und Kommunikations- sowie Design-Prozesse betrachtet werden kann.

Ich erwarte zumindest zwei wesentliche Beiträge von Ontologien für die Kooperationsmodellierung bei partizipativer und evolutionärer Softwareentwicklung:

- Vergegenständlichung der „Partizipation" anhand der syntaktischen und semantischen Standardisierung der beschreibenden Kooperationsdokumente;
- Vergegenständlichung der „Evolution" anhand des gemeinsamen organisationalen Gedächtnisses, das als ein gemeinsames Lern-Artefakt zu betrachten ist.

1.2 Zielsetzung der Arbeit

Es geht in der vorliegenden Arbeit um die Suche nach einem geeigneten Kooperationsmodellierungsansatz für die Konkretisierung der allgemeinen Wechselwirkung zwischen Verstehens- und Design-Aktivitäten bei Kooperationsunterstützung im Kontext der partizipativen und evolutionären Softwareentwicklung. Da die Kooperationsunterstützung als eingebettet in die Aufgaben betrachtet wird, sollen die neuen Anforderungen nicht nur im Hinblick auf die Softwareentwicklung, sondern auch auf den gesamten Kontext der Organisationsentwicklung herausgearbeitet werden.

Mit dem STEPS-Ansatz für die Softwareentwicklung erkennt man die Bedeutung der Wechselwirkungen zwischen organisatorischem Umfeld und Software an und begreift Softwareentwicklung als einen Lern- und Kommunikationsprozess, dessen Ergebnis Menschen in ihrer Arbeit entsprechend ihrer Bedürfnisse unterstützt. Von daher wird der STEPS-Ansatz in der vorliegenden Arbeit als prädestiniert für Kooperationsunterstützung betrachtet. Die Wechselwirkung zwischen Verstehens- und Design-Aktivitäten steht im Kern eines evolutionären und partizipativen Softwareentwicklungsprozesses. Aus diesem Grund habe ich mich ganz früh für STEPS als Ausgangspunkt entschieden. Die Grundannahmen des STEPS-Ansatzes, die für Verstehens- und Design-Aktivitäten erforderlich sind, beschäftigen sich mit der Design-Sicht der Softwareentwicklung sowie mit den Lern- und Kommunikationsprozessen.

Dementsprechend müssen die verwendeten Vorgehensweisen, Modelle und softwaretechnischen Artefakte diese Grundannahme nicht nur betonen, sondern explizit unterstützen. Dies führt vor dem Hintergrund der aufgezeigten Problemstellung zur Ausgangsthese der vorliegenden Arbeit.

Ausgangsthese: Die bislang gegenüberstehenden Sichtweisen aus den unterschiedlichen Disziplinen für Verstehens- und Design-Aktivitäten müssen als sich ergänzende Ansätze wahrgenommen werden. Kooperationsmodellierung kann helfen, um Verstehens- und Design-Aktivitäten zusammen zu bringen.

Aus der hier formulierten Ausgangsthese ergibt sich unmittelbar die Zielsetzung der Arbeit. Die Berücksichtigung des Zusammenhangs zwischen Verstehens- und Design-Aktivitäten bei partizipativer und evolutionärer Softwareentwicklung verlangt die Ausrichtung der Software- mit der Organisationsentwicklung. Dies erfordert einen neuen Kooperationsmodellierungsansatz, neue Konzepte und Vorgehensweisen, um die Organisationsentwicklung in den Softwareentwicklungsprozess selbst zu integrieren.

Meine Lösung besteht in der Erweiterung der Partizipations- und Evolutions-Prinzipien, um nicht nur die Softwareentwicklung, sondern auch die Organisationsentwicklung explizit unterstützen zu können. Sie werden über das Einzelprojekt hinaus betrachtet. Die Lern- und Kommunikationsprozesse werden zu den in der vorliegenden Dissertation herausgearbeiteten Kooperationssichten erweitert. Weil Lern- und Kommunikationsprozesse anhand von Dokumenten durchgeführt werden, wird eine semantische Anreicherung dieser Dokumente angestrebt.

Aus dieser Zielsetzung lassen sich die folgenden wesentlichen Fragen, die sich nicht einfach trennen lassen, entfalten:

- Die Erweiterung der Lern- und Kommunikationszyklen zur „Design-Sicht": Die Übertragung der allgemeinen Design-Sicht der Softwareentwicklung auf den konkreten Kontext der Kooperationsunterstützung führt zur speziellen Zielsetzung bei Kooperationsmodellierung, nämlich die gleichzeitige Berücksichtigung der Ausrichtung der Software- und der Organisationsentwicklung. Die explizite Integration der Verstehens- und Design-Aktivitäten in dem Entwicklungsprozess soll die Unterscheidung der zwei Dimensionen unterstützen, dass Software im Einsatz zur Unterstützung von organisierten Arbeitsprozessen dient, und dass die Softwareentwicklung selbst ein organisierter Arbeitsprozess ist. Die Überbrückung zwischen Domänen- und Systemmodellen muss explizit unterstützt werden. Die semantische Anreicherung von Dokumenten soll die gleichzeitige Betrachtung der deskriptiven sowie präskriptiven Kooperationsmodellierung ermöglichen. Als neue Anforderungen an die Kooperationsmodellierung sollen Kooperationssichten im Kontext der Softwareentwicklung sowie im Kontext der Organisationsentwicklung herausgearbeitet werden. Hinsichtlich der Organisationsentwicklung muss das Spektrum der Kooperationsformen strukturiert & semi-strukturiert & unstrukturiert mit der Kooperationsgranularität Individuum & Gruppe & Organisation betrachtet werden. Hinsichtlich der Softwareentwicklung können diese Sichten anhand der Kooperationsperspektiven Organisation & Mensch & Software und der Kooperationsaspekte Kollaboration & Koordination & Kommunikation berücksichtigt werden.

- Die Erweiterung der Lern- und Kommunikationszyklen zu organisationalem Lernen: Anhand der softwaretechnischen Artefakte soll nicht nur die Softwareentwicklung als mehrstufiger Lernprozess betrachtet werden, sondern auch die Organisationsentwicklung. Der erweiterte kontinuierliche Lernzyklus soll anhand der semantischen Anreicherung von dokumentbasierter Kommunikation und Design geschaffen werden. Die Wechselwirkung zwischen den betrachteten Kooperationssichten soll anhand des erweiterten Lernzyklus in den Softwareentwicklungsprozess selbst integriert werden.

- Die Erweiterung der Lern- und Kommunikationszyklen zu Design-Aktivität: Die betrachteten Kooperationssichten hinsichtlich der Softwareentwicklung und der Organisationsentwicklung müssen nicht nur unterschieden, sondern auch konzeptuell zusammengebracht werden. Die Erweiterung soll dabei aufzeigen, dass nicht nur die Anforderungsanalyse im Vordergrund steht, sondern auch die Design- und Einsatz-Prozesse. Die Dokumente, die Lern- und Kommunikations-Zyklen vergegenständlichen, müssen auch Design-Prozesse unterstützen.

- Die Erweiterung der Lern- und Kommunikationszyklen über das Einzelprojekt hinaus: Die Betrachtung sowohl der Softwareentwicklung für Kooperationsunterstützung als auch ihrer Einbettung verlangt, dass die Partizipations- und Evolutions-Prinzipien aus einem weiteren Blickwinkel über das Projekt hinaus betrachtet werden. Dadurch kann die Kooperation zwischen Entwicklern, die Kooperation zwischen Benutzern und die Kooperation zwischen Entwicklern und Benutzern berücksichtigt werden. Die Unterstützung der Partizipation muss so erweitert werden, dass nicht nur die Beteiligung der aktuell bekannten zukünftigen Systembenutzer am Prozess der Softwareentwicklung berücksichtigt wird, sondern darüber hinaus kontinuierlich weitere Beteiligte mit unterschiedlicher Betroffenheit, die am Anfang des Projektes noch nicht bekannt sind, eingebunden werden können. Ebenfalls wird die Ausrichtung der Systementwicklung auf den Organisationswandel nur ermöglicht, wenn die Technik der Evolution erweitert wird. Dabei müssen sowohl die „erforderlichen Veränderungen", die schon am Anfang des Projekts bekannt gegeben werden können, wie auch die daraus „resultierenden Veränderungen", die sich als

Konsequenzen der Systemeinbettung und ihrer Wirkungen auf die Organisation sind, betrachtet werden.

- Die Erweiterung der Lern- und Kommunikationszyklen zu expliziten integrierten Kooperationssichten: Lernen ist der Anknüpfungsfaktor, um die betrachteten Sichten zusammenzuführen. Es geht in einem weiteren Schritt darum, das Lernen auf der Basis der integrierten Kooperationssichten explizit zu machen. Eine ausgewählte Terminologiebildung für die unterschiedlichen Kooperationsverständnisse muss gemäß den betrachteten Kooperationssichten sorgfältig herausgearbeitet und in einem konzeptuellen Rahmenwerk zusammengeführt werden.

- Die Erweiterung der Lern- und Kommunikationszyklen zur Semantikerstellung: Da die Systementwicklung selbst vielmehr als Semantikerstellung betrachtet werden soll, müssen die gewählten Begriffe auch semantisch verbunden sein. Die Zusammenführung der Begriffsbildung in ein konzeptuelles Rahmenwerk kann nur eine statische Darstellung einer gemeinsamen Sprache für unterschiedliche Beteiligte bilden. Die Syntax allein reicht nicht aus für die Unterstützung der Lernprozesse. Lernen selbst wird hier als Wissenserzeugung betrachtet. Der fortwährende Lernprozess muss so ausgestaltet werden, dass der Austausch von Wissen mittels Dokumenten und Kommunikation möglichst optimal geschaffen wird. Die Beiträge eines ontologiebasierten Kooperationsmodellierungsansatzes werden hier aufgezeigt.

1.3 Aufbau der Arbeit

Gegenstand der Arbeit ist es, ein ontologisches Rahmenwerk zur Kooperationsunterstützung (ORKU) herauszuarbeiten, das sowohl für die Software- als auch für die Organisationsentwicklung genutzt werden kann. ORKU beschreibt nicht ein einziges kooperatives Prozessmodell, sondern bietet eine Unterstützung und eine Anleitung für die Beteiligten an, ihr eigenes Modell für ihren konkreten Kontext abzuleiten und anzupassen. Hieraus ergibt sich der weitere Aufbau der Arbeit.

Im zweiten Kapitel wird das Forschungsgebiet der kooperativen Arbeit und ihre Unterstützung unter Heranziehung der wesentlichen Literatur vorgestellt. Im ersten Teil werden die Charakterisierung der Arbeitsformen sowie die wesentlichen Faktoren, die eine kooperative Arbeit kennzeichnen, erläutert. Im zweiten Teil wird die Kooperationsunterstützung als schlimmes Problem vorgestellt. Dabei müssen die Verstehens- und Design-Aktivitäten gleichzeitig betrachtet werden. Dies führt zu einer kritischen Einschätzung der aktuellen Kooperationsmodellierungsansätze. Dabei zeigt sich, dass bislang ein geeigneter Kooperationsmodellierungsansatz fehlt; dies erschwert insbesondere die Aufgabe der Kooperationsunterstützung bei partizipativer und evolutionärer Softwareentwicklung.

Im dritten Kapitel geht es um die Wechselwirkung zwischen den Komponenten Organisation, Mensch, Technologie und Aufgabe anhand von Lernprozessen. Die Betrachtung von Lernen auf der individuellen, Gruppen- und organisationalen Ebene dient als Schlüssel-Idee, um die Ausrichtung der Software- mit der Organisationsentwicklung zu schaffen. Das Kapitel schließt mit einer Bestätigung, warum sich die unterschiedlichen Wechselwirkungen zwischen diesen Komponenten nicht anhand traditioneller Kooperationsmodellierungsansätze modellieren lassen und zieht die Aufmerksamkeit auf die organisationsbezogenen Systementwicklungsansätze, wo Lern- und Kommunikationsprozesse im Kern des Ansatzes stehen.

Das vierte Kapitel stellt Erkenntnisse aus dem Gebiet der organisationsbezogenen Softwareentwicklung vor und zeigt, wie Verstehens- und Design-Aktivitäten auch hier Bestandteile des Entwicklungsprozess sind. Dabei wird deutlich, dass wechselseitiges Lernen anhand von Dokumenten bzw. Dokumenttypen durchgeführt wird. Es wird diskutiert, in wieweit die dokumentbasierten Lern- und Kommunikationszyklen die Wechselwirkungen zwischen den Komponenten Organisation, Arbeit und Software unterstützen. Das Kapitel schließt mit einer Kritik der Methoden und Vorgehensweisen, die die Betrachtung der Partizipation und Evolution betonen und mit einem konkreten Vorschlag einer Lösung, um diese Beschränkungen zu beheben. Die Lösung bezieht sich auf die Notwendigkeit eines geeigneten Modellierungsansatzes, um eine semantische Anreicherung der Dokumente gemäß der Partizipations- und Evolutionsprinzipien zu schaffen.

Im fünften Kapitel wird die Fragestellung nach dem Zusammenhang zwischen Verstehens- und Design-Aktivitäten auf der Modellierungsebene weiter untersucht. Dies wird aus Sicht der konzeptuellen Modellierung und aus Sicht der organisationsbezogenen Softwareentwicklung ausgeführt, um die Lücken bei dokumentbasierten Lern- und Kommunikationsprozessen zu erkennen und Lösungen herauszuarbeiten. Einerseits wird eine neue Generation der konzeptuellen Modellierung vorgestellt, die sich mit Partizipation und Verstehen gemäß unterschiedlichen Sichten beschäftigt. Die neue Generation wird mit Ontologien gekennzeichnet. Andererseits wird die Modellierung bei organisationsbezogenen Softwareentwicklung als sozialer Prozess und die Softwareentwicklung als Semantikerstellung dargestellt. Weil Ontologien allein keinen Zweck haben und sie einen Kontext für die Semantikerstellung brauchen, ergänzen sich die beiden Modellierungsansätze gut, um Verstehens- und Design-Aktivitäten gleichzeitig im Entwicklungsprozess betrachten zu können.

Kapitel 1: Einleitung

Das sechste Kapitel legt die Grundlagen einer ontologiebasierten Modellierung. Im Mittelpunkt steht der Begriff „Wissen". Zunächst werden einige Grundbegriffe im Zusammenhang mit Wissen zusammengefasst. Danach werden Ontologien je nach ihren Verwendungsweisen untersucht. In dieser Arbeit werden insbesondere die situierten und formalen Ontologien betrachtet. Auf Grund der Kritik in der Literatur zur Verwendung von Ontologien im Kontext der Softwaretechnik folgt eine eigene Stellungnahme, wie ich den Beitrag von Ontologien zur Kooperationsmodellierung bei partizipativer und evolutionärer Softwareentwicklung betrachte.

Im siebten Kapitel wird das Ergebnis dieser Arbeit vorgestellt. Zunächst werden die wesentlichen Grundannahmen für Kooperationsmodellierung bei partizipativen und evolutionären Systementwicklungsansätzen aus der Sicht unterschiedlicher Welten herausgearbeitet und zusammengefasst, um geeignete Abstraktionsdimensionen der Kooperationsmodellierung klar zu unterscheiden und eine entsprechende Begriffsbildung gemäß der betrachteten Sichten zu erarbeiten. Die grundlegenden Begriffe werden in Anlehnung an lange Erfahrungen aus den Forschungsprojekten der partizipativen und evolutionären Systementwicklungsansätze an der Universität Hamburg begründet. Im Fokus steht die Terminologiebildung, um menschliche Tätigkeit mit Computerfunktionen zu verbinden. Dieser Kern wird erweitert, um die integrierende Betrachtungsweise der Kooperation zu unterstützen und die betrachteten Sichten anhand eines konzeptuellen Rahmenwerks darstellen und zusammenführen zu können.

Im achten Kapitel wird Kooperation auf der Wissensebene betrachtet. Weil wir das Lernen nicht von einer Person auf eine andere übertragen können, ist Lernen immer auch Wissenserzeugung. Dabei wird begründet, dass Ontologien - die neue Generation der konzeptuellen Modellierung - die eine wichtige Rolle in den Sprachen und Kognition spielen, die Lernprozesse besser unterstützen können. Das im Kapitel 7 vorgeschlagene konzeptuelle Rahmenwerk bietet eine ausgewählte Begriffsbildung gemäß den unterschiedlichen Kooperationssichten an. Es wird selbst als Kommunikationsmittel über und zwischen den Sichten betrachtet. Wie wird dieses konzeptuelle Rahmenwerk in einem partizipativen und evolutionären Systementwicklungsprozess wirken und in Bezug auf Systemarchitektur und Rahmenwerk in dem Systementwicklungsprozess selbst verwendet? Diese Fragestellungen bilden die Ausgangspunkte für die Erarbeitung des vorgeschlagenen ontologischen Rahmenwerks ORKU (Ontologisches Rahmenwerk für Kooperationsunterstützung). Die in diesem Kapitel geführten Erweiterungen zielen auf die Nutzbarmachung des ORKU ab, um die Zielsetzungen dieser Arbeit zu erfüllen. Der Aufbau anhand Protégé-2000 (*open source ontolody editor and knowledge-base*

17

framework) wird zusammengefasst und an der Fallstudie Krankenhaus, insbesondere für die Aufgabe „Patientenaufnahme" erläutert.

Das neunte Kapitel fasst die wesentlichen Ergebnisse der Arbeit zusammen und gibt einen Ausblick auf offene Fragen für weitere Forschungen.

2 Kooperationsunterstützung als Herausforderung

Nachdem im ersten Kapitel die zugrundeliegende Problemstellung geschildert und der in dieser Arbeit verfolgte Lösungsansatz grob skizziert wurde, wollen wir in diesem Kapitel das Gebiet der „kooperativen Arbeit" und einen entsprechenden Kooperationsmodellierungsansatz beleuchten. Dies ist notwendig, da das Verstehen des aktuellen Zustands des Anwendungsbereichs und die Antizipation und Unterstützung seiner zukünftigen Änderungen eine wichtige Anforderung für Kooperationsunterstützung ist. Hinsichtlich der Fragestellung in dieser vorliegenden Arbeit, die die Ausrichtung der System- mit der Organisationsentwicklung anstrebt, soll auch der Zusammenhang zwischen den beiden Kooperationsmodellierungsebenen, auf einer Seite die Natur der kooperativen Arbeit und auf der anderen Seite der Prozess, der dieser Arbeit ändert, in dem Modellierungsprozess berücksichtigt werden.

Für Systementwickler ist Kooperationsunterstützung eine besonders komplexe Aufgabe, weil es dabei nötig ist, die fachlichen und technischen Welten zu unterscheiden und zu betrachten, aber auch konzeptuell zusammenzubringen. In diesem Sinne kann man dieses zweite Kapitel in zwei grobe Bereiche einteilen. Diese Bereiche präsentieren nach unserer Meinung die wesentlichen Schwierigkeiten bei Kooperationsmodellierung und -unterstützung auf der fachlichen sowie der technischen Ebene. Zunächst werden wir kurz die Notwendigkeit eines flexiblen Modellierungsansatzes beleuchten, welcher das Spektrum der verschiedenen Arbeitsformen betrachtet.

Der Kooperationsbegriff wird durch Besprechung seiner sozialen Herkunft und seiner Anpassung an Kooperation auf Organisations- und Gruppenebene näher beleuchtet. Die verschiedenen Kooperationsziele werden hier auch unterscheiden, um eine adäquate Charakterisierung der kooperativen Arbeit für die vorliegende Arbeit begründen zu können. Danach werden wir die wesentlichen Aspekte einer computergestützten kooperativen Arbeit erläutern, um in der Lage zu sein, die Anforderungen für einen Zusammenhang zwischen den Aufgaben von Verstehen und Design zu erarbeiten. Den Abschluss des Kapitels bildet die Festlegung einer Ebene der konzeptuellen Dimensionen der dieser Arbeit zugrundeliegenden Kooperationsmodellierung. Die zweite Ebene wird der Schwerpunkt des nächsten Kapitels sein.

2.1 Arbeitsformen

Arbeitsformen (oder auch Arbeitsvorgänge und Arbeitsläufe) treten in vielen wissenschaftlichen Bereichen auf. Hinsichtlich unserer Fragestellung ist es wichtig, Arbeitsformen zu betrachten, weil es aufgrund des Spektrums an verschiedenen Arbeitsabläufen verschiedene Modellierungsarten von kooperativer Arbeit gibt (Alonso et al. 1997; Leymann 1997; Georgakopoulos et al. 1995).

Ein zielgerichteter Vorgang, der zur Erreichung eines bestimmten Ziels führt, wird Arbeit genannt. Es wird in dieser Dissertation auf informationsbezogene Arbeit eingeschränkt. Dies kann der Entwurf eines Produkts, das Erstellen eines Dokuments oder der Verkauf eines Softwarepakets sein. Wie man bei der Nennung der Arbeitsbeispiele sieht, werden diese durch ihre Ziele beschrieben, welche vor allem für Organisationen (Firmen, Vereine, Staat, Gemeinschaften, ...) aber auch für Gruppen und Individuen bedeutend sind, in dem Sinne, dass sie zu deren eigentlichen Aufgaben gehören. Mit Arbeitsvorgang und Arbeitsprozess wird der gesamte Ablauf zur Erreichung eines solchen Ziels bezeichnet. Das Ziel kann während des Ablaufs eines Arbeitsvorganges geändert bzw. angepasst werden und ein Arbeitsvorgang kann anhand von Unterzielen gegliedert werden. Der Ablauf selbst kann somit in einzelne Arbeitsschritte aufgeteilt werden.

Arbeitsvorgänge sind verschiedenen Kategorien und Spektren zuzuordnen. Die bekannten Arbeitskategorisierungen (wiederkehrende, gleich bleibende, leicht unterschiedliche Arbeiten, ad-hoch auftretende, strukturierte, semi-strukturierte, unstrukturierte, selten auftretende, administrative und Arbeiten mit vagen Zielen) basieren auf verschiedenen Ansätzen (vgl. z.B. Teufel et al. 1995; Georgakopoulos et al. 1995; Alonso et al. 1997; Leymann 1995). Wichtig dabei ist zu wählen, welche Mechanismen zu ihrer Unterstützung angeboten werden. Wir denken, dass im Hinblick auf Systemunterstützung die wichtigste Rolle für die Modellierung spielt, ob die Merkmale der Arbeitsformen strukturiert oder unstrukturiert sind. Alle anderen Merkmale lassen sich nicht gegenseitig ausschließen, so dass sie sich darunter einordnen lassen.

2.1.1 Strukturierte Arbeit

Unter der Struktur einer Arbeit wird hier verstanden, die Arbeit anhand verschiedener Merkmale beschreiben zu können. Dies betrifft vor allem den Aufbau dieser Arbeit, d.h. die Abhängigkeiten, Ressourcenbedürfnisse, Teilabschnitte, Organisationseinheiten, Regeln usw. Strukturierte Arbeit ist von ihrer Natur her definierbar durch klare

Prozeduren. Sie verlangt immer gleiche Arbeitsschritte in einer festgelegten Reihenfolge. Deswegen bieten sich vordefinierte Abläufe zur systemseitigen Unterstützung an, da diese nicht oder nur geringfügig zu ändern sind. Dadurch lassen sie sich häufig gut in formale Beschreibungen fassen. Administrative Tätigkeiten fallen in dieser Kategorie. Sie werden auch als Bürotätigkeiten bezeichnet. Sie umfassen Vorgänge in einem Umfeld, das wohl organisiert und strukturiert ist, wie es typisch für Verwaltungsorganisationen ist. So können weitgehende Regeln für die Durchführung von Arbeiten vorgegeben und die Aufgaben und Pflichten von Mitarbeitern bekannt werden. Daher sind viele Abläufe in diesem Bereich gut definierbar.

Ein Beispiel ist die Beschreibung der Vorschriften in deutschen Ministerien, die in aktuellen E-Government-Anwendungen zu finden ist. Diese frühzeitige Definierbarkeit bietet die Möglichkeit, die Arbeit in kleine Arbeitsschritte zu zerlegen. Die Abhängigkeiten zwischen diesen Arbeitsschritten werden etwa durch weiter zu reichende Dokumente, Daten oder Formulare realisiert. Diese einzelnen Teile können verschieden organisiert werden, etwa durch eine feste Regelung des Ablaufs. Dieses Spektrum wird „Regelungsgrad" oder auch „Koordinationsgrad" des Ablaufs genannt. Die Regelbarkeit eines Vorgangs hängt mit der Strukturierbarkeit zusammen.

Formal beschriebene Abläufe bieten sich für eine automatisierte, also geregelte, Durchführung an. Jedoch ist dies nicht zwingend der Fall. Der Regelungsgrad kann auch den Kooperationsgrad beeinflussen, da eine vorgegebene Regelung zur Durchführung die Freiheit für Kooperation einschränken kann. Ein Beispiel für strukturierte Arbeitsabläufe sind die so genannten administrativen Workflows, die einer festen Menge von Regeln unterliegen, und die allen Prozessbeteiligten bekannt sind (Alonso et al. 1997). Meistens sind diese Prozesse konkret strukturiert und leicht automatisierbar (Georgakopoulos et al. 1995) und wurden auch bereits durch sogenannte *Office Automation* unterstützt. Ein Beispiel für solche Prozesse ist der Reiseantrag eines Mitarbeiters an der Universität. Diese Art von Workflows entspricht auch oft dem Dokument-Routing-Konzept.

2.1.2 Unstrukturierte Arbeit

Unstrukturierte Arbeit bietet hingegen weniger Möglichkeiten diese umfassend zu beschreiben. Vielmehr nehmen wir an (wie wir später erklären werden), dass im schlechtesten Fall lediglich das Ziel bekannt ist. Sie ist durch „schlecht" definierbare Abläufe kennzeichnet, für welche in Betracht zu ziehen ist, dass sich die Arbeit nicht bezüglich des Ablaufs definieren lässt, sondern anhand anderer Merkmale der Arbeit. Das heißt, es gibt kein festes Ziel vorab, es wird jedoch ein Ergebnis erwartet. Die Festlegung des Ziels kann während der Durchführung der Arbeit erfolgen.

2.1.3 Semi-Strukturierte Arbeit

Semi-Strukturierte Arbeit liegt offensichtlich zwischen diesen beiden Extremen, d.h. sie besitzt Anteile, die gut beschreibbar sind, jedoch nicht vollständig. Manche semistrukturierte Abläufe können nur durch spätes Modellieren (*late modelling*) unterstützt werden, durch das der Ablauf während der Durchführung verfeinert und fortgeschrieben wird. Im Nachhinein kann man semi- bzw. unstrukturierte Arbeiten in der Regel durchaus beschreiben, jedoch ist dies vorab nicht möglich.

Semi-strukturierte Arbeit charakterisiert kooperative Aufgaben z.B. in einem Krankenhaus. Komplexe Kooperationszusammenhänge sind durch übergreifende Aufgaben gekennzeichnet (Krabbel & Wetzel 1997). Übergreifende Aufgaben erfordern die Zusammenarbeit einer Vielzahl von Einzelpersonen unterschiedlicher Berufsgruppen mit z.T. sehr unterschiedlichen Tätigkeitsfeldern, z.b. Sachbearbeitern in der Verwaltung, Pflegepersonal, medizinisch-technische Assistenten, Chirurgen, Internisten, Anästhesisten, etc. Allein die Aufnahme eines Patienten erfordert die Zusammenarbeit zwischen mehreren Bereichen (Aufnahme, Station, Funktionsarbeitsplätze, Labor, Archiv, Küche, Pforte, Chefarztsekretariat, Verwaltung) sowie dem diensthabenden Oberarzt.

Die Erledigung der übergreifenden Aufgaben steht in Abhängigkeit von äußeren Faktoren, z.B. der Befindlichkeit des Patienten. Es lässt sich nicht festlegen, wie diese Aufgabe im Einzelnen zu erledigen ist. Die Arbeitsabläufe sind sehr unterschiedlich von einem Patient zu einem anderen. Daher sind für die Unterstützung solcher Arbeiten häufig keine rein ablauforientierten Ansätze geeignet. Es besteht jedoch die Möglichkeit, die Arbeit aufgrund anderer Merkmale (Betriebsmittel, gemeinsame Daten, ...) zu beschreiben. Übergreifende Aufgaben benötigen aber auch einen Regelungsgrad um die einzelnen Tätigkeiten zu koordinieren. Es ist notwendig, weil übergreifende Aufgaben in engen Zeitvorgaben oder bis zu einem bestimmten Stichtermin durchzuführen sind, so hat z.B. eine Reihe von Untersuchungen am Aufnahmetag eines Patienten oder vor einer Operation stattzufinden (Floyd et al. 1997). Dadurch ist die Koordination der Einzeltätigkeiten erforderlich, wie z.B. Weiterleitung von Gegenständen (besonders Dokumenten), die Aufbereitung von Wissen zur Informationsweitergabe, die zeitliche Koordinierung oder Ressourcenvergabe und das Signalisieren wichtiger Änderungen.

2.2 Kooperatives Arbeiten

In seiner Grundbedeutung beschreibt der Begriff der „Kooperation" jede Form der Zusammenarbeit zwischen Individuen, Gruppen oder Organisationen (Borghoff & Schlichter 1995). Trotzdem gibt es eine Vielfalt von Begriffen im Zusammenhang mit Kooperation. Um letztendlich die dieser Arbeit zugrundeliegenden Kooperationscharakterisierung klären und in die bestehenden Begriffsbildungen einordnen zu können, werden wir zunächst die Herkunft der kooperativer Arbeit sowie die wichtigen Faktoren bzw. Konstituenten der Kooperation herausarbeiten.

2.2.1 Herkunft und Ziele kooperativer Arbeit

Die Kooperation hat eine lange Geschichte in verschiedenen akademischen und praktischen Bereichen. Ursprünglich bezieht sich das Wort „Kooperation" (in English *Cooperation*) auf "zusammen arbeiten" (in English *working together*). Die Verwendung dieses Konzeptes bezeichnet also eine Art von Aktivität, die von zwei oder mehr Menschen ausgeführt ist, welche ein gemeinsames Ziel zu erreichen versuchen. Aufgrund unserer angeborenen Fähigkeit zu kooperieren entstand die Grundlage sowie die wesentliche Forschungsarbeit zum Thema "Kooperation" im soziologischen Bereich (Argyle 1991). Die wichtige Idee dabei ist, dass sich soziale Verhältnisse mehr durch Kooperation auszeichnen im Gegensatz zur Konkurrenz.

Untersuchungen über reale Situationen von Kooperation wurden aus unterschiedlichen Perspektiven gemacht, in der Soziologie (z.B. Heath & Luff 1992), der Anthropologie (z.B. Hutchins & Klausen 1992) sowie der Sozialpsychologie (z.B. Axelrod 1984). Dabei sind einige allgemeine Prinzipien für Kooperation aufgetaucht, wie der Fokus auf die Kommunikation zwischen den Beteiligten, die Ermittlung eines gemeinsamen Verständnisses und der Ziele, das Achten auf die Aktionen, Gedanken und Gefühle der anderen, und der Gewinn für alle Beteiligte, welcher nicht nur unbedingt materiell sein muss (Argyle 1991).

Es scheint, dass die Komplexität der wesentliche Grund für all Anwendungsbereiche ist, um kooperative Problemlösungen zu finden. Diese Applikationen sind charakterisiert durch ein hohes Niveau von Komplexität der Aufgaben, sowie der Ablaufe, die zu groß für eine Person sind. Einige Aufgaben fordern eine Teilung (*division of labour*). Das Arbeiten in Gruppen bedeutet, dass Menschen einander helfen und voneinander lernen können. Dies führt auch zu sozialer Zufriedenheit: der Gewinn von Arbeit ist nicht nur gekennzeichnet durch materielle Belohnung, sondern Menschen genießen es einfach, etwas zusammen zu machen (Argyle 1991). Argyle (1991) ermittelt die folgende Definition für Kooperation aus sozialpsychologischer Sicht:

"*Acting together, in a coordinated way at work, leisure, or in social relationships, in the pursuit of shared goals, the enjoyment of the joint activity, or simply furthering the relationship*".

Hughes et al. (1991) haben auf die wichtige Rolle der Kooperation hingewiesen:

"*A work that is not cooperative is to misunderstand the nature of the modern organization and the fundamentally intertwined nature of all work*".

Gleichwohl ruft der Anspruch auf Kooperation auch Konfliktsituationen hervor. Aus der soziologischen Forschung ist bekannt, dass gemeinsame Gruppenziele sehr entscheidend dafür sind, was Kooperation sein kann und was nicht (Deutsch 1949), sowie für den Erfolg der Gruppenarbeit selbst. Jeder Teilnehmer möchte effektiv in der Erreichung der Ziele sein und wird die anderen akzeptieren, solange er (sie) denkt, dass die anderen auch seine (ihre) Ziele teilen. Es wird auch zwischen Gruppe und Arbeitsgruppe unterschieden.

Von einer Gruppe spricht man, wenn zwei oder mehrere Personen interagieren und dabei eine gegenseitige Beeinflussung stattfindet (Teufel et al. 1995). Diese Definition gibt keinen Aufschluss über den Zweck der Gruppenbildung. Verfolgt die Gruppe eine gemeinsame Aufgabe, so kann sie als Arbeitsgruppe bezeichnet werden (Teufel et al. 1995).

Von der Arbeitsgruppe unterschieden werden kann das Team. Wesentliche Unterscheidungskriterien zwischen die beiden Organisationsformen sind der Grad der Selbstbestimmtheit und die Art der Führung.

In diesem Sinne ist die Sichtweise von Kooperation in den Sozialwissenschaften allgemein an den Gruppenbegriff geknüpft, d.h. als das planvolle Zusammenwirken mehrerer Personen im Produktionsprozess oder nur als aufgabenbezogene Kommunikation von Teams oder Gruppen. In den Wirtschafts-, den Organisationswissenshaften und der Informatik ist sie wesentlich an den Koordinationsbegriff geknüpft (Oberquelle 1991; Piepenburg 1991).

Die gestellte Frage, ob Kooperation die tatsächliche Zusammenarbeit in einer Gruppe oder von einer Menge von Personen voraussetzt, ist eine wichtige Diskussion im CSCW und Groupware. Piepenburg (1991) setzt für Kooperation voraus, dass es sich um eine "psychologische Gruppe" handelt, d.h. die Beteiligten fühlen sich bewusst als Gruppenmitglieder.

Unter kooperativer Arbeit werden Arbeitssituationen verstanden, „in denen mehrere Personen zusammenarbeiten zwecks Erreichung eines Ergebnisses, welches unter den gegebenen Randbedingungen nur gemeinsam, nicht einzeln erzielt werden kann" (Oberquelle 1991, S.4). Die verschiedenen Definitionen in der Literatur zeigen, dass

Kooperation in Organisationen eng mit Arbeitsteilung verbunden ist, und dass sich zwei Bedeutungen hinsichtlich Kooperation unterscheiden lassen: eine deskriptive, die beschreibt, wie Menschen miteinander kooperieren, und eine präskriptive, die untersucht, wie Menschen zusammenarbeiten sollen.

Kooperative Arbeiten zeichnen sich durch die starke Abhängigkeit bei gemeinsamem "Problemlösen" aus. So sind sie häufig durch ihren Team-Charakter gekennzeichnet.

2.2.2 Charakterisierung der kooperativen Arbeit

Für Oberquelle (1991) ist eine allgemein akzeptierte Definition von Kooperation kaum zu erwarten, aber trotzdem ist es notwendig eine Abgrenzung vorzunehmen. In seiner Grundbedeutung beschreibt der Begriff der 'Kooperation' jede Form der Zusammenarbeit zwischen Individuen, Gruppen oder Organisationen (Borghoff & Schlichter 1995). Trotzdem gibt es eine Vielfalt von Begriffen im Zusammenhang mit Kooperation, und die unterschiedlichsten Formen werden unterschieden.

Um letztendlich den dieser Arbeit zugrundeliegenden Kooperationsbegriff klären und in die bestehenden Begriffsbildungen einordnen zu können, werden zunächst die bestimmenden Faktoren (Konstituenten) der Kooperation herausgearbeitet, und die aus deren Ausprägungen resultierenden Formen der Kooperation besprochen.

Um die kooperative Arbeit zu untersuchen müssen wir in gewissen Maßen die soziologische Sichtweise auf Handlung einnehmen. Laut Zacklad (2003) spricht Weber (1919) von sozialen "Handeln", wenn der Handelnde einen subjektiven Sinn, d.h. eine Intention damit verbindet, welche sich dem Sinn nach auf das Verhalten anderer bezieht, und daran in seinem Ablauf orientiert ist. Diese Anderen müssen nicht physisch anwesend sein. Aus dem Sinn lässt sich die Motivation zum Handeln erschließen. Für Unbeteiligte muss die Handlung jedoch nicht unbedingt sinnvoll erscheinen.

Die kleinsten Elemente einer Handlung, die noch einen Sinn ergeben, nennt Parsons die Handlungseinheiten. Es geht hierbei nicht um das Handeln für sich allein (z.B. in den Wald gehen), sondern um das Handeln in der Umwelt des sozialen Systems. Dabei ist Handlung immer ein Prozess in der Zeit (Parsons 1937, S. 45 in Zacklad 2003).

Mindestens die folgenden Elemente gehören zu einem sozialen Prozess:

- ein Handelnder (*actor*)
- ein Ziel (*end*)
- die Handlung muss in einer Situation begonnen werden, die sich vom zukünftigen Zustand in einem bedeutenden Aspekt unterscheidet.

- Bedingungen (*conditions*) des Handelns, die sich nicht ändern lassen
- Mittel (*means*), über die der Handelnde die Kontrolle hat.

Die Erweiterung des Kooperationsbegriffes in der Informatik ist für den Rahmen dieser Arbeit erforderlich. Wir suchen nämlich Faktoren der Kooperation, die das Verstehen der tatsächlichen kooperativer Arbeit und ihre Unterstützung ermöglichen.

Die folgende Liste von Kooperationsbedingungen (vgl. Piepenburg 1991) scheint Grundlage für viele Definitionen zu sein:

- Zielidentität: die Ziele oder Teilziele der Beteiligten müssen übereinstimmen
- Plan-Kompatibilität: die Handlungspläne der Beteiligten müssen aufeinander abgestimmt werden
- Ressourcenaustausch: Handlungen werden durch den Austausch von Ressourcen (Materialen, Informationen) begleitet
- Regelbarkeit: die Angleichung von Handlungsplänen und der Austausch von Ressourcen ist nicht immer a priori exakt festzulegen
- Kontrolle: die eigenen Handlungsabfolgen müssen sowohl intern als auch extern von anderen Kooperationspartnern kontrollierbar sein

Die Definition von Zacklad (2003) für kooperative Arbeit befasst sich mit den oben erwähnten Elementen von Kooperation von Parsons (1937, S. 45 in Zacklad 2003). In dieser Definition kritisiert Zacklad die von Schmidt & Simone (1996) im Forschungsbereich CSCW gegebene Definition. Er betont, dass die kooperative Arbeit ausschließlich die kollektive Arbeit auf einem gemeinsamen Gegenstand bezeichnet, welche ein kollektives Ziel anstrebt. Der Bedarf, solche kooperative Arbeit zu koordinieren, generiert unterschiedliche spezielle Arbeitsanteile, die „Artikulation" genannt werden.

Zacklad und seine Kollegen (Zacklad & Rousseaux 1996) haben etliche Probleme mit dieser Definition, die auch zu den streng standardisierten Aktivitäten passt, wobei die Teilnehmer der Gruppe weder über die gemeinsamen Ziele noch über die Aktivitäten ihrer Partner Bescheid wissen. Dies ist gut illustriert an einem Beispiel in dem von Schmidt & Simone 1996 veröffentlichten Artikel, wobei eine Gruppe von Benutzern eines Flugreservierungssystems über das System kommunizieren.

Weiter führt Zacklad seine Definition ein:

"According to our definition, cooperative activities are collective activities oriented towards goals in which the means of designing and attaining the goals are neither completely formalized nor standardized. The actors therefore have a

significant amount of autonomy and are free to define their modalities of coordination and to adapt themselves to emergent situations."

Zacklad meint mit kooperativer Aktivität also eine spezielle Aktivität, bei der die Akteure die Ziele kennen sowie die Mittel, die für ihr Erreichen notwendig sind, wenn die Organisation und das ganze Umfeld sie nicht zwingen, streng standardisiert vorzugehen (Zacklad 1999).

Gemäß dieser Definition sind kooperative Aktivitäten kollektive Aktivitäten, die zielorientiert sind, und die Mittel für ihre Gestaltung sind weder komplett definierbar noch standardisiert.

Dies bedeutet, dass die Akteure eine wesentliche Autonomie und Freiheit haben, die Modalitäten der Kooperation zu definieren und sich an die auftauchenden Situationen zu adaptieren. Dies scheint die wichtige Anforderung für viele unterstützende Systeme zu sein, z.B. die Kooperationsunterstützung im Krankenhaus (siehe Abschnitt 4.3). Dabei sollen kooperationsunterstützende Systeme elementare Unterstützung bieten und jederzeit einfach so erweitert werden können, dass zusätzliche Aspekte von Kooperation erfasst werden können.

Zacklad betont damit auch sehr stark die kognitiven Aspekte der Kooperation:

"Cooperative activities correspond to collective activities in which "cognitive interdependence" between actors is effective, and it has not been standardized. There is cooperation between actors when the cooperative activity occurs in a context of cognitive inter-dependence, the actors being obliged to commit themselves to intellectual transactions to reduce this interdependence. The cooperation concept is applied in the context of organized cooperative activities (as opposed to mass behaviour phenomenon) in which actors are "structurally independent." (Zacklad 2003)

Ein anderer Aspekt, den die Definition von Zacklad enthält, ist der Wissenseinfluss:

"A cooperative activity, whether centralized or distributed, requires the definition of an objective as common to both agents engaged in this activity to obtain the best performance. Its execution presupposes the existence, as a shared resource, of an ensemble of knowledge and in turn generates experience. Obviously, relationships between agents have a big influence on cooperative activity and especially on problem solving."

Hier wird betont, dass Wissensmanagement eines der wesentlichen Elemente des Kooperation-Engineering sein sollte. Dies wird den Schwerpunkt des Kapitels 6 sein.

Parsons et al. (1953) beschreiben als Ziel (*end*) den zukünftigen Zustand der Angelegenheiten, an dem die Handlung orientiert ist.

Welche Arbeiten zu verteilen sind und wie sie sich verteilen lassen, hängt von den Zielen ab, die von diesen Arbeiten erwartet werden.

In Anlehnung an das soziologischen Prinzip von Aktion nach Parsons (1953) und an die entsprechende Dualität zwischen „internen" und „externen" Ziele ergibt sich eine weitere, sehr interessante Definition der Kooperation, die auf dieser Facette der Zielorientierung basiert. In seiner Theorie *Community of action* führt Zacklad (2003) "Integrations-" und "Dienstleistungsziele" ein:

> *"a community of action has to work towards two kinds of goals simultaneously: (i) transforming an external situation obeying economic or activist principles, for instance, and (ii) constructing an internal social milieu allowing its members to develop mutual knowledge and identities while enjoying mutual sympathy; this does not rule out the occurrence of confrontations which can be animated but are carefully regulated. The goals of the first kind, that we call 'services goals', tend to be reached as the result of epistemic intellectual transactions between the members, whereas those of the second kind, that we call 'integration goals', rely on relational transactions".*

"Integrationsziele" schaffen eine Sicht des internen Netzwerks von Wissen und Verbindungen. „Dienstleistungsziele" scheinen vor allem Vorwand zu sein, um Ressourcen zu finden, welche von einer internen Aktion benötigt werden können.

Integrations- und Dienstleistungsziele von Zacklad (2003) werden eine wichtige Rolle in dem im Kapitel 8 vorgeschlagenen ontologischen Rahmenwerk für die Darstellung der Kooperation spielen, wo wir eine Sicht schaffen, die die Unterscheidung der Bedeutungen der Ziele hinsichtlich der verschiedenen Organisations-, Menschen- und Technik-Perspektiven berücksichtigen.

„Integrationsziele" fokussieren auf die sozialen und kulturellen Beziehungen in einer Gruppe, während Dienstleistungsziele auf die strategischen Ziele auf Geschäftsebene fokussieren.

Im Rahmen der Problemstellung dieser Arbeit betrachten wir die Zielorientierung als einen wichtigen Kooperationsfaktor. Dabei unterscheiden wir das Ziel explizit von der Aktion, welche den Prozess, um das Ziel zu erreichen, bezeichnet. Sinnvolle Zusammenarbeit kann nur stattfinden, wenn gemeinsame Ziele auf unterschiedlichen Ebenen zu erkennen sind, d.h. zwischen den Beteiligten eine gewisse Übereinstimmung in den jeweiligen Zielen vorliegt.

Ziele können inhaltsorientiert sein, z.B. die Abgabe einer wissenschaftlichen Arbeit, die bestimmte Reifungsprozesse benötigt. Sie müssen aber nicht inhaltsorientiert sein, z.B. die Einhaltung einer zeitlichen Frist für einen Entwicklungsprozess.

Als gesellschaftliche Einrichtungen sind Organisationen mit bestimmten Zielen verbunden (z.b. Verwaltung, Dienstleistung, Produktion). Diese Ziele schlagen sich in Aufgaben nieder, die zur Erreichung der Ziele erfüllt werden müssen. Je nach Größe der Organisation sind Ziele und Aufgaben auf verschiedenen Ebenen definiert und Bereichen zugeordnet, die durch die Organisationsstruktur festgelegt sind.

In Kapiteln 7 und 8 werden wir eine entsprechende Terminologie für die betrachteten Faktoren im Hinblick auf die in dieser Untersuchung erarbeiteten Kooperationssichten definieren.

Diese Faktoren bilden eine wichtige Grundlage für das im Kapitel 8 vorgeschlagene ontologische Rahmenwerk ORKU.

2.3 Computergestützte Kooperative Arbeit

"Computergestützte kooperative Arbeit" ist eine deutsche Übersetzung für den Begriff CSCW (*Computer Supported Cooperative Work*) (Oberquelle 1991). Das Thema computergestützte kooperative Arbeit und Groupware behandelt die Beschreibung von kooperativer Arbeit und die Gestaltung von Computersystemen zur Kooperationsunterstützung.

Die Verwendung und Interpretation der Begriffe CSCW und Groupware ist bis heute nicht eindeutig. Häufig werden beide Begriffe gleichbedeutend verwendet. Im Allgemeinen scheint es, dass es sich bei CSCW um ein Forschungsgebiet handelt, und dass der Begriff der Groupware die darin entstandenen Softwaresysteme umfasst.

Bis heute ist weder die Begriffsdefinition, noch die Abgrenzung des Forschungsgebietes endgültig abgeschlossen. Der Begriff CSCW wird in die zwei Komponenten *Cooperative Work* und *Computer Supported* unterteilt.

Erforscht werden also einerseits Aspekte der Gruppenarbeit und andererseits die Möglichkeit, diese mit Computertechnologie zu unterstützen. Diese beiden Aspekte machen CSCW zu einem interdisziplinären Fachgebiet, an dessen Erforschung insbesondere die Disziplinen Arbeitswissenschaft, Psychologie, Soziologie und Informatik beteiligt sind.

Darüber hinaus haben immer auch die Anforderungen und Erfahrungen der Nutzer Einfluss auf die Ergebnisse der Forschungen.

Seit 1984 hat sich CSCW im weitesten Sinne als Gegenstand eines multidisziplinären Forschungsbereichs etabliert, das Informatiker, Soziologen, Anthropologen, Psychologen, kognitive Forscher, usw. gruppiert (siehe Abbildung 2.3-1).

Der Begriff CSCW wurde das erste Mal im Rahmen eines Workshops in Endicott House, Massachusetts von Irène Greif und Paul Cashman eingeführt. Das Ziel war, die Benutzer bei ihrer täglichen Nutzung der Rechner zu unterstützen.

Eine umfassende Übersicht über die in CSCW verwendeten Begriffe und Funktionalitäten findet sich in (Borghoff & Schlichter 1995).

Abbildung 2.3-1: Bestandteile und Interdisziplinarität von CSCW (Schäfer 1999)

Die folgende kurze und generelle Definition von Wilson scheint besser, um die Fragestellung über Verstehen und Design Aktivitäten in der unterliegenden Untersuchung zu betrachten:

> "*CSCW is a generic term which combines the understanding of the way people work in groups with the enabling technologies of computer networking, and associated hardware, software, services and techniques.*" (Wilson 1991)

In dieser Definition werden drei wichtige Begriffe erwähnt: Die „Gruppe" und das „Verstehen", wie die Gruppe zusammenarbeitet, auf der einer Seite. Auf der anderen Seite das Design dieser Arbeit und die Technologie, die diese Arbeit unterstützen kann.

Das Wort *Groupware* wurde schon vor dem Begriff CSCW eingeführt. Erst ab 1978 haben die beiden Wissenschaftlern Peter und Trudy Johson-Lenz vom Institute *Technology der New Jersey* Universität angefangen, diesen Begriff genauer zu definieren. Der Begriff ist selbst ein Neologismus, den die Autoren so definiert haben:

> „ *Groupware is an intentional GROUP processes and procedures to achieve specific purposes plus softWARE tools designed to support and facilitate the group's work*".

Diese Definition stellt die menschen- und organisationsbezogenen Dimensionen (*group processes*), sowie die technikbezogene Dimension (*software tools*) von *Groupware* klar. Groupware kann als technische Realisierung von CSCW-Aspekten angesehen werden, welche die Kooperation innerhalb einer Gruppe ermöglicht, d.h. eine

Kooperationsunterstützung, die die Leistung der Kommunikationsprozesse zwischen Menschen erhöht (Coleman et al. 1992).

Der Zweck von Groupware ist nach Definition von Peter und Trudy Johson-Lenz: ein System, das die Gruppenarbeit erleichtert. Ellis bestimmt in seiner Definition, dass Gruppenarbeit durch eine gemeinsame Aufgabe (oder Ziel) und ein geteiltes Umfeld charakterisiert wird.

"Computer-based systems that support groups of people engaged in a common task (or goal) and that provide an interface to a shared environment"(Ellis et al. 1991).

Alin et al. (1997) definieren Groupware als die Menge der Informatik-Ressourcen, die für die Kommunikation zwischen Akteuren eines Projekts, für ihre Kooperation sowie die Koordination ihren Aktionen notwendig sind. Groupware ermöglicht, die Methoden von CSCW einzusetzen (Ellis et al. 1991). Sie wird als Informationstechnologie betrachtet, die für die Effizienz der Gruppenarbeit notwendig ist (Malone et al. 1990; Coleman et al. 1992). Diese Technologie eröffnet neue Perspektiven für die Personen, die zusammenarbeiten, weil sie die Kapazität ihrer Beherrschung der Komplexität erhöht (De Michelis 1996; Schael 1997). Das wesentliche Ziel von Groupware ist dann der Aufbau eines Informationssystems, das die Gruppenarbeit erleichtert (siehe Abbildung 2.3-2).

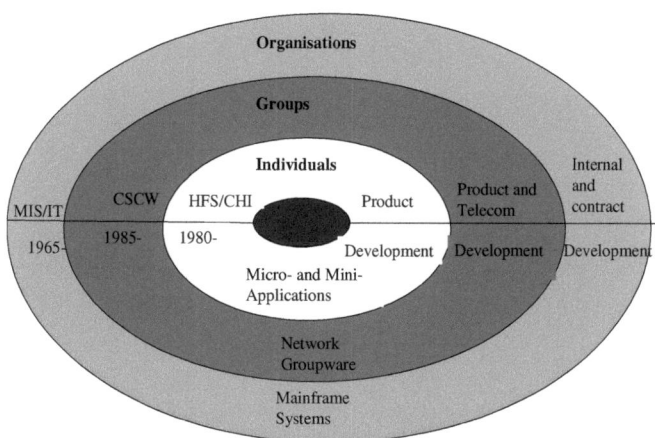

Abbildung 2.3-2: Entwicklungen und Forschungskontexte (Grudin 1993)

Die Spezialisten schlagen die Betrachtung von Groupware als eine Klasse von Anwendungen vor, die die unterschiedlichen Eigenschaften der Kooperation bezeichnen.

2.3.1 Formen kooperativer Gruppenarbeit

Die Ausprägungen der im vorangegangenen Abschnitt erläuterten Bestimmungsfaktoren (Konstituenten) der Kooperation erlauben eine feinere Untergliederung der Grundbedeutung von „Kooperation" (als jede Form der Zusammenarbeit zwischen Individuen, Gruppen oder Organisationen) zu schaffen, die auch bereits in der CSCW-Literatur in ähnlicher Weise vorgenommen wurde.

Im Hinblick auf z.b. die Ziele ist zu unterscheiden, ob die Zieldefinition fremdbestimmt und damit statisch vorgegeben oder dynamisch selbstbestimmt ist. Um die Aufgaben und Tätigkeiten innerhalb einer Arbeitsgruppe oder eines Teams erledigen zu können, sind die Gruppenprozesse Kommunikation, Koordination und Kollaboration erforderlich.

In der CSCW-Diskussion werden die allgemeinen soziologischen Definitionen (vgl. Hartfiel 1972; Reinhold 1992) adaptiert und in einen fachspezifischen Zusammenhang gestellt. So integriert Lubich (1995) die Interaktionen Information, Koordination, Kollaboration und Kooperation in einem Modell der Ebenen der Zusammenarbeit, welches u.a. zur Kategorisierung der CSCW-Applikationen herangezogen wird (siehe Abbildung 2.3-3).

Abbildung 2.3-3: Ebenen der Zusammenarbeit nach Lubich (1995) in Teufel et al. (1995, S. 26)

In diesem Modell stellt die Kommunikation die Basis jeder Zusammenarbeit dar. Entsprechend den Ebenen der Zusammenarbeit verändern sich verschiedene Parameter: (1) Die Intensität der Zusammenarbeit, Integration und Kommunikation steigen an. (2) Das aufgabenbezogene Wissen ist in zunehmendem Maße auf die verschiedenen Gruppenmitglieder verteilt. (3) Die Gruppe verfügt in zunehmendem Maße über ein gemeinsames Ziel. (4) Die Arbeitsergebnisse werden in zunehmendem Maße von der Gruppe als ganzes verantwortet, die Leistungen des einzelnen Gruppenmitgliedes sind immer weniger im Gesamtergebnis zu erkennen.

„Beim **Informationsaustausch** werden Informationen ausgetauscht, ohne dass sich die Beteiligten kennen müssen. Die **Koordination** dient der Abstimmung zur Nutzung gemeinsamer Ressourcen ohne dass hierfür ein gemeinsames Arbeitsziel notwendig ist. Die **Kollaboration** bedingt dieses gemeinsame Arbeitsziel, da die Beteiligten am selben Arbeitsprozess teilnehmen. Die Leistungsbeurteilung erfolgt nach wie vor auf der Individualebene. Das höchste Maß an persönlicher Interaktion erfordert die **Kooperation**, welche die Arbeit an einem gemeinsamen Ergebnis zum Inhalt hat. Die Beurteilung erfolgt auf Basis der Gruppen" (Petrovic 1993).

Bair (1989) betrachtet die vier Ebenen als Stufen der Anforderungen an die Interaktion zwischen Personen:

- *Informing*: der Austausch von Informationen kann anonym werden, ohne dass sich die Beteiligten kennen müssen, z.B. über Massenmedien, oder Anschlagtafeln. Die Beteiligten müssen nicht (unbedingt) ein gemeinsames Ziel verfolgen und deshalb ihre Aktionen auch nicht aufeinander abstimmen.

- *Coordinating*: Es kann zu Überschneidungen von Aktivitäten bekommen, die jedoch keinem gemeinsamen Ziel oder Interesse folgen und unabhängig voneinander organisiert werden (z.B. Reservierung von Konferenzräumen). Die Beteiligten müssen sich flüchtig kennen.

- *Collaborating*: Die Beteiligten arbeiten für ein gemeinsames Ziel, tun dies jedoch weitgehend unbeeinflusst und unabhängig voneinander. Am Anfang und am Ende erfolgen üblicherweise Abstimmungen in Form von Aufgabenzuordnung und Ergebnissynthese. Diese Form der Abstimmung impliziert weiterhin, dass das gemeinsame Ziel vorgegeben sein muss und nicht dynamisch vereinbart werden kann.

- *Cooperating*: Eine Gruppe arbeitet eng zusammen, um ein gemeinsames Ziel zu erreichen. Teilziele Einzelner leiten sich aus dem Gruppenziel ab. Die

Gruppenmitglieder sind nahezu gleichberechtigt, und das Endergebnis gehört allen.

In der Literatur wurden unterschiedliche Klassifikationen mit unterschiedlichen Kriterien für CSCW-Applikationen dargestellt, z.b. die Medientypen (wie Text, Bild, Graphik sowie Audio- und Videosequenzen), die räumliche und zeitliche Verteilung, die Anzahl der Kommunikationspartner, der Kommunikationstyp (explizit und implizit), der Grad der Strukturierung, die Wiederholfrequenz (dient der Abgrenzung WFMS von CSCW-Applikationen) und die unterstützenden Gruppenprozesse (Kollaboration, Koordination und Kommunikation).

Das bekannteste Klassifikationsschema stellt die Raum-Zeit-Matrix nach Johanson et al. (1991) dar. Diese Klassifikation ordnet die CSCW-Applikationen nach den Kriterien der räumlichen und zeitlichen Verteilung. So kann hinsichtlich des räumlichen Kriteriums zwischen zentral und verteilt, sowie hinsichtlich des zeitlichen Kriteriums zwischen synchron und asynchron differenziert werden. Die Unterteilung in synchrone oder asynchrone Aktivität, benachbarte und entfernte Aktivität (Ellis et al. 1991) wird als Unterscheidungsmerkmal zwischen einem Groupware System und einem konventionellen Mehr-Benutzer-System betrachtet. Dass diese Unterteilung einige Mängel besitzt, wurde bereits gezeigt und deswegen entsprechend erweitert, z.B. in (Teufel et al. 1995).

Aus dem Modell von Lubich (1995) leitet Teufel (1995) auch ein Klassifikationsschema mit den drei Funktionen Kommunikations-, Koordination- und Kooperationsunterstützung ab. Je nach Schwerpunkt werden die CSCW-Funktionen in einem entstehenden Dreieck positioniert.

In einem weiteren Schritt werden die CSCW-Funktionen bzw. CSCW-Applikationen folgenden, einander überschneidenden Systemklassen zugeordnet: Kommunikation, Gemeinsame Informationsräume, Workflow Management und Workgroup Computing.

Eine eindeutige Zuordnung der CSCW-Applikationen zu einer Systemklasse ist häufig nicht möglich, da CSCW-Applikationen nicht selten verschiedene Unterstützungsfunktionen realisieren, die jeweils Merkmale verschiedener Klassen sind. Sicherlich wird in der Literatur ein uneinheitliches Bild in der Beschreibung und im Verständnis von Teamprozessen herrschen. Pinto et al. (1993) verwenden z.B. Koordination, Kollaboration, Kooperation und Integration; Högl & Gemünden (2001) verwenden die Kollaboration und Interaktion; Ellis (1995) verwenden Planung und Aufgabenkoordination, kollaboratives Problemlösen und Kommunikation. Für Web-Informationssysteme betrachten Schewe und Thalheim (2007) die Kollaboration als Oberbegriff und nicht die Kooperation. *Information sharing* wird auch sehr oft in der Literatur verwendet.

Eine Vielzahl von Autoren klassifizieren CSCW-Applikationen ohne übergeordnete Systematik ausschließlich nach funktionalen Kriterien bzw. nach Anwendungsbereichen.

Weil wir in der vorliegenden Arbeit sehr stark die Benutzer-Sicht betonen, wird die Klassifikation nach Ellis & Wainer (1994a) und Ellis et al. (1991) vorgenommen.

Laut Ellis & Wainer (1994a) lassen sich CSCW-Systeme aus Benutzer-Sicht durch drei sich ergänzende Aspekte oder Modelle charakterisieren:

- das ontologische Modell für die Beschreibung der Objekte und die entsprechenden Operationen, die zur Verfügung der Beteiligten gestellt werden;
- das Koordinationsmodell für die Beschreibung der dynamischen Aspekte des Systems, das die Aktivitäten der Beteiligten, sowie ihre Beziehungen enthält;
- das Schnittstellen-Modell für die Beschreibung der Schnittstelle zwischen dem System und Benutzern, sowie zwischen Benutzern.

Weiter betonen Ellis & al. (1991) die Notwendigkeit der Unterscheidung der drei K - Kollaboration, Koordination und Kommunikation - für die Unterstützung der Interaktion zwischen Benutzern.

Die Lücke zwischen den synchronen und asynchronen Welten bewirkt, dass die rechnergestützte Kommunikation nicht alle Formen der Kommunikation integriert, wie z.B. die textbasierte elektronische Mail und die Welt des Telefons.

Eine erfolgreiche Kollaboration verlangt, dass Menschen Informationen gemeinsam benutzen. Die Kommunikation und die Kollaboration können nur erfolgreich unterstützt werden, wenn die Aktivitäten der Gruppe zusammen koordiniert werden können.

Die Kategorisierung der Kooperation in drei funktionale Kooperationsaspekte hat zu einer neuen Architektur von kooperativen Systemen geführt. Jede Kategorie ermöglicht die Analyse einiger Elemente der kooperativen Arbeit.

Die unterschiedlichen Kategorien ermöglichen eine klare Sicht auf das zu lösende Problem. Auf der Basis dieser Kategorien wird das Ziel eines CSCW-Systems darin bestehen, Gruppen bei der Kollaboration, Koordination und Kommunikation zu unterstützen (Ellis et al 1991).

Die Kommunikation erlaubt Akteuren von verschiedenen Orten Informationen zu tauschen. Dies kann entweder zum gleichen Zeitpunkt (synchron) oder an unterschiedlichen Zeitpunkten (asynchron) erfolgen. Typische Arten der synchronen Kommunikation sind das persönliche Treffen *(face-to-face)* oder das Telefongespräch. Auf der asynchronen Seite sind beispielsweise E-Mail oder Anschlagtafeln zu nennen.

Eine weitere Aufteilung der Kommunikation ist auch direkte und indirekte Kommunikation (vgl. Schlichter et al. 1997). Die direkte Kommunikation erfolgt direkt und zielgerichtet durch ein Gruppenmitglied mit anderen, bspw. per E-Mail. Die indirekte Kommunikation wird typischerweise durch gemeinsame Ressourcen erreicht (siehe Abbildung 2.3-4).

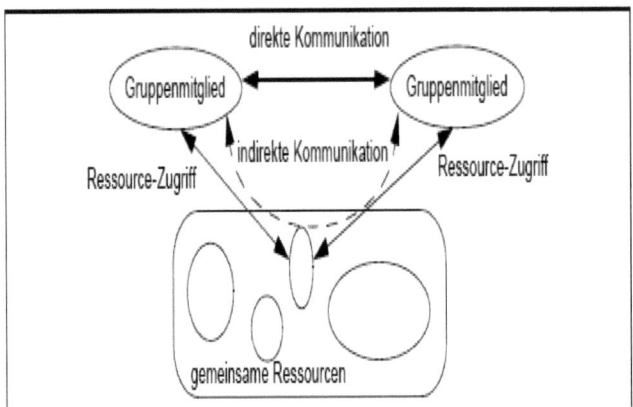

Abbildung 2.3-4: Direkte und indirekte Kommunikation (Schlichter et al. 1997)

Für die Herstellung von Bewusstsein über gemeinsamen Ressourcen eignet sich etwa ein Benachrichtigungsmechanismus, der die sich ändernden Zustände von gemeinsamen Ressourcen mitteilt.

Die Kollaboration erlaubt mehreren Benutzern einen gemeinsamen Kooperationsraum zu teilen. Dadurch können sie Informationen austauschen, wie z.b. bei *Group-Authoring* Anwendungen. Die Flexibilität der Veränderungen sowie die *Awareness* bei der Veränderung scheinen hier die zwei wichtigen Anforderungen zu sein (Yun Yang 1995). Größere Dokumente, wie z.B. Studien oder Fachbücher, werden oft von mehreren Personen erstellt. Da die Autoren auf gemeinsame Teile des Dokumentes zugreifen wollen, kann dies leicht zu Inkonsistenzen führen. Es wird dafür eine kooperative Schnittstelle angeboten, mit der es den teilnehmenden Autoren möglich ist, gleichzeitig auf demselben Dokument zu arbeiten.

Die Koordination erlaubt, verschiedene Aufgaben der Beteiligten bezüglich Regeln der Synchronisierung oder vorgegebenen Modellierung der Prozesse zu ordnen. Die Koordination stellt die Interaktion zwischen den Akteuren und den Aktivitäten sicher. Ein einfaches Beispiel ist die indirekte Kommunikation über gemeinsame Ressourcen, die auch zu einer sofortigen Koordination führt, das heißt ein Konflikt mit diesen

Ressourcen wird vermieden und somit koordiniert. Eine weitere Ebene der Koordination ist die Steuerung von Arbeitsschritten. Eine direkte Koordination durch ein unterstützendes System, greift aktiver und meist nach bestimmten Regeln in den Ablauf der Arbeiten ein. Dies ist häufig der Fokus der Workflow-Management-Systeme.

Man kann Koordination in ein Spektrum von ad hoc bis vorgeplant einordnen (Schlichter et al. 1997). Dies wird auch implizit und explizit genannt. Am einen Ende stehen unstrukturierte Aufgaben, deren Koordination nur während der Erledigung geregelt wird, wie zum Beispiel das gemeinsame Schreiben einer Veröffentlichung. Am anderen Ende stehen stark strukturierte Vorgänge, deren Erledigung im Voraus planbar ist.

Wie man in der Abbildung 2.3-5 sieht, bedeutet eine vorgeplante Koordination auch oft einen geringeren Bedarf an direkter Kommunikation (und umgekehrt), da viele Aktionen durch ein System vorgegeben werden können (Schill 1996) und nicht erst kurzfristig festgelegt werden müssen.

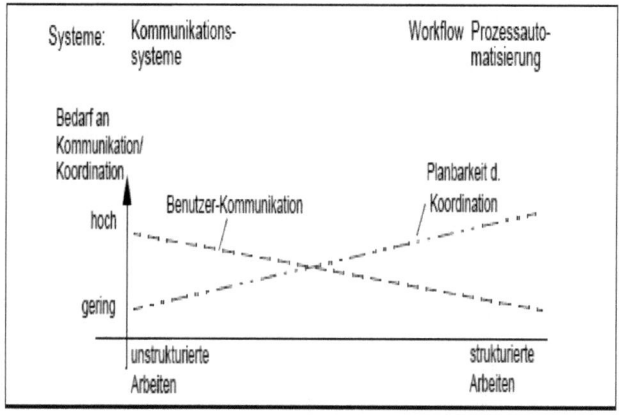

Abbildung 2.3-5: Spektrum an Koordination in CSCW-Systemen (Schill 1996)

Bei unstrukturierten Aufgaben besteht ein hoher Bedarf an Kommunikation, da die Gruppenmitglieder sich ad hoc koordinieren müssen. Ein System, welches ad hoc Entscheidungen unterstützt, stellt dabei nur die Möglichkeit für die Abstimmung zur Verfügung, ohne aktiv einzugreifen. Das heißt, mit der Aktivität der Gruppenmitglieder steigt häufig auch die Passivität eines CSCW-Systems und umgekehrt. Je mehr eine ad hoc Koordination notwendig ist, desto wichtiger ist die Funktion der *Group Awareness* (Schlichter et al. 1997). Typisch für wenig strukturiertes Arbeiten ist die Unterstützung

37

durch Kommunikationssysteme. Strukturierte Arbeiten können hingegen bspw. durch Workflow- und Prozessautomatisierungssysteme unterstützt werden. Auf eine weitere überlagernde Klassifikation wird hier verzichtet.

2.3.2 Verstehen und Design in CSCW

Die Notwendigkeit des Verstehens eines Sachverhaltes ist nicht neu und wurde auch bereits in der Soziologie definiert. In seinem Werk über Soziologie als verstehende Wissenschaft definiert Weber „Verstehen" (*engl.* meist *understand*) als das inhaltliche Begreifen eines Sachverhalts, das nicht in der bloßen Kenntnisnahme besteht, sondern in der intellektuellen Erfassung des Zusammenhangs (Weber 1919).

Im CSCW-Bereich wurden Verstehen und Design als zwei entscheidende Aktivitäten betrachtet. Somit ist das Design-Problem in CSCW definiert als:

"How best to understand work for the purposes of design, and how best to design systems for the purposes of work. By design, we mean both the design of specific systems for specific needs, and the design of more generic toolkit environments" (Fitzpatrick 1998).

Fitzpatrick betont, dass trotz des Netzwerks der Rechner und der fortschrittlichen Technologie, die Benutzung der *computer-based technologies* für die Kooperationsunterstützung mehr Ziel als Realität bleibt. Sie fragt, ob es daran liegt, dass wir nicht gut verstehen, oder, dass wir nicht gut entwerfen? Sie schlägt eine Antwort vor, die beide Möglichkeiten verbindet:

"The design problem can be characterised as a 'wicked problem' where understanding and designing are part of both the problem and the solution. As such, there needs to be an on-going dialogue between the two activities".

Weiter betont sie, dass ein wesentlicher Grund dafür ist, dass gemeinsame Abstraktionen für die Unterstützung der Kommunikation zwischen dem Verständnis und dem Design der Arbeit fehlen.

Sie kennzeichnet CSCW als ein schlimmes (engl. *wicked*) Problem. Das Wort *wicked* wurde das erste Mal von Rittel und Webber (1973) benutzt. In ihrer Veröffentlichung *Dilemmas in a General Theory of Planning*, beschreiben sie *wicked problems* als eine Klasse von Problemen, die sie gegen zahme oder harmlose (engl. *tame*) Probleme stellen.

„Harmlose" Probleme können anhand eines seriellen Prozesses gelöst werden, der von komplett mehrdeutiger zu korrekter Lösung durchgeht. Mehrere traditionelle Forschungs- und Engineeringprobleme fallen in die zahme Problemkategorie.

Schlimme Probleme unterscheiden sich sehr von zahmen Problemen. Rittel und Webber betonen, dass sie meistens in einem sozialen Bereich auftreten:

> *"The aim is not to find the truth, but to improve some characteristics of the world where people live"* (Rittel & Webber 1973, S.167).

Rittel und Webber beschreiben die wesentlichen Eigenschaften eines schlimmen Problems:

- Es gibt keine definitive Formulierung für ein schlimmes Problem. Das Problem wird nur durch die Entwicklung von Lösungen zunehmend besser verstanden.

- Weil sich die Problemdefinition zusammen mit der Lösung entwickelt und weil es keine Kriterien dafür gibt, wann das Problem adäquat definiert werden kann, haben schlimme Probleme keine internen Stopp-Regeln.

- Es ist nicht möglich, Lösungen erschöpfend aufzuzählen.

- Lösungen für schlimme Probleme sind nie richtig oder falsch, sondern sie werden qualitativ beurteilt als besser oder schlechter.

- Eine zufrieden stellende (*good enough*) Lösung ist ein realistisches Ziel.

- Es kann keinen sofortigen, endgültigen, oder definitiven Test der Lösung geben, weil die Konsequenzen in der Zeit auf verschiedene Weise eintreten können

- Weil jede Lösung Konsequenzen hat, die nicht immer bekannt sind, ist es nicht möglich, die eventuellen Lösungen zu erproben.

- Der Lösungsprozess eines schlimmen Problems ist nicht linear.

- Die Fortschritte sind qualitativ, definiert dadurch, inwieweit das Problem verstanden wird, nicht durch die Distanz zur Lösung.

- Jedes Auftreten eines schlimmen Problems ist einmalig.

- Jedes extrem schlimme Problem kann als Symptom eines anderen Problems betrachtet werden. Das Problem muss auf einer möglichst hohen Ebene betrachtet werden.

- Zahlreiche Beteiligte interessieren sich dafür, wie ein schlimmes Problem gelöst wird. Jeder kann aber qualitativ unterschiedliche Beurteilungen über die Natur des Problems und über den Wert der Lösung geben.

2.3.3 CSCW Design als schlimmes Problem

Unter Berücksichtigung der wesentlichen Merkmale eines schlimmen Problems betrachtet Fitzpatrick auch das CSCW-Design-Problem als schlimmes Problem. Das Problem geschieht in einem sozialen Umfeld. Es wird dabei versucht, die Art und Weise, wie Menschen mit rechnerbasierter Unterstützung besser zusammen arbeiten können.

Zu verstehen, was kooperative Arbeit bedeutet und wie Design-Systeme diese Arbeit unterstützen, ist sehr komplex, daher können auch keine einfachen Definitionen und Lösungen erwartet werden. Nach Meinung von Fitzpatrick, ist es daher nicht richtig zu sagen, dass wir eine Lösung für die Wechselwirkung zwischen Verstehen und Design suchen, weil es keine definitive Antwort geben würde, sondern, dass wir nach einem besseren Verstehen und einem besseren Design abzielen.

Fitzpatrick erinnert an die Geschichte der CSCW-Forschung, die die Eigenständigkeit des Dialogs zwischen Problemdefinition und potentiellen Lösungen, zwischen Verstehen und Design leistet. Dieser Dialog soll auf zwei Ebenen stattfinden.

Ein „schlimmes" Problem im CSCW ist auf der Ebene der wissenschaftlichen Gemeinschaft angesiedelt, die sich mit einem iterativen Prozess beschäftigt, um kooperative Arbeit zu verstehen, Systeme für die Arbeitsunterstützung zu entwerfen, die Konsequenzen zu beurteilen, und Verstehen und Design zu verbessern. Diese Beschäftigung wird zum Beispiel durch die Evolution der Workflow-Technologien illustriert.

Die zweite Ebene ist die individuelle Ausprägung des schlimmen Problems am Arbeitsplatz. Auf der Gemeinschaftsebene dient die Untersuchung jedes spezifischen Arbeitsplatzes, jedes System-Design, jede Beurteilung dazu, die spezifische Domäne zu verstehen. Jeder trägt zum allgemeinen Verständnis der Gemeinschaft von kooperativer Arbeit und zu neuen Möglichkeiten für System-Lösungen bei.

Fitzpatrick betont weiter, dass der Dialog nicht nur zwischen Verstehen und Design besteht, sondern auch zwischen der Gemeinschaftsebene und der Arbeitsplatzebene.

Nach der Meinung von Kuutti in (1996) gibt es keine CSCW-Design Disziplin, weil es keine geeignete Konzeptualisierung der kooperativen Arbeit gibt, welche:

- die emergenten und situierte Eigenschaften der Arbeit berücksichtigt, und
- gute Design-Metaphern bietet, so dass "Versteher-" und "Designer-" Anforderungen zugleich berücksichtigt werden.

Eine wichtige Ursache dieses Problems ist die multi-disziplinäre Natur der CSCW-Gemeinschaft selbst. Diejenigen, die sich mit dem Verstehen und die anderen, die sich mit dem Design beschäftigen, kommen aus verschiedenen Bereichen und ignorieren die eventuellen Gemeinsamkeiten.

Auf der einen Seite sind Informatiker skeptisch in Bezug auf die Verwendung von traditioneller Anforderungsanalyse und Design für kooperative Arbeit:

> *"Computer scientists have found that traditional approaches to requirements analysis and design are not able to account for the contingent complexity of lived cooperative work. They struggle with how to make sense of socially-informed accounts of work and with how to translate 'social' insights into the substance of design"*(Fitzpatrick et al. 1998)

Auf der anderen Seite haben Sozialwissenschaftler beobachtet, dass ihre traditionellen Perspektiven (*ethnomethodology, distributed cognition, activity theory,...*) gefragt sind, um eine Aufgabe im Design-System zu erledigen, für die sie ursprünglich nicht gedacht waren.

Ein wesentlicher Unterschied zwischen den beiden Bereichen liegt darin, dass sich die Rolle der Modelle und Abstraktionen in den verschiedenen Welt-Sichten (*world views*) unterscheidet. Für die Sozialwissenschaftler beschreiben die Abstraktionen die zu analysierende Situation, für Designer beschreiben sie eher das zu bauende System.

2.3.4 Zusammenfassung

In der vorliegenden Arbeit wird die Kategorisierung der Drei K - Kollaboration, Koordination und Kommunikation -, wie von Ellis et al. (1991) eingeführt, eine große Bedeutung haben. Tatsächlich erlaubt die Entfaltung der verschiedenen Kooperationsaspekte mithilfe der Drei-K sowohl die strukturierten als auch die semi- und unstrukturierten Arbeitsformen zu berücksichtigen.

Die Verwendung der Kategorisierung Drei-K in dem Kooperationsmodellierungsansatz wird sicherlich einen ersten Schritt gewährleisten, um die Integration der Modelle der Anwendungswelt mit dem Unterstützungsprozess zu schaffen. Sie beschreiben gleichzeitig die Arbeitsformen der aktuellen Arbeit sowie die funktionalen Aspekten des zukünftigen Systems.

Die Verwendung der Kooperationsaspekte in dem Krankenhaus- und Lehrplanungs-Forschungsprojekt hat gezeigt, dass sich viele Kooperationsformen beschreiben lassen, die vorher unsichtbar waren. Wir werden diese Beispiele im Kapitel 7 und 8 noch detaillierter angehen.

Die Berücksichtigung der Kooperationsaspekte Kollaboration, Koordination und Kommunikation allein reicht jedoch nicht, um die komplexe Realität der kooperativen Arbeit zu verstehen und eine zukünftige computergestützte Kooperation zu entwerfen. Die Semantik der Kooperation, d.h. wie wird die Information interpretiert, gehört nur den Beteiligten selbst. Der Kontext der Beteiligten und ihre Perspektivität soll auch ein wichtiger Faktor in dem Modellierungsansatz sein.

Im Folgenden werden einige vorhandene bekannte Kooperationsmodellierungsansätze untersucht, in wieweit sie die Kooperationsaspekte berücksichtigen und welche Probleme dadurch verursacht werden können, dass der Kontext der Beteiligten nicht explizit unterschieden wird.

2.4 Konsequenzen für die Kooperationsmodellierung

In diesem Kapitel wurde beleuchtet, dass Verstehen und Design zwei entscheidende Aktivitäten für Kooperationsunterstützung sind. Im Bereich CSCW wird Kooperationsunterstützung als schlimmes Problem bezeichnet. Der wesentliche Grund für die Komplexität der Aufgabe der Softwareentwicklung für Kooperationsunterstützung soll darin liegen, dass gemeinsame Abstraktionen und Modelle für die Unterstützung der Wechselwirkung zwischen dem Verständnis und der Gestaltung von Arbeit fehlen. Diese Modelle sollen berücksichtigen, dass Verstehens- und Design-Aktivitäten zum Problem sowie zur Lösung gehören.

Gemeinsame Repräsentationen des kooperativen Arbeitens durch gemeinsame Abstraktionen für unterschiedliche Beteiligte werden als wichtige Grundlage für die Konstruktion der kooperationsunterstützenden Systeme benötigt. Dieser Mangel ist die Ursache für die Kommunikationsprobleme zwischen dem, wie die Arbeit verstanden wird und wie die Systeme konstruiert werden.

Trotz der Vielfältigkeit der Forschungen im Fachgebiet CSCW unter Beteiligung der verschiedenen Disziplinen Arbeitswissenschaft, Psychologie, Soziologie und Informatik wird der Zusammenhang zwischen Aspekten der Gruppenarbeit und der Möglichkeit, diese mit Computertechnologie zu unterstützen, nicht explizit dargestellt.

Die in diesem Kapitel erwähnten Charakterisierungen der Kooperation zeigen die Bemühungen um Kriterien für die Klassifikation der verschiedenen Formen der Arbeit und der verschiedenen Aspekte der computergestützten Kooperation und ignorieren die Wechselwirkungen zwischen den verschiedenen Sichten und Aspekten.

Der Einsatz von CSCW-Applikationen ist häufig mit einer grundlegenden Veränderung der Arbeitsabläufe gekoppelt. Die Drei-K - Kollaboration, Koordination und Kommunikation, wie sie aus der Sicht des Benutzers definiert sind (Ellis et al. 1991), können die Arbeitsformen strukturiert, semi-strukturiert und unstrukturiert explizit darstellen und dadurch die Veränderungen der Arbeitsabläufe erkennen lassen. Ein breites Spektrum von Arbeitsformen kann berücksichtigt und eine entsprechende flexible Klassifikation der computergestützten Applikationen geschaffen werden.

Für das Gelingen der Kooperationsunterstützung bei partizipativen und evolutionären Entwicklungsansätzen bilden die Drei-K nur einen Aspekt der Kooperation, nämlich die Natur der unterstützenden Arbeit als strukturiert, semi-strukturiert und unstrukturiert. Es bedarf einer Möglichkeit der Berücksichtigung der weiten Definition von Kooperation, als Form gesellschaftlicher Zusammenarbeit zwischen Personen, Gruppen oder Institutionen bzw. als soziale Interaktion sowie der kognitiven Aspekte.

Die Synergieeffekte durch die Computerunterstützung der Kollaboration, Koordination und Kommunikation können nicht die Identifikation der Kontexte der Beteiligten und ihre Einflüsse auf die Interpretation selbst der Kooperation gewährleisten. Dies ist schwierig, weil die Arbeitsgruppen häufig keine in sich abgeschlossenen, überschaubaren oder gar statischen Gebilde sind, die aus einer festgelegten Anzahl von bekannten Mitgliedern zusammengestellt werden und über einen festgelegten längeren Zeitraum zusammenarbeiten.

Derartige dynamische Arbeitsgruppen mit ständig wechselnden Mitgliedern sind kaum einzugrenzen.

Im Hinblick auf die in diesem Kapitel betrachteten Sichten der Kooperation aus der Sicht von CSCW kann zusammenfassend festgestellt werden, dass die komplexe Realität mit ihren vielfältigen Sichten und Wechselwirkungen nur ungenügend betrachtet und schwer erfasst werden kann. Eingebettet in die Aufgaben wird die Kooperation zur Organisationsentwicklung beitragen.

Die Kooperation soll nun in einem breiteren Kontext der Organisation betrachtet werden. Ergänzend könnte hier eine integrierende Betrachtungsweise durch einen synergetischen Verbund von organisatorischen, soziologischen und technologischen Komponenten wirken.

In dem folgenden Kapitel wird die Bedeutung der Zusammenhänge zwischen den Komponenten Organisation, Mensch, Technologie und Aufgabe sowie die Synergieeffekte durch Lernprozesse auf Individuums-, Gruppen- und Organisations-Ebene beleuchtet werden. Zusätzliche Kooperationssichten und dadurch neue Anforderungen für Softwareentwicklung für Kooperationsunterstützung werden aus der Sicht der Organisationsentwicklung herausgearbeitet. Danach werden wir uns im

Kapitel 4 mit den Anforderungen im Hinblick auf die Softwareentwicklung beschäftigen.

Entlang der vorliegenden Arbeit untersuchen wir, wie ein ontologiebasierter Kooperationsmodellierungsansatz die integrierende Betrachtungsweise der Kooperation unterstützen kann.

3 Kooperationsunterstützung und Organisationsentwicklung

Kooperationsunterstützung befasst sich mit dem Potential der Informationstechnologie, um die Wettbewerbsfähigkeit von Unternehmen im globalen Umfeld auch bei zukünftigen Anforderungen zu gewährleisten. Die Einführung neuer Informations- und Kommunikationstechnologien soll auch neue Organisations- bzw. Arbeitsformen ermöglichen.

Der Begriff CSCW greift einen Teilbereich aus der Vielfalt der Soft- und Hardware unter dem Gesichtspunkt des Verwendungszweckes heraus: Informatiksysteme, die vor allem die Kooperation zwischen Menschen in Organisationen unterstützen, stehen im Zentrum des Interesses. Ausgeschlossen sind daher Systeme, welche die Aufgabeninhalte selbst unterstützen, wie beispielsweise CAX- Anwendungen (*Computer Aided Design, Engineering, Manufacturing, Quality...*), Planungssysteme (*Enterprise Resource Planning*, Produktionsprogrammplanung und Produktionsdurchführungsplanung) oder Büroanwendungen (Textverarbeitung, Tabellenkalkulation, Datenbanken).

Allerdings gibt es sehr wichtige Berührungspunkte, da selbstverständlich nicht Einzelpersonen mit diesen Systemen arbeiten, sondern auch hier Kooperationsbedarf besteht. Damit sind zwei Sichtweisen auf die Computerunterstützung kooperativer Prozesse angedeutet, die Jacobs (1994) beschrieben hat: Zum einen können existierende Computersysteme als Ausgangsbasis genommen und um Funktionalitäten zur Kooperationsunterstützung ergänzt werden.

Aus diesem Ansatz resultieren beispielsweise Gruppeneditoren, die eine gemeinsame Textverarbeitung erlauben. Zum anderen können existierende Kooperationsformen und Methoden als Vorbild für neue Unterstützungswerkzeuge genommen werden. So kann beispielsweise das Konzept der Laufmappe, die von Bearbeiter zu Bearbeiter weitergeleitet wird, in Form von Workflowmanagementsystemen umgesetzt werden.

Die betrachtete Technologie beinhaltet Werkzeuge zur Unterstützung asynchroner Kooperation von unterschiedlichem Formalisierungsgrad. Damit ist die ganze Bandbreite zwischen Groupware und Workflowmanagementsystemen angesprochen. Weiter wird davon ausgegangen, dass die Technologie für das Unternehmen und die Mitarbeiter noch relativ unbekannt ist und nicht durch ein Routineprojekt eingeführt werden kann. Stattdessen sind sowohl das individuelle Erlernen durch die Mitarbeiter als auch das Organisationserlernen der ermöglichten Kooperationsformen notwendig.

Der CSCW-Bereich zeigt sich als zu eng, um das breite Feld des Einsatzes von Informatiksystemen in Organisationen zu umfassen.

Im Kapitel 2 haben wir gezeigt, dass Verstehens- sowie Design-Aktivitäten bei Kooperationsunterstützung betrachtet werden müssen. Dadurch entsteht die Notwendigkeit der gleichzeitigen Betrachtung von Software- und Organisationsentwicklung. Somit muss die Kooperation als eingebettet in die Aufgaben betrachtet werden.

Eine integrierende Betrachtungsweise, in der die Zusammenhänge zwischen den Komponenten Aufgabe, Organisation, Mensch und Technologie berücksichtigt werden, ist erforderlich.

Modellierungsansätze zur Unterstützung der Kooperation sind in einem größeren Kontext zu sehen. Anstelle der alleinigen Betrachtung des technischen Systems müssen Zusammenhänge zwischen den Komponenten betrachtet werden. Der folgende Abschnitt 3-1 beschreibt diese Komponenten.

Einige vorhandene Kooperationsmodellierungsmethoden werden beispielhaft als Informations- und Kommunikationstechnologie in diesem Abschnitt vorgestellt, um ihre Beschränkungen konzeptuell zu analysieren und die Grundlagen eines innovativen konzeptuellen Modellierungsansatzes zu schildern.

Die Zielsetzung dieses Kapitels besteht darin, daraus die wesentlichen Anforderungen für Kooperationsunterstützung hinsichtlich Organisationsentwicklung zu schließen.

3.1 Die Komponenten Aufgaben, Organisation, Mensch und Technologie

Um den Zusammenhang zwischen Organisationsentwicklung und Technik zu verstehen werden Organisationen als sozio-technische Systeme betrachtet, in denen Personen Aufgaben mit Hilfe von Technologien (häufig Computern) erledigen.

Für betriebliche Anwendungssysteme schlagen Hesse et al. (1994) den Begriff Informations- und Kommunikationssystem (IKS) vor und meinen damit: Mensch, Aufgabe, Außen- und Innensicht der Aufgaben, Technik, Anwendungssystem, technisches System, organisatorisches System. Nach Floyd (2004, S. 62) enthält hingegen das Informatiksystem diejenigen Bestandteile aus Geräten und Programmen, die das Computer-Artefakt ausmachen. Die Komponenten Organisation, Mensch, Technologie und Aufgabe sind die wichtigen Elemente eines IKS in unterschiedlichen Forschungsansätzen in der Literatur (Ulich 1992; Rolf 1998).

Die Autoren betonen, dass es zwischen der eingesetzten Technologie und der Aufgabenerledigung der Anwender einen starken Zusammenhang gibt. Zum einen ist die Technologie in den Anwendungsbereich eingebettet und beeinflusst die Art und Weise, wie Anwender ihre Aufgaben erledigen.

Zum anderen wird die Technologie vor dem Hintergrund der Erfahrungswelt der Anwender entwickelt und eingesetzt. Technologie und die sie nutzenden Personen können nicht losgelöst voneinander betrachtet werden (Rolf 1998).

Ulich (1992) beschreibt beispielsweise sein arbeitswissenschaftlich orientiertes MTO-Konzept (Mensch, Technologie, Organisation), in dem die Aufgabe die Verbindungskomponente zwischen den anderen bildet (siehe Abbildung 3.1-1).

Abbildung 3.1-1: MTO-Konzept (nach Ulich 1992)

Betrachtet man die Leavitt-Raute (siehe Abbildung 3.1-2), so steht die Aufgabe in Wechselwirkung mit dem Menschen, der Organisation und der Technik.

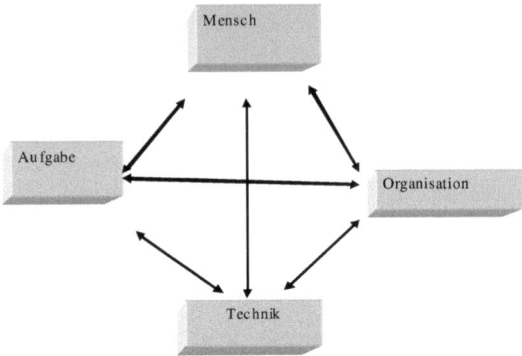

Abbildung 3.1-2: Leavitt Raute (Leavitt 1958 in Borghoff & Schlichter 1995)

Die zu lösende Aufgabe beeinflusst die Art, wie die Menschen zusammenarbeiten und wie die Organisation funktioniert. Andererseits bestimmt die Organisation, welche Aufgaben überhaupt erledigt werden. Die kooperative Zusammenarbeit wird ganz stark von den Menschen und der Organisation bestimmt.

In den folgenden Abschnitten werden wir die einzelnen Komponenten sowie ihre Wechselwirkung für ein IKS aus der Sicht der Arbeitswissenschaft beschreiben, um die verschiedenen Sichten der interdisziplinären und umfassenden Kooperationsmodellierung explizit zu machen.

3.1.1 Aufgabe

Die Abgrenzung eines betrachteten IKS gegenüber seiner Umwelt ist anhand der Systemaufgabe möglich (Schwabe 1995). Zu diesem Zweck können Leistungen oder Stellen herausgelöst werden. Die Abgrenzung nach Leistungen entspricht den Konzepten der Geschäftsprozessgestaltung. Bei der Abgrenzung nach Stellen werden ein Arbeitsplatz, eine Arbeitsgruppe oder eine Abteilung in den Mittelpunkt der Betrachtung gestellt, und einzelne Teilaufgaben herausgelöst.

Die Beschreibung von Aufgaben erfolgt mittels ihrer angestrebten Ergebnisse (Sachziele), ihrer Optimierungskriterien (Formalziele), der bearbeiteten Aufgabenobjekte, der Beteiligten und der eingesetzten Werkzeuge und Methoden (Schwabe 1995). IKS und diesbezügliche Werkzeuge haben die Gestaltung arbeitsteiliger Aufgaben im Blick. Daher beschäftigen sie sich mit den Mechanismen, wie überlappende Aufgaben mit Hilfe von Kommunikation gemeinsam bearbeitet werden (Fitzpatrick et al. 1998).

Überlappungen entstehen, wenn Aufgaben mehreren Personen zugewiesen werden, unabhängig davon, ob eine weitere Rollendifferenzierung nach Rechten und Pflichten der Beteiligten vorgenommen wurde. Unabhängig von der Art der Abgrenzung können Aufgabenbeschreibungen auf drei Ebenen identifiziert werden, auf denen jeweils unterschiedliche Bezüge zu den Kooperationsarten und zur Technologie bestehen:

Ebene des Arbeitsplatzes: Auf der Ebene des Arbeitsplatzes sind Arbeitsaufgaben angesiedelt, wie sie Gegenstand insbesondere der Arbeitswissenschaften sind. Auf dieser Ebene bestehen enge Zusammenhänge zur Komponente Mensch durch die Wahrnehmung der Aufgabe durch den Mitarbeiter und sein aufgabenbezogenes Verhalten. Auch die Technologie steht hier in enger Verbindung zur Aufgabe, da die Benutzungsoberfläche den Benutzern aufgabenbezogene Werkzeuge bereitstellen muss.

Ebene der Gruppe: Die Ebene der Gruppe betrachtet Aufgaben, die kooperativ von mehreren Personen bearbeitet werden. Gruppenmitglieder stimmen hier durch Kommunikation Ziele und Vorgehensweisen ab, und werden teilweise durch eine Leitungsrolle oder durch vorgegebene Randbedingungen koordiniert. Die Technologie bietet hier Werkzeuge zur Selbstabstimmung (Kooperation) und Koordination durch Kommunikation der Gruppenmitglieder.

Ebene der Arbeitsteilung: Auf der Ebene der Arbeitsteilung schließlich wird die organisatorische Aufgabenzerlegung auf verschieden Gruppen und Personen, die dabei entstehenden Interdependenzen und die notwendigen Koordinations- und Kommunikationsmechanismen beschrieben.

Die Aufgabe des zu gestaltenden Informatiksystems beschränkt sich in erster Linie auf administrative Tätigkeiten, da die Informationsverarbeitung gegenüber der Materialbearbeitung bei existierenden Werkzeuge für rechnergestützte Kooperation im Vordergrund steht. Darüber hinaus sollte die Systemaufgabe eine gewisse Komplexität übersteigen. Die Komplexität wird durch eine Vielzahl an Differenzierungskriterien für die Arbeitsteilung und durch einen hohen Spezialisierungsgrad erzeugt. Technikorientierte Methoden eignen sich dank ihrer systemischen Ausrichtung und der Möglichkeit, Sachverhalte aus verschiedenen Sichten und in verschiedenen Abstraktionsebenen darzustellen, gerade für komplexe und umfangreiche Problemstellungen und auf diese Stärke soll nicht verzichtet werden.

Der Gestaltungsaspekt ist vor allem auf der Ebene der Arbeitsteilung und der Gruppenaufgaben angesiedelt.

Die Aufgabe eines Arbeitsplatzes steht nicht im Zentrum der Betrachtung, daher finden Aspekte der Arbeitsgestaltung (Schwabe & Krcmar 1996), der vollständigen Aufgabe und der Ergonomie keinen Eingang in die Methode.

Im Kapitel 4 werden wir eine verfeinerte Darstellung des Softwareentwicklungsbereichs, die wir für unseren Ansatz gewählt haben, beschreiben.

3.1.2 Organisation

Der Organisationsbegriff ist sehr reich an Metaphern und Bedeutungsvarianten. Dies führt zu einem Vielzahl an Erklärungs- und Beschreibungsmodellen. Im Hinblick auf die Fragestellung der Informatiksysteme können für den Organisationszustand und die Prozesse in Organisationen drei prinzipielle Sichtweisen herausgegriffen werden:

- Organisation als formal und rational strukturiertes Gebilde,
- Organisation als Arena für mikropolitische Akteure,
- Organisation als Bereich gemeinsamer Interpretations- und Verhaltensregeln.

In gewissem Umfang bauen diese Sichtweisen aufeinander auf, sodass jeweils Bezüge zu den vorhergehenden Sichtweisen hergestellt werden können.

Für die Organisationsentwicklung, die ein wichtiger Teil dieser vorliegende Arbeit ist, sind andere Aspekte zu betrachten. Die Organisation des betrachteten IKS zeichnet sich durch kooperierende Gruppen, Organisationseinheiten oder Unternehmen aus. Außen vor bleibt die Kooperation zwischen Individuen und innerhalb einer Gruppe. Damit entsteht zusätzliche Komplexität, die den Einsatz von Abstraktionsmechanismen rechtfertigt.

Des Weiteren folgt daraus auch eine Mehrdeutigkeit der Systemaufgabe und der Ziele, da in stärkerem Maße unterschiedliche Sichtweisen und Interessen vertreten sind.

Vor diesem Hintergrund werden Mechanismen der Partizipation relevant, die über die Benutzer-Entwickler-Partizipation des Software Engineering hinausgehen.

Auch das Organisationslernen wird für den Wissensaustausch zwischen Gruppen und Individuen notwendig und das Konfliktmanagement muss die Aushandlung zwischen den vertretenen Sichtweisen und Interessen unterstützen. Wird die Kooperation innerhalb einer Gruppe betrachtet, werden diese Mechanismen zwar nicht irrelevant aber doch nicht so ausschlaggebend sein.

Der Gestaltungsaspekt soll formale organisatorische Vorgaben beinhalten, ebenso wie informelle Verhaltens- und Kommunikationskonventionen, die zwar nicht entworfen und implementiert, aber berücksichtigt und beeinflusst werden können.

3.1.3 Mensch

Der Mensch steht in IKS durch sein Verhalten in Verbindung mit den anderen Komponenten Arbeitsaufgabe, Organisation und Informations- und Kommunikationstechnologie.

Hier sind Erklärungstheorien gefragt, die sein Verhalten bezüglich der Arbeitsaufgaben nachvollziehbar und verständlich machen. Solche Modelle liefern die Verhaltenswissenschaften und insbesondere die Handlungstheorien (vgl. Kraak 1991). Handeln wird dabei als zielbezogenes, individuelles Verhalten verstanden. Das heißt, dem handelnden Menschen wird unterstellt,

- dass er die aktuelle Situation wahrnimmt,
- dass er die alternativen Handlungsmöglichkeiten kennt,
- dass er die Wirkungen dieser Handlungsmöglichkeiten kennt,
- dass er den Nutzen der Wirkungen anhand der Ziele bewertet und

dass er sich schließlich für die Handlung mit der größten Nutzenerwartung entscheidet.

Menschen besitzen individuelle Fähigkeiten, die sie durch Nachahmung, Erfahrungen, Training und Reflektion erworben haben. Sie haben dadurch spezifische mentale Modelle von Situationen, Handlungsmöglichkeiten und Auswirkungen aufgebaut, die sich in der Vergangenheit bewährt haben.

Diese Gewohnheiten können einerseits Veränderungen erschweren, da erfolgreiche Muster ungern aufgegeben werden (Rosentiel 1997; Pasch 1994), andererseits sind die Fertigkeiten Vorbedingung dafür, dass sie weiterentwickelt und modifiziert werden.

Als generelle Fähigkeiten und Stärken des Menschen werden die Selbstregulation, der Umgang mit Mehrdeutigkeiten und die Kreativität genannt. Unter der Selbstregulation wird die Fähigkeit des Menschen verstanden, unter Vorgabe von Zielen, Randbedingungen und Verfahren eigene situationsadäquate Handlungsfolgen zu planen, bei entsprechender Rückmeldung die Handlung im Vollzug zu korrigieren und nach Abschluss der Handlung Ergebnisse zu kontrollieren und Korrekturmaßnahmen zu treffen.

Die Kreativität kann sich insbesondere in gering formalisierten Situationen entfalten, in denen bekannte Verfahren, Muster oder Lösungsprinzipien durch Analogien kombiniert werden und so neue flexible Lösungswege entstehen (Scherer & Zölch 1995).

Eine prinzipielle Schwäche des Menschen besteht in seiner begrenzten Wahrnehmungs- und Informationsverarbeitungskapazität. So haben Menschen nie vollständiges Wissen über Ziele und Mittel und können (Fern-) Wirkungen nur in beschränktem Umfang abschätzen. Neben dem Können des Menschen ist das Wollen für die Erklärung des Verhaltens essentiell (Rosentiel 1997). Damit sind die individuellen Ziele, Werte und

Bedürfnisse gemeint, die ausschlaggebend dafür sind, ob Fähigkeiten auch eingesetzt werden.

Ziele beschreiben erwünschte Zustände, Werte und Bedürfnisse leiten die Wahl der Mittel und Wege. Sie können so unterschiedliche Aspekte wie materiellen Besitz, soziale Beziehungen und Anerkennung, Abwechslung, Macht, Verantwortung oder Selbstverwirklichung beinhalten (Mumford & Welter 1984).

Hohe Motivation entsteht, wenn hohe aber erreichbare Ziele verfolgt werden, oder wenn hohe Befriedigung wichtiger Bedürfnisse erwartet wird. Oftmals wird dabei intrinsische Motivation von extrinsischer Motivation unterschieden: Die wirkungsvollere intrinsische Motivation bezieht sich auf Bedürfnisse, die durch die Arbeit selbst befriedigt werden, wie beispielsweise soziale Anerkennung. Extrinsische Motivation erfolgt durch äußere Belohnungssysteme, die meist materielle Bedürfnisse befriedigen.

Da das Verhalten des Menschen durch seine Wahrnehmungen, seine Fähigkeiten und seine Motive bestimmt ist, muss die Gestaltung von Informatiksystemen die Aufgaben der Qualifikation und der Motivation ernst nehmen. Methoden aus dem partizipativen Software Engineering formulieren bereits die Problematik der unterschiedlichen Perspektiven und Wahrnehmungen, ohne jedoch methodisch konkretere Anleitungen geben zu können. Prototyping-Ansätze wiederum bieten Gelegenheit, den Qualifikationsprozess früh in die Systemgestaltung zu integrieren.

Um spezifisch menschliche Stärken in der Organisationsentwicklung zu berücksichtigen, geben aktuelle Methoden allerdings wenig Unterstützung.

Eine Eingrenzung der Methodenanforderungen soll erlauben, der Komponente Mensch im IKS ebenfalls Gestaltungsaspekte zu bieten. Die Methode soll in der Lage sein, die Qualifikation (das Können) der Mitarbeiter durch Lernen in der Organisation, am Modell und im Experiment zu unterstützen. Ebenso soll sie die Motivation (das Wollen) der betroffenen Menschen beeinflussen, indem sie die Mechanismen der Partizipation und des Konfliktmanagements nutzt.

Wir halten die drei Elemente Organisation, Mensch und Technologie für eine wichtige konzeptuelle Grundlage zur Repräsentation kooperativen Arbeitens. Die Repräsentation soll die Wechselwirkungen zwischen den drei Elementen dynamisch unterstützen, damit die Lernzyklen (individuell und organisational) explizit beschrieben können.

Wir denken, dass eine zusätzliche Berücksichtigung der drei K der Kooperationsaspekte (Kollaboration, Koordination und Kommunikation) gemäß der Elemente Organisation, Mensch und Technologie in der Repräsentation sicherlich dabei helfen wird, die Lernzyklen auf den verschiedenen Ebenen zu vergegenständlichen.

3.1.4 Informations- und Kommunikationstechnologie

Diese Komponente enthält Werkzeugfamilien Groupware, Workflowmanagementsysteme sowie die Mischformen und Kombinationen dieser Technologien.

Nachdem wir im Kapitel 2 gesehen haben, wie vielfältig die Art der Kooperation ist, untersuchen wir im Folgenden inwieweit die aktuellen Modellierungsansätze diese Vielfältigkeit berücksichtigen. Wir untersuchen besonders die unterschiedlichen Schwerpunkte, die die strukturierten und unstrukturierten Arbeitsabläufe betrachten, sowie die verschiedenen organisationalen, technischen und menschlichen Perspektiven. Viele Informatiker sind skeptisch gegenüber dem Versuch die Kooperation zu modellieren. Viele andere sind der Meinung, dass eine Kooperationsmodellierung notwendig ist:

> " *The inherent complexity and openness of cooperative tasks does not imply, however, that formal analysis and design methods can not be used or that designers do not need them. Just because of the wide range of functionalities and the variability of tasks, design methods are required that can guide the designer and serve as a means of communication between developers and the prospective users*" (Ziegler 2002).

CSCW, Workflow, *Business Process Reengineering* und die Softwaretechnikforschung sind die wesentlichen verschiedenen Ansätze, die sich aus völlig unterschiedlichen Sichten mit Kooperationsmodellierung beschäftigt haben. Kooperationsmodelle wurden für die Kooperationsunterstützung vorgeschlagen. Modellierung wird als Mittel angesehen, um die vorhandenen und zukünftigen Prozesse zu beschreiben.

In (Curtis et al. 1992) ist Prozessmodellierung die Lösung, um den aktuellen Zustand einer Organisation zu beschreiben und die gewünschte Veränderung zu einem neuen Zustand zu antizipieren. Hierdurch erhält ein Unternehmen eine Übersicht über seine eigene Organisation, gleichzeitig dienen Modelle als Grundlage für eine Systemunterstützung der Abläufe. Sie stellen das Wissen der Anwendungsdomäne in einem konzeptuellen Modell dar, welches wichtige Aspekte der kooperativen Arbeit unterstützt.

Modellierungsmethoden bestehen aus Konzepten, einer Beschreibungssprache und einer Vorgehensweise der Modellierung. Modelle und Theorien sollen die Entwickler der kooperativen Systeme anleiten. Dabei sollen sie ihnen helfen, so früh wie möglich auf die relevanten Ausschnitte zu fokussieren, und das System in kohärenter Weise zu strukturieren. Mit Hilfe der Konzepte wird festgelegt, welche Aspekte des Entwurfsproblems in den Modellen beschrieben werden können. Die

Beschreibungssprache liefert dazu eine geeignete Syntax oder einen Formalismus zur Darstellung und Visualisierung. Als typische Beschreibungssprachen dienen verschiedene Formen von Glossaren und Thesauren, Spezifikationen, Tabellen und Graphen. Die Vorgehensweise schließlich gibt Anleitung, in welcher Phase welche Modelle erstellt werden sollen. Die Konzepte sollen die Problemsicht der Methode prägen und die Grundbegriffe für die Beschreibungssprache bereitstellen. Die wesentliche Aufgabe der Konzepte ist es, den Blick auf die für das Problemverständnis relevanten Aspekte zu richten und gleichzeitig auch eine Brücke zu implementierbarer Software zu schlagen.

Objektorientierte Vorgehensweisen: Objektorientierte Methoden beinhalten in der Regel die Konzepte Objekt, Klasse, Instanziierung, Aggregation, Generalisierung, Attribute, Methoden, Zustände und Zustandsübergänge (Booch 1994). In einem objektorientierten Systementwicklungsansatz ist die Gesamtstruktur des Modells durch die Klassenstruktur mit Generalisierungs- und Aggregationsbeziehungen bestimmt. Für das Verständnis komplexer Gegenstände sind die Klassenstrukturen hervorragend geeignet, insbesondere die Vererbung und Paketbildung kann erheblich zur Übersicht und Vereinfachung beitragen.

Allerdings fehlt es der Modellierungssprache auf Grund ihres hohen Abstraktionsgrades zunächst an Konzepten zur Modellierung von Organisationszusammenhängen. Die Modellierung systemweiter Abläufe ist mit den Kollaborationsdiagrammen nur bedingt möglich.

Die Semantik und die Pragmatik der zentralen Modellbegriffe sind durch die Konzepte umrissen, die angeben, welche Beziehungen und Merkmale festgelegt werden müssen.

Traditionelle Fragestellungen sind bis jetzt bekannt über die Bedingungen, die erfüllt sein müssen, um ein bestimmtes Phänomen mit Konzepten nachzubilden. So müssen objektorientierte Methoden Hinweise liefern, wann etwas als Klasse und wann etwas als Attribut modelliert werden soll (Booch 1994).

Grundlegende Vereinbarungen müssen getroffen werden, was unter den Begriffen Objekt, Klasse, Generalisierung, Verhalten, usw. zu verstehen ist. Auch wenn diese eingesetzten Klassenstrukturen hervorragend für das Verständnis komplexer Gegenstände geeignet sind, sind sie abstrakt und oft auf die Implementierung durch objektorientierte Programmiersprachen ausgerichtet.

Die Aktivitätsdiagramme, die zuletzt in die UML aufgenommen wurden, entstammen der Geschäftsprozessmodellierung (siehe nächsten Abschnitt). Andere Ansätze versuchen, den sehr abstrakten Klassenbegriff für betriebswirtschaftliche Anwendungen zu konkretisieren. Konkrete Klassenhierarchien mit Vererbungsstrukturen: Personen-

Objekte, Tätigkeits-Objekte und Informations-Objekte werden entwickelt, um die Koordinationsprozesse in mehrstufigen Produktionsbetrieben abbilden zu können (Fischer et al. 1998). Die Problematik der Verständigung zwischen verschiedenen Beteiligten wird betont und die Modelle werden als Kommunikationsmedium empfohlen.

Die Beschreibungssprache kann aber den Dialog zwischen den Beteiligten nicht immer unterstützen. Geschäsprozesse und Modellierung: Als eine Methode, die sich näher am Anwendungsgebiet der kooperativen Arbeit befindet, wird die Geschäftsprozessmodellierung dargestellt. Hauptziel ist die Steigerung des Kundennutzens durch eine Verbesserung der bereichsübergreifenden Abläufe.

Gestaltungsaspekte sind dabei die Organisation, die unterstützenden Informationssysteme, aber auch die Leistungen selbst, die für den Kunden erbracht werden. Die betriebswirtschaftlichen Ziele bezüglich der Durchlaufzeit, der Prozesskosten und der Prozessqualität werden dabei berücksichtigt.

Typische Einsatzbereiche sind die Einführung und Anpassung von Standardsoftware und die Reorganisation von Geschäftstätigkeiten. Im Gegensatz zu objektorientierten Methoden fokussieren geschäftsprozessorientierte stattdessen auf Leistungsflüsse, realisierende Geschäftsprozesse, Stellen und weitere Konzepte.

Die Gesamtstruktur eines geschäftsprozessorientierten Modells wird durch die Leistungen und die realisierenden Abläufe bestimmt und in Diagrammen der Steuerungssicht dargestellt. Die anderen Sichten der Organisation und der Daten leiten sich aus den Abläufen ab. Damit liegt die Stärke dieser Methode in der Ausrichtung der Organisation und der Informationsverarbeitung auf die Geschäftsprozesse des Unternehmens.

Ein Workflow ist ein Prozess der Organisation, welcher von einem so genannten Workflow-System geführt werden kann. Dieses System wird als wesentliches Ziel der Automatisierung der Ausführung des Prozesses etabliert, aber es kann auch für seine Simulation oder Analyse dienen.

In Workflow-Anwendungen bedeutet kooperative Arbeit, dass mehrere Personen mit dem Erreichen eines gemeinsamen Zieles beschäftigt sind, aber jeder individuell in einer unterschiedlichen Phase der Arbeit agiert. Es wird vor allem die Scheduling-Aktivität und Arbeitskoordination zwischen Akteuren betrachtet (Khoshafian & Buckiewicz 1993; Naffah 1994; Ovum 1991).

Ein Workflow interessiert sich mehr für die Einrichtung der dokumentarischen Flüsse und Prozesse als für ihren Inhalt. Über die Modellierung der Prozesse hinaus treten andere Schwierigkeiten bezüglich der Dokumentation und der Information auf, welche die Prozesse begleiten müssen: Welche Aufgabe ist blockiert? Welches Dokument ist verloren gegangen? usw. Ein Workflow hat dann das Ziel, administrative Prozesse zu kontrollieren und zu automatisieren. Er hat auch hierzu das unterschwellige strategische Ziel, die Effizienz einer virtuellen Gruppe zu schaffen, welche auf den Prozess der individuellen Effizienten fokussiert ist.

Um grundlegende Eigenschaften von Workflow-Systemen zu besprechen, bietet es sich an, die Definitionen der *Workflow Management Coalition* (kurz: WfMC) zu verwenden. Diese Organisation ist ein Zusammenschluss vieler Unternehmen, die im Workflow-Bereich tätig sind und sich um die Standardisierung von Workflow-Produkten, speziell im Hinblick auf Interoperabilität, bemühen.

Da hier verschiedene Interessen berücksichtigt werden, sind die Vorschläge der WfMC im Jahr 1995 als Kompromisse zu sehen und nicht so weitgehend, wie es möglich wäre (z.B. durch Erfahrung und Forschungsresultate). Workflows dienen vor allem der Beschreibung definierbarer und damit automatisierbarer Prozesse. Eine explizite Kooperationsunterstützung wird nicht verlangt, vielmehr werden die "gemeinsamen" Daten nach festen Regeln serialisiert und zur Bearbeitung weitergeleitet.

Die Grundlagen von Workflows sind sehr gut in den „3R"- Routen, Regeln und Rollen- zusammengefasst (Marshak 1992). Die Routen stellen die Abläufe des Informations- und Dokumentationsveränderungsprozesses dar. Das Management der Koordinationsregeln der Aktivitäten ist komplementär zum Begriff von Route, so dass der Ablauf eines Prozesses von den Regeln (die Natur der Informationen sowie ihre Transitmodalität von einem Akteur zu einem anderen) abhängig ist. Die Information ist gemäß vordefinierten Regeln befördert, so dass nur die Rollen den Personen zuzuweisen sind, welche die Aufgaben erledigen und miteinander kommunizieren müssen.

Eine Prozessdefinition umfasst die Darstellung eines Geschäftsprozesses in einer Form, die automatisierte Manipulationen wie Modellierung oder Durchführung mittels eines WFMS zulässt. Die Prozessdefinition besteht aus einem Netzwerk von Aktivitäten und ihren gegenseitigen Beziehungen, Vor- und Nachbedingungen der Prozesse und Informationen über die individuellen Aktivitäten, so wie Teilnehmer, Applikationen, Daten usw.

Eine Aktivität ist die Beschreibung einer (Teil-)Arbeit, die einen logischen Schritt innerhalb eines Prozesses darstellt. Eine Aktivität kann sowohl interaktiv, d. h. nicht durch einen Rechner automatisiert, oder eine automatisierte Workflow-Aktivität sein. Eine interaktive Workflow-Aktivität benötigt den Einsatz von Menschen, um die Prozessdurchführung zu erlauben. Eine solche Workflow-Aktivität wird einem Workflow-Teilnehmer zugewiesen. Eine automatisierte Workflow-Aktivität wird weitgehend ohne menschlichen Eingriff durch das Workflow-System und andere Software-Systeme durchgeführt.

Eine Workflow-Aktivität stellt so einen Schritt innerhalb eines Workflows dar, der letztendlich diesen Prozess näher an sein Ziel bringen soll. Dabei kann dies vollautomatisch geschehen, wie zum Beispiel der Ausdruck eines Kundenbriefes, oder gesteuert, wie das Schreiben eines Kundenbriefes mit einer Textverarbeitung durch einen Workflow-Teilnehmer. Eine rein manuelle Aktivität, die nicht durch Software-Systeme unterstützt wird (bspw. die Aufgabe eines Briefes bei der Post), aber dennoch Teil eines Geschäftsprozesses ist, wird im Folgenden auch als manuelle Workflow-Aktivität bezeichnet.

Im Weiteren wird bei eindeutiger Sachlage mit Aktivität stets die interaktive Workflow-Aktivität gemeint sein.

Diese Aktivitäten stellen einzelne Bearbeitungsvorgänge innerhalb eines Workflows dar. Die (logische) Verknüpfung dieser Aktivitäten entspricht der in der Prozessbeschreibung. Zu beachten ist hierbei, dass ein solcher Schritt bezüglich der Prozessdefinition eine atomare Einheit ist, die von einem WFMS durchgeführt wird. Weiter werden wir die Aktivität in unserer Arbeit unterscheiden, die ausschließlich mit Menschen verknüpft wird.

Die Prozess-Instanz ist die Repräsentation einer einzelnen Ausführung eines Prozesses einschließlich der Instanzdaten. Jede Instanz stellt eine eigene Ausführungseinheit des Prozesses dar, die für gewöhnlich zu einer unabhängigen Steuerung während des Verlaufes fähig ist.

Die Prozess-Instanz ist somit die Grundlage für einen konkreten Prozess, der auf seiner entsprechenden Prozessdefinition beruht. Verschiedene Instanzen einer Prozessdefinition sind voneinander unabhängig. Z.B. können die Instanzen des Prozesses Lehrplanungs-Erstellung (Döhring 2000) etwa die Lehrplanung von Arbeitsbereich SWT (Softwaretechnik) oder von ITG (Informationstechnikgestaltung) sein.

Aktivitäten sind das zentrale Konzept jeder Prozessdefinition (siehe 3.1-3).

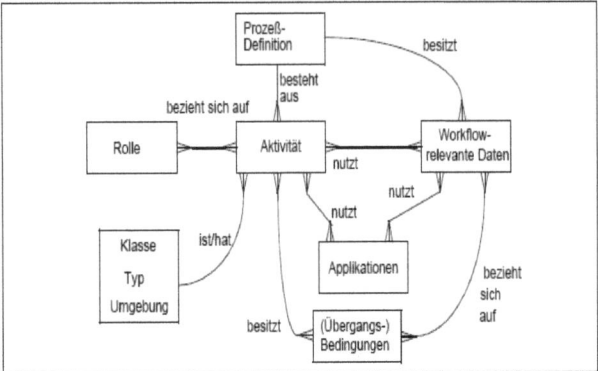

Abbildung 3.1-3: Metamodell der Prozessdefinition (nach WFMC 1995)

Damit einhergehend findet eine Verfeinerung der Prozessdefinition statt. In Bezug auf die Organisationsstruktur sollte eine Aktivität einem oder mehreren Bearbeitern entsprechend ihrer „Rollenzugehörigkeit" zugeteilt werden.

Nach WFMC ist die „Klasse" (z. B. Bearbeitung eines Dokumentes oder Bewertung eines Sachverhaltes) auch ein wichtiges Element. Für die Wiederverwendbarkeit von Aktivitätsdefinitionen bietet es sich an, eine vorgefertigte Definition anzuwenden und diese sogenannte Klassendefinition bei Bedarf nur geringfügig zu ändern und anzupassen.

Um eine Aktivität starten zu können, muss sichergestellt sein, dass alle Voraussetzungen für die Durchführung erfüllt werden können (Vorbedingungen). Über eine korrekte Beendigung einer Aktivität entscheiden die Nachbedingungen. Diese Bedingungen sollen einen korrekten Ablauf garantieren.

Bei den Daten kann zwischen reinen Eingabe- bzw. Ausgabedaten und Ein-/Ausgabedaten unterschieden werden. Die reinen Eingabedaten und Ausgabedaten dienen nur der Parametrisierung. Die Ein-/Ausgabedaten sind Daten, die durch die Ausführung verändert werden können. Workflow Management Systeme beschäftigen sich nur mit strukturierten Arbeitsformen.

Die Konzepte der Geschäftsprozessorientierung sind weitaus konkreter und aufgabenspezifischer als jene der Objektorientierung, sodass die Modellierung leichter zu erlernen und anzuwenden ist. Allerdings beinhaltet insbesondere ARIS (Architektur integrierter Informationssysteme) eine überwältigende Vielzahl an Diagrammtypen, die durch einen erfahrenen Methodenexperten auf wenige sinnvolle Darstellungsmöglichkeiten eingeschränkt werden (Scheer 1998).

Workflow- Anwendungen beginnen mit der Modellierung des zu automatisierenden Prozesses. Für jede Ebene der Arbeit muss „wer macht was", im Zusammenhang mit welchen Aufgabe, wann, nach und vor welcher Aufgabe, bestimmt werden, sowie die Informationsinhaber, die Dokumenttypen, usw., die genauer definiert werden müssen.

Genau so wie bei objektorientierten Methoden stellt sich die Frage nach den Bedingungen, die sinnvoll sind, um ein bestimmtes Phänomen mit Hilfe des Konzeptes abzubilden. Geschäftsprozessorientierte Methoden müssen Kriterien anbieten, wann etwas als Geschäftsprozess beschrieben werden kann und wann als Teilprozess.

Mischformen und Kombinationen der Werkzeugfamilien: Objektorientierte sowie Geschäftsprozessmodellierungsmethoden werden nicht allen Komponenten eines CSCW-Systems in gleicher Masse gerecht. Sie sehen die zu gestaltende Organisation in der Regel als formale Strukturen von Aufgaben und Aufgabenträgern, von Informations- und Materialflüssen oder von Geschäftsprozessen und Arbeitsabläufen.

Die mikropolitische Sichtweise wird jedoch in den so genannten technikorientierten Methoden nicht thematisiert. Organisatorische Veränderungen müssen aber in der Regel gegen einzelne Interessengruppen durchgesetzt werden. Das Verhalten des Menschen durch seine Wahrnehmungen, seine Fähigkeiten und seine Motive soll explizit betrachtet werden. Um spezifisch menschliche Rollen in der Systemgestaltung zu nutzen oder Motivationsmechanismen zu berücksichtigen geben aktuelle Methoden ebenso wenig Unterstützung.

In vielen CSCW-Veröffentlichungen (beispielsweise Borghoff & Schlichter 1995; Hasenkamp et al. 1994; Schill 1996), wird Workflow-Unterstützung als Teilbereich der CSCW-Forschung gesehen.

Wir haben schon erwähnt, dass sich Workflow-Systeme gegenüber anderen CSCW-Systemen durch ihren Koordinationscharakter auszeichnen. Abbildung 3.1-4 zeigt einen Vergleich in dem Spektrum Systemorientierung/ Menschorientierung.

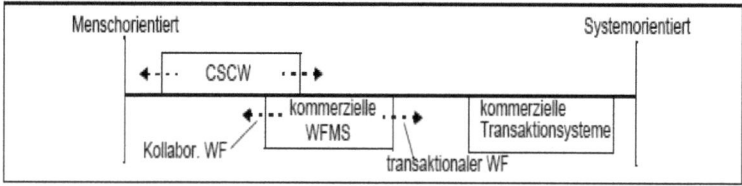

Abbildung 3.1-4: Technologie-Einordnung in das Spektrum Mensch-System
(Sheth et al. 1996)

WFMS orientieren sich mehr auf die Systeme und CSCW mehr auf Menschen. Während Methoden des *business process reegineering* im Vorwege bei der Analyse Ausnahmen und Fehler möglichst eliminieren wollen, legen ethnomethodologische Ansätze Wert auf die menschliche Fähigkeiten, mit Unwägbarkeiten umzugehen, da sie die größte Ressource von Unternehmen darstellten, mit der Konsequenz, dass Systeme die Ausnahmebehandlung unterstützen sollten. CSCW-Systeme bieten im allgemein freiere Koordinations- und Kommunikationsmöglichkeiten als WFMS (Schwab 1995; Deitters et al. 1996). Jedoch gibt es Überlappungen beider Bereiche, wobei in jedem Bereich versucht wird, Eigenschaften des anderen einzubringen.

Das oben genannte Spannungsfeld zwischen Workflowmanagementsystemen einerseits und Groupware andererseits hat die Aufmerksamkeit auf Zwischenformen gelenkt. Die Situationen vollständig ungeplanter Kooperation sowie die Situationen von bis ins Detail festgelegten Abläufen und Zuständigkeiten werden in der Praxis als idealisierte Sonderfälle betrachtet. Abbildung 3.1-5 zeigt jedoch, dass eine große Zahl der Prozesse nicht auf einen dieser Bereiche beschränkt ist.

Es ist zu bemerken, dass sich existierende Technologien wie Workflow- und Groupware-Systeme nur für einen geringen Anteil der Prozesse einsetzen lassen. Die Mehrzahl der Prozesse liegt aber zwischen den ausgeprägten Technologien, wo die kooperativen Prozesse eingeordnet werden können. Von daher sind Mischformen die Regel, in denen manche Aspekte formalisiert sind und andere offen gelassen werden.

Die Abbildung 3.1-5 stellt die unstrukturierten sowie strukturierten Prozesse dar, aber auch Prozesse, die zwischen den beiden Bereichen liegen. Die vorliegende Arbeit wird die Notwendigkeit zeigen, in der Forschung sowohl strukturierte als auch unstrukturierte Prozesse sowie die zwischen den beiden liegenden Prozesse schon in der Anforderungsermittlung zu unterstützen. Dafür sind ganzheitliche Konzepte erforderlich, die nicht einseitige, isolierte Lösungen anstreben.

Aufgabe-Rolle-Workflow-basierte Repräsentationsmodelle: Die obige Abbildung hat gezeigt, dass es wünschenswert wäre, dass beide Arten der Unterstützung durch dasselbe System erfolgen, um somit eine integrierte Arbeitsweise zu ermöglichen.

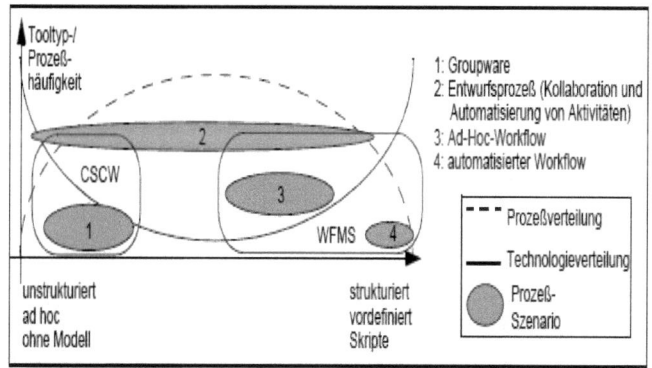

Abbildung 3.1-5: Technologieverteilung und Prozessverteilung (vgl. Sheth et al. 1996)

Unterschiedliche Modellierungsansätze sind auf diese Forschungsfrage eingegangen. Die sogenannten Aufgabe-Rolle-Workflow-Repräsentationen sind eine Kategorie von Modellen, die sich mit strukturierten und unstrukturierten Prozessen beschäftigt haben.

Die gut-strukturierten und wiederholbaren Verfahren benötigen mehr Koordination und Automatisierung, während die (teilweise) unstrukturierten (ad-hoc) Arbeitsprozesse mehr gemeinsam genutzte Information und Wissen innerhalb einer Gruppe benötigen. In den meisten Organisationen sind (gut) strukturierte und (teilweise) unstrukturierte Anteile gleichzeitig in den Arbeitsprozessen zu finden, so dass sie beide in der endgültigen Lösung berücksichtigt werden müssen (Nurcan & Rolland 1997).

Nurcan (1998) betrachtet fünf Kooperationsmodellierungen und stellt die entsprechenden Meta-Modelle der verschiedenen Ansätze dar. Wir fassen ihre Analyse zusammen, um die gemeinsame Begriffe (und die Unterschiede) zu den verschieden Ansätze herausarbeiten zu können.

Nurcan & Rolland (1997) stellen die Meta-Modelle anhand einer *extended binary entity-relationship notation* dar. Die Darstellungen basieren auf *entity-types* (*large boxes*), *relationship types* (*small boxes*), Kardinalität, is-a Links und an *objectified relationship types* (ein Abstraktionsmechanismus, der uns erlaubt, einen Typ von *Relationship* als Entitäts-Typ auf einem höheren Niveau zu sehen).

Die OSSAD-Methode (*Office Support System Analysis and Design*) wurde im Rahmen des Projekts ESPRIT entwickelt. Das Ziel war, geeignete Methoden für die Entwicklung der *office automation* Systeme (Dumas & Charbonnel 1990) zu finden. OSSAD ist eine Methode, die beschreibt, wie Menschen ihre Aktivitäten für ein bestimmtes gemeinsames Ziel koordinieren. Sie schlägt zwei Modellierungsebenen vor: abstrakte und Beschreibungsebenen.

Das „abstrakte Modell" definiert, wie stabile und langfristige Eigenschaften des Systems zu analysieren sind, welche jede Organisationswahl respektieren muss. Es basiert auf der Aufteilung der Organisation in Funktionen, d.h. in Sub-Systeme, die kohärente Ziele haben. Jede Funktion könnte in unterschiedliche Sub-Funktionen aufgeteilt werden, die wiederum aufgeteilt werden können.

Auf einer detaillierten Ebene der Analyse werden atomische Funktionen Aktivitäten genannt. Jede Aktivität hat nur ein Ziel. Diese Sub-Systeme kommunizieren miteinander und mit dem gesamten Umfeld, um Informationspakete auszutauschen (abgesehen von ihrer Unterstützung). Jede Aktivität auf der abstrakten Ebene entspricht einer Prozedur auf der Beschreibungsebene.

Die Verbindung zwischen der abstrakten und der Beschreibungsebene wird anhand der Matrix Aktivität/Rolle gemacht. Die Zeilen entsprechen den Aktivitäten (abstraktes Konzept) und die Spalten den Rollen (Beschreibungskonzept). Für jede Aktivität werden die Rollen, die an dieser Aktivität teilnehmen, beschrieben. Jede Aktivität auf der abstrakten Ebene entspricht der Prozedur auf der Beschreibungsebene. Mit den Beschreibungsmodellen wird es möglich, die Art und Weise, wie die Arbeit im Moment erledigt wird oder wie sie in Zukunft sein wird, zu beschreiben.

Die Rollen in den Beschreibungsmodellen zeigen die aktuelle Organisationsstruktur, die von der Organisation gewählt wird, oder eine, die für die Organisation vorgeschlagen wird. Die Konzepte von Rolle, Abteilung und Ressource werden verwendet. Auf Grund der Vereinfachung der Modellierung stellt eine Abteilung eine Menge von Rollen dar. Dies kann eine administrative Abteilung der analysierten Organisation sein. Die ausgetauschten Informationen zwischen Rollen, externen Rollen und/oder Abteilungen zeigen sich als Ressourcen. Die Prozeduren zeigen die Funktionalität der Organisation, d.h. die aktuelle sowie die zukünftige Arbeit der Organisation. Es werden die Begriffe Prozedur und Ressource verwendet.

Das Modell bietet eine globale Sicht auf Abhängigkeiten zwischen Prozeduren an. Die Operationen bieten mehr Details über eine Prozedur an. Der Ansatz modelliert die Verteilung der Arbeit zwischen Rollen und zeigt, wer macht was und in welcher Reihenfolge. Zusätzlich zur Ordnung und Abhängigkeit zwischen Operationen zeigt der Formalismus drei Möglichkeiten von Operationsflüssen: Parallelität (und), Alternative (oder) und Schleife. Einige Operationen einer Prozedur können als Makro-Operationen zusammengesetzt werden.

In dem ICN-Modell (*Information Control Net*) ist eine Prozedur als eine Menge von Arbeitsschritten und eine Teilordnung dieser Schritte vordefiniert (Ellis 1979; Ellis &

Wainer 1994b). Die Schritte können anhand konjunktiver oder disjunktiver Logik verbunden werden. Jede Prozedur ist einer verantwortlichen Person zugeordnet. Ein Job bezeichnet eine spezielle Erledigung einer Prozedur. Eine Aktivität ist der Body eines Arbeitsschritts. Es ist entweder eine zusammengesetzte Aktivität, die andere Prozeduren enthält, oder eine elementare Aktivität. Eine elementare Aktivität ist ein Teil der Arbeit, der als Folge von primitiven Aktionen von einem Akteur erledigt wird. Eine Aktivität ist ein wiederverwendbarer Teil der Arbeit, so dass eine Aktivität der Body von mehreren Arbeitsschritten sein könnte.

Eine Rolle kann mit einer Gruppe von Akteuren assoziiert sein. Ein Akteur kann mehrere Rollen in einer Organisation spielen. Ein Akteur ist eine Person, ein Programm, oder eine Entität, die Rollen erfüllen kann, um etwas zu erledigen oder um verantwortlich für etwas zu sein, oder er wird mit Aktivitäten und Prozeduren assoziiert. Ein Netz für Informationskontrolle ist eine Menge von Prozeduren, Schritten, Aktivitäten, Rollen, und Akteuren mit einer korrekten Menge von Relationen zwischen Entitäten. Relationen beinhalten Präzedenzrelationen zwischen den Schritten; die *part-of-Relation* zwischen Aktivitäten und Prozeduren; die *„executor-of-Relation"* zwischen Aktivitäten und Rollen; und die *player-of*-Relation zwischen Rollen und Akteuren.

Das Entitätsdiagramm in (Ellis & Wainer 1994a) zeigt die Entitäten und Relationen dieser Definition. Unterschiedliche soziale und organisationale Faktoren spielen eine wichtige Rolle bei der Funktionalität einer Organisation. Diese Beobachtungen haben die Autoren dazu geführt, die folgende Definition einer erweiterten ICN in (Ellis & Wainer 1994b) vorzuschlagen. Anstatt am Anfang Prozeduren und Aktivitäten zu wählen, wählen sie Menschen und Ziele.

In dem Workflow-Model INCONCERT repräsentieren McCarthy & Sarin (1993) einen Job als kollaborative Aktivität. Ein Job besteht aus Aufgaben, welche von einer Person erledigt werden können. Auf der gleichen Ebene kann es zwischen den Aufgaben Ordnungs-Abhängigkeiten geben: eine abhängige Aufgabe kann nicht erledigt werden, bis die vorherige Aufgabe komplett beendet ist. Jede Aufgabe in einem Job ist einer Rolle zugewiesen, die diese Aufgabe ausführen wird. Ein Job ist anhand der Instanziierung eines *template* aktiviert, welches eine vordefinierte Aufgabenstruktur für die Erledigung eines bestimmten Geschäftsprozess darstellt.

VPL(Swenson 1993) ist eine graphische Sprache für kollaborative Arbeitsprozessunterstützung. Nach diesem Model ist die Arbeit durch ein Netz von Anfragen für die Zuweisung der Aufgaben geteilt, welche wiederum in feine Aufgaben geteilt werden können. Das Modell bietet für die Koordinierung der Aufgaben einen gemeinsamen Kollaborationsraum an, der *colloquy* genannt ist. *Colloquy* ist in Stages und Rollen geteilt. Stages beinhalten eine Menge von Aktionen. Der gemeinsam geteilte

Datenraum kann Dokumente oder andere Artefakte beinhalten. Der Prozess wird als Anfrage für die Aufgaben modelliert. Plans bestehen aus Netzen von Stages. Jeder Stage stellt eine Aufgaben-Anfrage dar, ein Commitment oder eine Frage als ein spezifischer Schritt in dem Prozess.

Die Person, die für die Ergebnisse des Plans zuständig ist, ist der Besitzer des Plans. Der Besitzer ist meistens die Person, die den Plan erzeugt hat und ist die einzige Person, die Veränderungen darauf machen darf. Ein Stage beinhaltet eine oder mehrere definierte Aktionen, die Optionen genannt werden. Jede Option (mit ihrer assoziierten Nachrichten) stellt eine Bestätigung dar, die der *Assignee* für die Repräsentation der Ergebnisse der Aufgabe oder einer Entscheidung haben soll. Die Wahl der Optionen ändert den Zustand des Prozesses, um Stages zu aktivieren oder zu beenden. Ein Ereignis ist ein abstrakter Mechanismus für die Koordinierung der Stages.

Das I*-Rahmenwerk (Yu & Mylopoulos 1994) soll Prozessmodellierung und *Reengineering* unterstützen. Prozesse berücksichtigen Akteure, die voneinander - für die zu erreichenden Ziele, für die zu erledigenden Aufgaben, und für die zur Verfügung stehenden Ressourcen - abhängig sind. Das Rahmenwerk beinhaltet ein Strategic *Dependency Model* und ein *Strategic Rationale Model*. Das eine beschreibt das Netz von Abhängigkeiten zwischen Akteuren und das andere beschreibt die Argumentation, die ein Akteur über seine Abhängigkeiten mit den anderen Akteuren hat.

Die Name I* bezieht sich auf die *distributed intentionality perspective*, die von dem Rahmenwerk angeboten wird. Das *strategic dependency model* ist ein Graph, der alle Knoten eines Akteurs darstellt und jeden Link zwischen zwei Akteuren beschreibt, wie ein Akteur von einem anderen Akteur in einer Sache abhängig ist, um ein Ziel zu erreichen (Yu & Mylopoulos 1994). Der Akteur, der abhängig ist, wird *Depender* genannt, und der Akteur, von dem jemand abhängig ist, wird *Dependee* genannt. Das zentrale Objekt in der Abhängigkeit wird *Dependum* genannt. Die Autoren unterscheiden zwischen vier Abhängigkeiten gemäß des Typs von *Dependum: goal dependency, task dependency, resource dependency, softgoal dependency.*

3.1.5 Zusammenfassung

Die Stärken der modellgestützten Methoden liegen in der flexiblen und vielseitigen Komplexitätsreduktion durch Modelle. Die Modelle ermöglichen eine formale Validierung und in gewissem Umfang die Bewertung des Modellgegenstandes. Sie sind auch eine wichtige Unterstützung der Kommunikation zwischen Fachexperten, Methodenexperten und Technologieexperten, die bei der Softwareentwicklung ebenso wie bei der Geschäftsprozessmodellierung zusammenarbeiten müssen.

Auf Grund ihres hohen Abstraktionsgrades an Konzepten zur Modellierung fehlen den objektorientierten Methoden zunächst Konzepte zur Berücksichtigung der Organisationszusammenhänge und der Kommunikation zwischen der Beteiligten. Im Gegensatz fokussiert geschäftsprozessorientierte Modellierung auf den Ablauf der Geschäftsprozesse, wie bei WFMS.

Die Aufgabe-Rolle-Workflow-basierten Repräsentationsmodelle sind leider so unterschiedlich, dass keine Interoperabilität zwischen den Modellen ermöglicht werden kann. Der Grund dafür ist, dass sie auf verschiedenen Theorien basieren (*theories of situated action, communities of practice, distributed cognition, articulation work,* usw.). Die Unterschiede zwischen den ursprünglichen Theorien verursachen eine Mehrdeutigkeit und ein Unverständnis der verwendeten Terminologie.

Es gibt keinen Konsens im Zusammenhang mit den Begriffen und den verschiedenen abstrakten Ebenen, die die Kooperation beschreiben sollen (Guareis de Farias et al. 2000). Allein nur für die Koordination (einer der Kooperationsaspekte) werden in der Literatur mehrere Modellierungsansätze vorgeschlagen (*coordination theory, activity theory, action/interaction theory, object-oriented activity support model,* usw.).

In diesen Modellen ist der zentrale Begriff der Aufgabe nicht klar definiert. Hier werden Begriffe der Aktivität, Operation, Funktion, usw. abwechselnd mit dem Begriff der Aufgabe verwendet. Dies führt zu einer Mehrdeutigkeit bei der Modellierung. Wir betonen, dass das Verstehen der Kooperation vom Kontext der Beteiligten abhängt.

Die Beteiligten interessieren sich und betrachten die Kooperation aus der Organisations-, Mensch- und Technik-Sichten unterschiedlich. Jede Interpretation bzw. Semantik benötigt (und produziert) geeignete Typen von Wissen und wird anhand Lernvorgänge vergegenständlicht. Besonders intensiv wird dabei das organisationale Lernen diskutiert.

3.2 Wechselwirkungen zwischen Organisation, Mensch und Technologie

Dass Technik, Organisation, und Arbeit integriert zu betrachten und zu gestalten sind, ist nicht neu. Wir betonen in den vorliegender Arbeit, dass in der Softwaretechnik die vielfältigen Wechselwirkungen zwischen den Faktoren noch expliziter in den Zyklus des Entwicklungsprozess eingebracht werden sollen.

Es müssen die verschiedenen Perspektiven auf die dargestellten fachlichen Inhalte darstellbar sein. Man soll leichter zwischen ihnen wechseln können. Die Zusammenhänge zwischen ihnen müssen bei Bedarf gezeigt werden können. Nur somit schaffen wir es, die beiden Aktivitäten Verstehen und Design, die wir in den vorherigen Kapiteln schon diskutiert haben, konzeptuell zusammenzubringen.

3.2.1 Wechselwirkungen zwischen Technologie und Mensch

Technologie allein kann nicht eine bestimmte Form des Einsatzes und Gebrauchs sicherstellen, auch wenn sie auf einen speziellen Einsatz hin geplant und konfiguriert wurde. Menschen erarbeiten sich einen eigenen Gebrauch des Werkzeugs, der nicht mit den technologischen oder organisatorischen Absichten in Einklang stehen muss (Minnig 1995). Für Minnig (1995) beinhaltet eine technikorientierte Einführung die Gefahr, dass zu viele Funktionen in die Werkzeuge gezogen werden und dadurch der Mitarbeiter in eine reaktive und kontrollierte Rolle gedrängt wird.

Durch eine Fokussierung auf Systemfunktionen besteht weiter die Gefahr, dass die Aufgaben des Benutzers lediglich als Rest der nicht implementierbaren Funktionen übrig bleiben. Stattdessen muss eine ausgewogene Aufgabenaufteilung gefunden werden, die sowohl die Stärken der CSCW-Technologie als auch die der Benutzer zur Geltung bringt (Minnig 1995) und so einen höheren Zielerreichungsgrad realisiert.

Mit der neuen Technologie verliert das Know-how der Benutzer zum Umgang mit den bisherigen Kooperationsinstrumenten an Wert und neue Kompetenzen müssen aufgebaut werden. Dazu müssen eingeübte Routinen überwunden und durch neue ersetzt werden. Umgekehrt muss die Technologie auch auf die bewährten Kooperationsformen eingehen und Know-how, das nach wie vor relevant ist, bewahren und Verhaltensmuster weiterentwickeln. Wenn Kooperationsinstrumente den Benutzern die Kontrolle über ihre eigene Tätigkeit belassen wollen, müssen sie auch Wahlmöglichkeiten bei den individuellen Arbeitsweisen anbieten können.

Flexible Instrumente können durch die Benutzer angeeignet werden, d.h. die Benutzer finden eine individuelle Umgangsweise mit den Werkzeugen, die mit den Einführungszielen vereinbar ist. Allerdings ist gerade bei Koordinationsaufgaben ein gewisser Grad der Standardisierung notwendig, der einen effizienten Ablauf bei den Kooperationspartnern ermöglicht.

Allerdings ist gerade bei Koordinationsaufgaben ein gewisser Grad der Standardisierung notwendig, der einen effizienten Ablauf bei den Kooperationspartnern ermöglicht. Eine technikorientierte Einführung steht hier in der Gefahr, zu sehr der Tendenz des einzuführenden Werkzeugs zu folgen. So sind Workflowmanagement-Systeme auf standardisierte Schnittstellen zwischen den Kooperationspartnern spezialisiert und tendieren zu einer Überstandardisierung der individuellen

Arbeitsverfahren. Das wird leicht als Bevormundung und Beschneidung der eigenen Kompetenz erlebt und kann wieder zur Demotivation und den oben genannten defensiven Verhaltensweisen führen.

Groupware-Anwendungen wie beispielsweise Diskussionsforen oder eine Gruppenaufgabenverwaltung tendieren dagegen zu hoher Flexibilität.

Eine sehr individuelle und vielseitige Verwendung gemeinsamer Arbeitsbereiche kann hier die Koordinationswirkung erheblich schmälern. Um diesen Gefahren zu entgegnen, muss eine enge Zusammenarbeit zwischen den Benutzern und dem Projektteam etabliert werden. Wir werden im Kapitel 4 auf Fälle der kundenspezifischen Softwareentwicklung (partizipative Softwareentwicklung) eingehen.

3.2.2 Wechselwirkungen zwischen Technologie und Organisation

Technologie für Kooperationsunterstützung soll im Rahmen der Organisationsziele und -struktur eingesetzt werden. Sie stellt ein Instrument dar, die Stellen in ihren Aufgaben und Prozessen zu unterstützen. Dazu muss die formale Organisation auf diese Instrumente verweisen und vorgeben, von welchen Stellen oder Rollen bei welchen Aufgaben oder unter welchen Bedingungen die Instrumente genutzt werden sollen.

Wurde durch eine technikorientierte Einführung großen Wert auf die technischen Einsatzmöglichkeiten, nicht aber auf den organisatorisch erwünschten Einsatz gelegt, dann existiert das Werkzeug sozusagen neben den formalen Aufgaben und wird wohl nur gelegentlich, inoffiziell und aufgrund individueller Initiative genutzt (Rolf 1998).

Die Auswirkung auf die Organisation ist somit verschwindend gering und das Projekt muss als gescheitert betrachtet werden.

Umgekehrt muss die Technologie für Kooperationsunterstützung auf die Stellen- und Aufgabenstruktur verweisen, also in gewissem Umfang die formale Organisation abbilden. Gerade für Kooperationsaspekte muss sie die praktizierte Arbeitsteilung abbilden und die daraus resultierenden Kooperationsformen unterstützen. Kann sie diese Arbeitsteilung nicht abbilden, so wird sie auch nicht durch die Organisation, sondern lediglich durch Einzelpersonen verwendet werden, die sich damit wieder außerhalb des Organisationsverhaltens bewegen.

Bei der Modellierung der Organisation sind die klassischen Organisationsrichtlinien den Akteuren nicht immer bewusst. Im Gegensatz dazu erfolgt die Modellierung der Organisation im CSCW- Werkzeug durch die abgebildete Formalisierung in Form von

Verantwortlichkeiten, Bearbeitungsrechten, Geschäftsregeln, Aufgaben und Reihenfolgen. Sie sind nicht nur dokumentiert, sondern damit auch implementiert. Diese Formalisierungstendenzen bewirken Abwehrreaktionen der Benutzer, vor allem dann, wenn sie nicht beabsichtigt und damit auch nicht mit übergeordneten Zielen zu rechtfertigen sind. Außerdem kann die Organisation in ihrer Leistungsfähigkeit behindert werden. Neben dieser Gefahr der Überformalisierung muss allerdings auch der potenzielle Nutzen gesehen werden.

Doch auch hier besteht Spielraum, da die Verbindlichkeit der Richtlinien entweder durch organisatorische oder durch technologische Maßnahmen implementiert werden kann. Oftmals kann auch in diesem Fall die Verbindlichkeit effizienter durch organisatorische Vereinbarungen oder durch informelle Nutzungskonventionen realisiert werden (Wastell et al. 1994).

Eine an den technischen Möglichkeiten ausgerichtete Einführung wird diese Optionen übersehen und nicht nutzen können. Neben den technologischen Möglichkeiten gibt es auch Wechselwirkungen der technologischen Randbedingungen und Restriktionen:

Sie könnten oftmals durch organisatorische Regelungen aufgefangen werden, wenn es gelingt, Nutzungsempfehlungen auf die Beschränkungen der Technologie abzustimmen (Watt & Monk 1997).

Der Einsatz von CSCW-Werkzeugen kann sich auch in ungeplanter und unbeabsichtigter Weise auf die informelle Organisation auswirken. So wird insbesondere über Veränderungen der Abläufe und der Arbeitsteilung berichtet (Winograd 1988). Diese Veränderungen müssen allerdings nicht zwangsläufig unfunktional sein, sondern können unter Umständen auch Effektivität und Effizienz des Systems steigern.

Am Aspekt der Formalisierung wird auch deutlich, dass Organisation und Technologien unterschiedliche Stärken besitzen und daher zur Optimierung wechselseitig aufeinander bezogen werden müssen. So muss einerseits die Organisation die Chancen, die durch neue Technologien geboten werden, durch die Entwicklung neuer Kooperationsformen zu nutzen versuchen. Zusätzlich müssen Restriktionen der Technologie organisatorisch berücksichtigt werden. Umgekehrt kann eine Technologie, die nicht auf organisatorische Gegebenheiten und Bedürfnisse ausgerichtet werden kann, keinen Zusatznutzen erbringen.

Technologie und Organisation können einander blockieren, da Werkzeugmöglichkeiten durch die Organisation ignoriert werden können oder organisatorischen Bedürfnissen möglicherweise keine Funktion des Werkzeugs gegenübersteht. Eine wechselseitige Anpassung kann allerdings kaum aus einer Blickrichtung heraus gelingen.

Um diesem allgemein anerkanntem Ziel zu folgen, müssen organisationale Lernprozesse mit der Evolution von CSCW Werkzeugen gekoppelt werden. Durch die wechselseitige Abstimmung können zudem qualitativ bessere Lösungen implementiert werden. Essentiell sind dabei auch die unterschiedlichen Rollen und Sichtweisen der Kooperationspartner. Wird hier versäumt, die aus den unterschiedlichen Aufgabenstellungen resultierenden spezifischen Konzepte und Verfahren der Kooperationspartner zu beleuchten, besteht die Gefahr, dass das IKS einseitig das Wissen eines Partners widerspiegelt. Dadurch kann es Qualitätseinbußen in der Zusammenarbeit geben und die Effizienz der nicht betrachteten Kooperationspartner wird unter dem System leiden (Winograd & Flores 1986). Dagegen kann die Qualität der Lösung der rechnergestützten Kooperation erheblich gesteigert werden, wenn das Wissen aller Kooperationspartner zusammengeführt und zu einer für die Kooperationsaufgabe relevanten Untermenge integriert und aggregiert wird. Dieser organisationale Lernprozess kann erhebliche Qualitätsverbesserungen und eine erhöhte Stabilität der Systeme leisten.

Die Aushandlung der Technologieverwendung zwischen den Kooperationsgruppen kann auch zu einer erhöhten Qualität und vor allem auch Stabilität der Lösung führen.

Bei Veränderungsprozessen und den damit verbundenen Ängsten bei den Beteiligten lässt sich zusammenfassen, dass das organisationales Lernen und die Methoden der Partizipation empfohlen werden und in Bezug gesetzt werden müssen (Vgl. z.B. Floyd 1987; Floyd 1994b; Bødker 1991; Reisin 1992; Dittrich 1998; Wetzel 2000).

3.3 Zusammenfassung und Folgerungen

Als Zusammenfassung lässt sich sagen, dass die rechnergestützte kooperative Arbeit als soziotechnisches System sowohl Software- als auch Organisationsentwicklung gleichzeitig betrachten soll. Die Komponenten Aufgabe, Mensch, Organisation und Technologie scheinen die wesentlichen Sichten dieser integrierten Betrachtungsweise zu sein. Für die Fragestellung dieser vorliegenden Arbeit bestimmt jede Art von Wechselwirkung zwischen den Komponenten neue Anforderungen an der Kooperationsmodellierung bei Softwareentwicklung.

Auf der einen Seite wird die Wechselwirkung zwischen Technologie und Menschen anhand von Lernprozessen vergegenständlicht. Die Unterscheidung des individuellen, Gruppen- und organisationalen Lernens wird als Strategie für das Zusammenspiel zwischen Menschen und Organisation betrachtet, wobei Technologie als Mittel der Wissensvermittlung auf den verschiedenen Ebenen dient.

Auf der anderen Seite wird die Wechselwirkung zwischen Technologie und Organisation anhand von „Veränderungsprozessen" vergegenständlicht. Der Einsatz von rechnergestützter kooperativer Arbeit kann insbesondere zu Veränderungen der Arbeitsabläufe und der Arbeitsteilung führen.

Eine weitere These dieser Arbeit besteht darin, dass die Notwendigkeit der Betrachtung der Lernprozesse auf individueller, Gruppen- und Organisationsebene Auswirkungen in der partizipativen Softwareentwicklung insbesondere auf die Erkennung und Identifizierung der Beteiligten haben wird. Ebenfalls werden die Veränderungsprozesse Auswirkungen auf die evolutionäre Softwareentwicklung haben.

Im Kapitel 7 und 8 werden wir unseren Lösungsansatz präsentieren, wobei diese Auswirkungen von verschiedenen Sichten als neue Anforderungen für Kooperationsmodellierung bei partizipativer und evolutionärer Softwareentwicklung zu berücksichtigen sein werden. Wir denken dabei, dass das konzeptuelle Zusammenbringen der verschiedenen hier betrachteten Sichten im Entwicklungsprozess selbst sicherlich eine große Bedeutung für die Herausforderung des Zusammenhangs der Verstehens- und Design-Aktivitäten bei Kooperationsunterstützung haben wird.

Wir denken, dass während diese Anforderungen, die vor allem auf Wissensebene zu betrachten sind, sich nur schwer oder gar nicht anhand traditioneller Kooperationsmodellierungstechnik modellieren lassen, die skandinavische Schule der Informationssysteme (Nygaard 1986) und besonders die organisationsorientierte Systementwicklung und der partizipative und evolutionäre Systementwicklungsansatz in Hamburg (Floyd et al. 1989; Floyd 1986) mächtige konzeptuelle Grundlagen anbieten können, die die Kooperationsunterstützungsanforderungen, wie wir sie oben beschrieben haben, berücksichtigen können (Bendoukha 2007b; Bendoukha 2007c, Bendoukha 2008).

Im Rahmen dieser Arbeit liegt der Schwerpunkt auf der Unterstützung der Kooperation, die die resultierenden Veränderungsprozesse ebenfalls berücksichtigt. Wir werden uns im Weiteren auf Software als eine spezielle Technologie beschränken und auf die Software für Kooperationsunterstützung fokussieren. In diesem Zusammenhang werden wir im Kapitel 4 untersuchen, inwieweit die partizipativen und evolutionären Softwareentwicklungsansätze die Kooperation unterstützen.

4 Verstehen und Design bei organisationsbezogener Softwareentwicklung

Das vierte Kapitel stellt Erkenntnisse aus dem Gebiet der organisationsbezogenen Softwareentwicklung vor und zeigt, wie Verstehens- und Design-Aktivitäten auch hier Bestandteile des Entwicklungsprozess sind. Dabei wird deutlich, dass wechselseitiges Lernen anhand von Dokumenten bzw. Dokumenttypen durchgeführt wird. Es wird diskutiert, in wieweit die dokumentbasierten Lern- und Kommunikationszyklen die Wechselwirkungen zwischen den Komponenten Organisation, Mensch und Software unterstützen.

Das Kapitel schließt mit einer Kritik der verwendeten softwaretechnischen Artefakte, die die Betrachtung der Partizipation und Evolution nur betonen und nicht unterstützen, sowie mit einem konkreten Vorschlag einer Lösung, um diese Beschränkungen zu beheben. Die Lösung bezieht sich auf die Notwendigkeit im Rahmen eines geeigneten Modellierungsansatzes, die Dokumente so zu strukturieren, dass sie nicht nur die Lern- und Kommunikationsprozesse bei der Softwareentwicklung, sondern auch bei Organisationsentwicklung unterstützen. Die Partizipation und die Evolution werden besser vergegenständlicht.

4.1 Organisationsbezogene Softwareentwicklung

Die organisationsbezogene Softwareentwicklung betrachtet die Softwareentwicklung mit einer erweiterten Sicht, da sie eingebettet in soziale Handlungsketten und Bedingungen ist:

> „Softwareentwicklung ist die Gesamtheit aller Aktivitäten, die zu einem Softwaresystem im Einsatz führen" (Floyd & Züllighoven 2002, S. 774).

Wenn ein bestimmtes Anwendungsziel im Vordergrund steht (z.B. interaktive Software als Arbeitsmittel und Kommunikationsmedium) und bei der Vorgehensweise explizit berücksichtigt wird, spricht man auch von anwendungsorientierter Softwareentwicklung (Züllighoven 1998).

Laut Floyd (1994b) ist die Entwicklung und der Einsatz von Software in sozialen Zusammenhängen gleichbedeutend mit der Wechselwirkung von Software, menschlicher Tätigkeit und Aufgaben der Organisation (siehe Abbildung 4.1-1).

Die Abbildung 4.1-1 stellt die Wechselwirkung Software, Arbeit und Organisation dar. Die Software soll im Kontext von Arbeit und Organisation betrachtet werden. Dabei sind zwei Dimensionen zu unterscheiden:

- Software im Einsatz dient der Unterstützung organisierter Arbeitsprozesse
- Die Softwareentwicklung ist selbst ein organisierter Arbeitsprozess

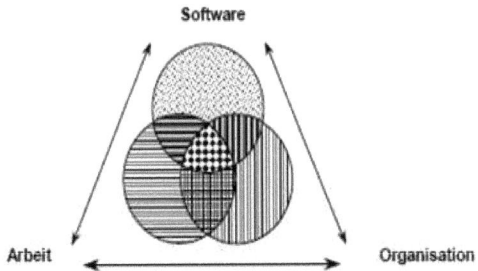

Abbildung 4.1-1: Software im Kontext von Arbeit und Organisation
(Ausschnitt aus Floyd 1994b)

„...Heute ist Software zunehmend in direktem Zusammenhang mit der Fähigkeit von Organisationen zu qualitativem Wandel zu sehen. Es geht um die Unterstützung qualifizierter Arbeitstätigkeit von Einzelnen oder Gruppen, wobei dem Computer der Charakter eines Arbeitsmittels oder eines Kommunikationsmediums zukommt, und die Aufgaben veränderlich sind." (Floyd 1994b)

Diese Ansätze basieren auf einer sozialen Sicht. Aus Softwareforschungssicht betrachten Forscher die Software-Praxis als menschliche Aktivität. Dadurch soll die Systementwicklung als ein kontinuierlicher Prozess betrachtet werden, welcher auf menschliches Lernen und Kommunikation basiert. Die Methoden und ihre grundlegenden Begriffe werden auch als soziale Vermittler für die technische Arbeit betrachtet.

Diese Perspektive der Systementwicklung beschäftigt sich mit „wer ist beteiligt", „was sind die zu unterstützenden Aktivitäten", „wie sollen sie unterstützt werden", und „welche Ziele sollen erreicht werden" (Floyd et al. 2000).

In Floyd & Oberquelle (2002) werden „Organisation", „Arbeit" und „Software" als analytische Begriffe betrachtet, die zur Einordnung fachlicher Begriffe im Anwendungsbereich dienen.

4.2 Der STEPS-Ansatz

STEPS steht für Softwaretechnik für evolutionäre, partizipative Systemgestaltung. Unter der Leitung von Christiane Floyd wurde STEPS als einen Methodenrahmen für Softwareentwicklungsprozesse entwickelt (vgl. Floyd 1995; Floyd et al. 1989). Die grundlegende Design-Sicht erlaubt dabei, die Softwareentwicklung als einen Kommunikations- und Lernprozess zu betrachten. Somit vertritt STEPS als grundlegende Sichtweise einen menschenzentrierten und anwendungsnahen Ansatz. Das Ziel ist, Software so zu erstellen, dass menschliches Arbeitshandeln sinnvoll unterstützt wird. Sie schreibt dazu:

> „…kennzeichnend für STEPS ist die Betrachtung von Software im Einsatzkontext, wobei die Einbettung in die unterstützten Arbeits- und Kommunikationsprozesse im Vordergrund steht. Da von einem Zusammenspiel von Softwareeinführung und organisatorischer Veränderung ausgegangen wird, wird Software-Entwicklung als integrativer Teil einer übergreifenden Organisationsentwicklung gesehen. Zur Erarbeitung dieses Zusammenhangs dient die aufgabenbezogene Anforderungsermittlung. Als übergreifendes Leitbild dient die Unterstützungssicht der Software-Entwicklung, bei der die Gebrauchsqualität von Software im Kontext qualifizierter Arbeit maßgeblich ist".

Diese Design-Sicht ist besonders relevant für organisationsbezogene Softwareentwicklung im Gegensatz zu ablauforientierten CASE- Werkzeugen (*Computer- Assisted Software Engineering*), weil nicht von festen Problemstellungen mit korrekten Lösungen ausgegangen wird. Anwendungsorientierte Softwareentwicklung sollte nicht als eine vorrangig technische oder formale Aufgabe, sondern als ein Lern- und Kommunikationsprozess betrachtet werden (Floyd & Züllighoven 2002). Um diese Ziele zu erreichen ist STEPS evolutionär und partizipativ.

4.2.1 Partizipative Softwareentwicklung

Es wird von „partizipativer" Softwareentwicklung gesprochen, wenn der Softwareentwicklungsprozess nicht alleine von den Entwicklern gesteuert und beherrscht wird. Vielmehr partizipieren neben den Entwicklern auch die potentiell betroffenen Anwender an dem Entwicklungsprozess. Diese können und sollen ihre Vorstellungen und Ansichten in dem Entwicklungsprozess einbringen, damit die entwickelte Software möglichst für alle Anwender realisiert wird. Softwareentwicklung ist ein langwieriger Prozess.

Oftmals ändern sich die Anforderungen und die zu unterstützenden Arbeitssituationen während des Entwicklungsprozesses. Durch die Einbindung der antizipierten Anwender in den Entwicklungsprozess können solchen Änderungen frühzeitig erkannt werden.

4.2.2 Evolutionäre Softwareentwicklung

Für Boehm (1988) in (Hesse 1997b), eignet sich das evolutionäre Modell besonders für Situationen, wo Benutzer sagen: „ich kann euch nicht sagen, was ich möchte, aber ich werde es wissen, wenn ich es sehe". Dies wird den Benutzern ermöglichen, ein erstes schnell einsatzfähiges System zu haben und bietet eine realistische, operationale Basis an. Leider hat diese evolutionäre Entwicklung auch Schwierigkeiten. Im Allgemeinen ist sie schwer zu unterscheiden vom Wasserfall-Modell. Sie basiert oft auf der unrealistischen Hypothese, dass das operationale Benutzersystem flexibel genug ist, um ungeplante Evolutionswege weiter zu führen.

Evolutionäre Entwicklungsprojekte folgen manchmal Phasen in der falschen Reihenfolge, so dass ein Code entwickelt wird, der sich sehr schwer ändern lässt, bevor Benutzungs- und langfristige Architekturaspekte behandelt sind (Boehm 1988 in Hesse 1997b).

In der Situation, in der die neue Software ein umfassendes vorhandenes System inkrementell ersetzt, falls das vorhandene System nicht gut modularisiert ist, wird es schwer eine geeignete Sequenz von "Brücken" zwischen der alten Software und der neuen zu schaffen. Basierend auf den Diskussionen um Prototyping und das Boehm'sche Spiralmodell betont Hesse (1997b), dass die meisten Autoren der modernen objektorientierten Methodologien erkennen, dass zyklische Entwicklung nur auf einer "Makroebene" sinnvoll ist (bis auf z.B. Booch (1994), der seine Methodologie zur Mikroebene erweitert hat). Meistens sehen diese Methodologien immer noch wie Wasserfallmodelle aus.

Hesse (1997b) untersuchte, in wieweit objektorientierte Vorgehensweisen evolutionär sind. Ein Vergleich bekannter OO-, Analyse- und Entwurfsmethoden zeigt, dass deren Autoren zwar den evolutionären Charakter der Softwareentwicklung - unterschiedlich stark - betonen, dass dieser jedoch in den Vorgehensmodellen noch kaum zum Ausdruck kommt.

Der evolutionäre Charakter der Softwareentwicklung wird bei den meisten Methoden noch zu wenig gewürdigt. Dies betrifft besonders die Vorgehensmodelle. „Ein Wasserfall-Modell zu einem Zyklus ´zusammenzubiegen´ reicht nicht aus, um ein evolutionäres Vorgehensmodell zu bilden" (Hesse 1997b) Meistens sind die Software-Aktivitäten im Rahmen eines Projektes organisiert. Subprojekte können als temporal separate Phasen, oder als verschiedene, parallele Subprojekte betrachtet werden.

Während der Planung müssen Ziele festgelegt werden, sowie die verschiedenen Rollen und Verantwortungen und die Arbeitspläne. In den aktuellen Forschungsfragestellungen wird anerkannt, dass der Begriff „Projekt" in sich selbst nicht neutral und sehr beeinflussend ist.

Das Projekt ist einmalig, einzigartig und begrenzt in der Zeit. Dadurch kann die Zeit des Veränderungsprozesses weder vorhersehbar noch im Voraus definierbar sein; die Festlegung von „Meilensteinen" und Fristen ist eine überflüssige Aktivität, die ganz wenig Einfluss auf die notwendige Ausführungen hat.

Die partizipativen und „evolutionären" Ansätze beschäftigen sich mit der Realität, dass sich das Verhältnis zwischen Organisation und Technik weder als sozialer noch technischer Determinismus beschreiben lässt.

Es handelt sich um ein komplexes Wechselverhältnis, bei dem sich die Veränderungen der sozialen Verhältnisse und technischen Artefakte beeinflussen. Diese Ansätze erlauben, diese Komplexität zu betrachten. Es geht daher nicht nur um die Herstellung eines Softwareproduktes, sondern um die Einbettung des Produktes in die Arbeitsprozesse.

Dies wird „Evolutionäre" Softwareentwicklung genannt, wenn der Softwareentwicklungsprozess nicht in zeitlich aufeinanderfolgenden einmaligen Phasen durchgeführt wird, sondern die Abschnitte des Entwicklungsprozesses zyklisch durchlaufen werden.

Während der Durchläufe wird das gemeinsame Verständnis des Anwendungsbereiches aller Beteiligten beständig erhöht und die Software erweitert und verbessert. Von daher ist es nicht einfach, die „evolutionäre" von der „partizipativen" Softwareentwicklung zu trennen.

Die Anforderungen an Software in veränderlichen Kontexten wandeln sich, aber die Software selbst erzeugt – einmal eingesetzt- neue Anforderungen:

> „Im Rahmen der Softwareentwicklung für die betriebliche Praxis befassen wir uns mit in den Arbeitsprozess eingebetteter Software. Solche Software beeinflusst durch ihren Einsatz den einbettenden Arbeitsprozess und ändert ihn dadurch. Oftmals ergeben sich dadurch neue Arbeitsweisen und geänderte oder erweiterte Anforderungen an die Software". (Floyd 1994b)

Weiter betont Floyd, dass das zyklische Vorgehen und die Anwenderpartizipation helfen, solche Veränderungen der Anforderungen zu erkennen und in den Entwicklungsprozess aufzunehmen. Christiane Floyd (1994b) betrachtet die „evolutionäre" Entwicklung als Lösungsweg für die Berücksichtigung des Verstehens und von Design-Aktivitäten.

Auch wenn der Fokus vielmehr auf die Designprozesse selbst gerichtet scheint, als auf die zu unterstützende Kooperation, die die Arbeitstätigkeit im Nutzungskontext kennzeichnet, definiert sie den Begriff „evolutionär" so allgemein, dass es möglich ist, den Begriff für beide Softwareprozesse sowie Arbeitsprozesse anzupassen:

> „Evolutionär meint hier eine geplante Vorgehensweise, ein bewusstes Verhalten zur Evolution. Gemeint ist nicht Evolution auf der Ebene von Programmen, sondern auf der Ebene menschlicher Erkenntnis über die Funktionalität und die wünschenswerte Nutzung von Programmen. Je nach Geschmack kann man dies als metaphorischen Gebrauch des Begriffs sehen oder eine enge Verwandtschaft zwischen geistigen Prozessen und der natürlichen Evolution postulieren" (Floyd 1994b).

4.2.3 Das STEPS-Projektmodell

STEPS beruht auf einem zyklischen Projektmodell (siehe Abbildung 4.2-1), das die Aufgaben der Entwickler und Anwender verdeutlicht. Softwareentwicklung wird als Folge von versionsorientierten Zyklen betrachtet, bei der Herstellung und Einsatz verschränkt sind. Jeder Entwicklungszyklus dient der Bereitstellung einer Systemversion (z.B. Ausbaustufe), die in der Organisation eingesetzt wird und für die eine entsprechende „Umfeldvorbereitung" in Form von Qualifikationsmaßnahmen und organisatorischen Anpassungen zu leisten ist.

Die Wartung wird in die Pflege der aktuellen Version und den Übergang zur nächsten gegliedert. Dabei werden nicht nur die Aktivitäten der Entwickler, sondern auch die der Anwender, sowie ihre Interaktion betrachtet, indem getrennte und partizipative Aufgaben benannt werden.

Das zyklische Vorgehen vereinfacht die Einbringung und Realisierung der geänderten Anforderung in die Software.

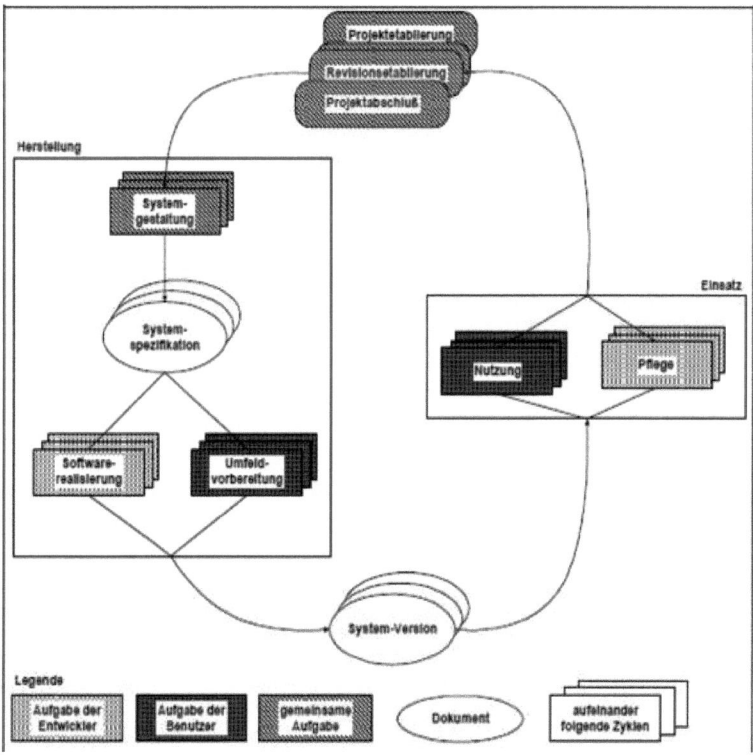

Abbildung 4.2-1: Das zyklische Projektmodell in STEPS (z.B. 1994b)

Durch die evolutionäre und partizipative Vorgehensweise werden grundlegende Probleme phasenorientierter Softwareentwicklung für die industrielle Praxis behoben oder zumindest vermindert.

Das Kennenlernen und Verstehen eines Anwendungsbereiches oder auch nur eines Anwendungsproblems erfordert eine lange Zeit und ist in der Regel mit einer Reihe von Missverständnissen behaftet. Viele Lücken, Fehler oder Widersprüche in dem bisher Erlernten treten erst bei der Konstruktion der Software zu Tage.

Durch das zyklische Vorgehen ist es leicht möglich, die während der Konstruktion gewonnenen Einsichten in den nächsten Zyklus einzubringen. Durch die Einbindung der antizipierten Benutzer können solche Lücken, Fehler und Widersprüche außerdem früh erkannt werden.

4.2.4 Dokumentbasierte Lern- und Kommunikationsprozesse

Die Überbrückung der Kommunikation und des Designs in den partizipativen und evolutionären Systementwicklungsansatz wird anhand von Lern- und Kommunikationsdokumenten vergegenständlicht (siehe Abbildung 4.2-2). Dazu Gryczan (1995):

„Die unterstützende Sichtweise für das Vorgehen in Entwicklungsprojekten zeigt sich in einem zyklischen Vorgehen. Die zugrundeliegende Annahme ist, dass Anwendungssoftware in einem Kommunikations- und Lernprozess entwickelt wird, bei dem Dokumente und Prototypen das Verständnis über die Problemsituation vergegenständlichen. Das Verständnis über die zu lösenden Probleme wird von den Beteiligten am Entwicklungsprozess gemeinsam erarbeitet."

Abbildung 4.2-2: Lernen mit Dokumenten (Floyd2004)

Die Dokumente werden in der Fachsprache des Anwendungsbereichs formuliert werden. Durch die Arbeit mit anwendungsorientierten Dokumenten haben die Beteiligten eine Kommunikationsgrundlage, auf der ein gegenseitiges Verständnis für den Anwendungsbereich und die Möglichkeiten seiner softwaretechnischen Unterstützung entsteht (Züllighoven 1998).

Entwurfsdokumente, Glossare, Datenmodelle, Prototypen, Architekturdiagramme, Konventionen, Testdaten, Szenarien, *Use-Cases*, *Rich Pictures*, Kooperationsbilder, Systemversionen, die aus dem Design entstehen und deren Erprobung und Beurteilung auf den Prozess zurückwirkt, sind Beispiele solcher Dokumente, die in den verschiedenen methodischen Ansätzen vorgeschlagen wurden.

Die Software wird hier verstanden als Produkt aus vielfältigen, komplizierten, aufeinander bezogenen und laufenden Änderungen unterworfenen Dokumenten. Wichtig ist vor allem, dass sie eine anwendungsfachliche Sicht spiegeln und als Arbeitsgrundlage sowohl für Entwickler als auch für Anwender dienen können. Im zyklischen Wechsel zwischen Analysieren, Modellieren und Bewerten kann zudem sichergestellt werden, dass sich Anforderungen an ein System und dessen Realisierung nicht zu weit voneinander entfernen.

4.2.5 Wechselseitiges Lernen und Rückkopplung

Christiane Floyd betrachtet die Wechselwirkung zwischen Verstehen und Design genauer, wenn sie die Softwareentwicklung als mehrstufigen Lernprozess kennzeichnet (siehe Abbildung 4.2-3). Die Leitidee ist, dass die einem Programm zugrundeliegende Formalisierung weder eine objektive Abbildung der Realität sein kann, noch sein sollte. Bei jeder Softwareentwicklung durch die beteiligten Akteure wird eine neue Realität konstruiert (Rolf 1998).

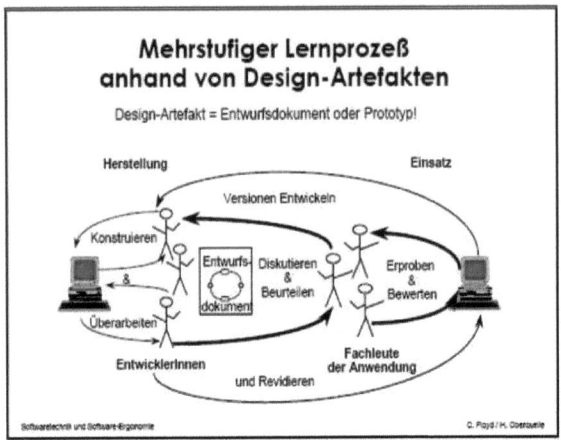

Abbildung 4.2-3: Softwareentwicklung als mehrstufiger Lernprozess (vgl. Floyd 1994b)

Die Design-Sicht (siehe Abschnitt 7.1.1.) betrachtet Design als einen situativ entfalteten Prozess, der in wechselseitigem Lernen zwischen den Beteiligten stattfindet. Der Softwareentwicklungsprozess vollzieht sich durch gegenseitiges Lernen der Beteiligten im Entwicklungsteam.

Die Abbildung 4.2-3 erklärt, wie stark die Herstellung und der Einsatz von Software verzahnt sind, wobei sich das wechselseitige Lernen in Zyklen von Problemerschließung, Lösungserarbeitung, Bewertung und Revision vollzieht. Es geht darum, zwischen Entwicklern und zukünftigen Anwendern eine gemeinsame Projektsprache herauszubilden. Während dieses Prozesses sollen die Entwickler Einblicke in die Anwendungswelt gewinnen und die zukünftigen Anwender sollen lernen, die Möglichkeiten und Grenzen der Softwareunterstützung abzuschätzen. Systementwicklung meint hier, dass Softwareentwicklung und –Einsatz im Kontext von Arbeit und Organisation zu sehen sind. Es wird aber lediglich auf den kooperativen Prozessen zwischen Entwicklern und Benutzern fokussiert.

4.2.6 Prototyping

Die zyklischen und iterativen Entwicklungsprozesse können dokumentgetrieben gestaltet werden. Der Einsatz von anwendungsorientierten Dokumenten sollte aber durch „Prototyping" ergänzt werden (vgl. Züllighoven 1998; Floyd & Oberquelle 2004). „Prototyping" ist ein Verfahren bei der Softwareentwicklung, bei dem

Prototypen entworfen, konstruiert, bewertet und revidiert werden (siehe Abbildung 4.2-2).

Prototyping schafft eine Kommunikationsbasis für alle beteiligten Gruppen, vermittelt experimentelle und praktische Erfahrungen für die Auswahl zwischen Designalternativen und ist eine dynamische Beschreibung des sich entwickelnden Softwaresystems. Beim STEPS-Ansatz wird das Softwaresystem durch Prototyping über Ausbaustufen hin zu einer einsetzbaren Version entwickelt und kontinuierlich erweitert. Die Konstruktion und Bewertung von ablauffähigen Prototypen hilft den Anwendern, die Gebrauchsqualität des zukünftigen Systems einzuschätzen und den Entwicklern, die technische Realisierbarkeit sicherzustellen. Die Anliegen von Prototyping lassen sich im Sinne von (Floyd 1983) wie folgt klassifizieren: exploratives Prototyping soll helfen, die Problemstellung aus Anwendersicht zu klären. Experimentelles Prototyping unterstützt die konstruktive Umsetzung der Anforderungen an ein System. Evolutionäres Prototyping ist Teil eines kontinuierlichen Verfahrens, in dem Anwendungssoftware schrittweise entwickelt und innerhalb einer Organisation an die sich ändernden Randbedingungen angepasst wird.

4.3 Visualisierungsdokumente als Analysetechnik

Kooperationsbilder als Visualisierungsdokumente wurden im Rahmen eines Krankenhausforschungsprojekts von Anita Krabbel und Ingrid Wetzel vom Fachbereich Informatik der Universität Hamburg entwickelt. Die Kooperation im medizinischen Bereich ist sehr speziell und komplex. Sie bezeichnet meistens die Fälle, in denen ein Patient von mehreren Ärzten unterschiedlicher Fachgebiete zu verschiedenen Zeitpunkten untersucht werden muss (siehe Abbildung 4.3-1).

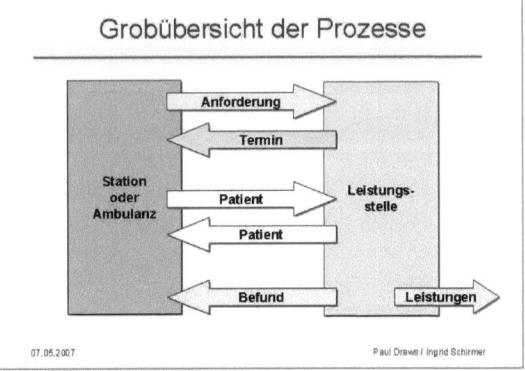

Abbildung 4.3-1: Krankenhausprojekt 1/3 (Drews & Schirmer 2007)

Die Ärzte sollen ihre Ergebnisse gegenseitig austauschen können. Im Kontext von Organisationen mit komplexer Kooperation, wie im Krankenhaus, ist es sehr schwer für die Entwickler die Kooperation zu verstehen, zu analysieren und zu unterstützen (Krabbel et al. 1997). Das wesentliche Merkmal der komplexen kooperativen Aufgaben im Krankenhaus-Projekt ist, dass zahlreiche Beteiligte von unterschiedlichen Abteilungen bei einer übergreifenden Aufgabe kooperieren (siehe Abbildung 4.3-2). Die übergreifenden Aufgaben sind nicht vorhersehbar.

Arbeitsabläufe im Einzelnen - Veränderungen

Nr.	Aktivität	Ort	Beteiligte
1.	Feststellung Handlungsbedarf	Station	Arzt / Patient
2.	Ausfüllen des Anforderungsformulars	Station	Arzt / Pflege
3.	Versand der Anforderung an die Leistungsstelle	Station	Arzt / Pflege
4.	Eingang der Anforderung in der Leistungsstelle	Leistungsstelle	Funktionsdienst
5.	Terminierung der Untersuchung	Leistungsstelle	Funktionsdienst
6.	Termin wird auf der Station bekannt	Station	Pflege
7.	Patiententransport wird veranlasst	Station	Pflege
8.	Patient wird zur Leistungsstelle transportiert	Station / LS	Transportdienst / Patient
9.	Patient trifft in der Leistungsstelle ein	Leistungsstelle	Funktionsdienst / Patient
10.	Durchführung der Untersuchung	Leistungsstelle	Funktionsdienst / Patient
11.	Rück- bzw. Weitertransport des Patienten	Station / LS	Transportdienst / Patient
12.	Dokumentation der Untersuchung (inkl. Leistungsziffern)	Leistungsstelle	Funktionsdienst
13.	Befunderstellung	Leistungsstelle	Funktionsdienst
14.	Befundfreigabe und Übermittlung an die Station	Leistungsstelle	Funktionsdienst
15.	Befundübernahme für Briefschreibung	Schreibdienst	Arzt / Schreibdienst

Abbildung 4.3-2: Krankenhausprojekt 2/3 (Drews &. Schirmer 2007)

Die Arbeitsabläufe sind von verschiedener Form: strukturiert, schwach strukturiert bis total unstrukturiert. Manche sind strukturiert und für alle Patienten reproduzierbar, z.b. die Dokumente, die für jeden Patient auszufüllen sind (Mappe, ..., usw.). Die meistens Aktivitäten sind aber schwer reproduzierbar, da sie selten „typisch" sind, sondern patientenbezogen wechseln. Meistens benötigt jede Aufgabe situierte Aktion. Die traditionelle Anforderungsanalyse ist nicht ausreichend für die Betrachtung der Komplexität der kooperativen Arbeit. Der Fokus soll auf die sozialen Aspekte des Arbeitsplatzes gerichtet sein und wie diese situierte Natur tatsächlich in Substanz von System-Design umgesetzt werden kann (z.B. Krabbel et al.1997).

Deshalb ist die Kooperationsmodellierung für die Systementwicklung entscheidend. Es geht darum:

Ein ontologisches Rahmenwerk für Kooperationsunterstützung

- die aktuelle Arbeitspraxis zu identifizieren und zu verstehen
- die zukünftigen Veränderungen durch das neue System zu antizipieren und zu unterstützen.

Dabei ist es wichtig zu verstehen (siehe Abbildung 4.3-3):

- welche aktuelle Aufgabe sich ändern muss
- wer was auf unterschiedlichen Ebenen macht und
- wo und wie das zukünftige System geändert wird, wie die Aufgaben erledigt werden

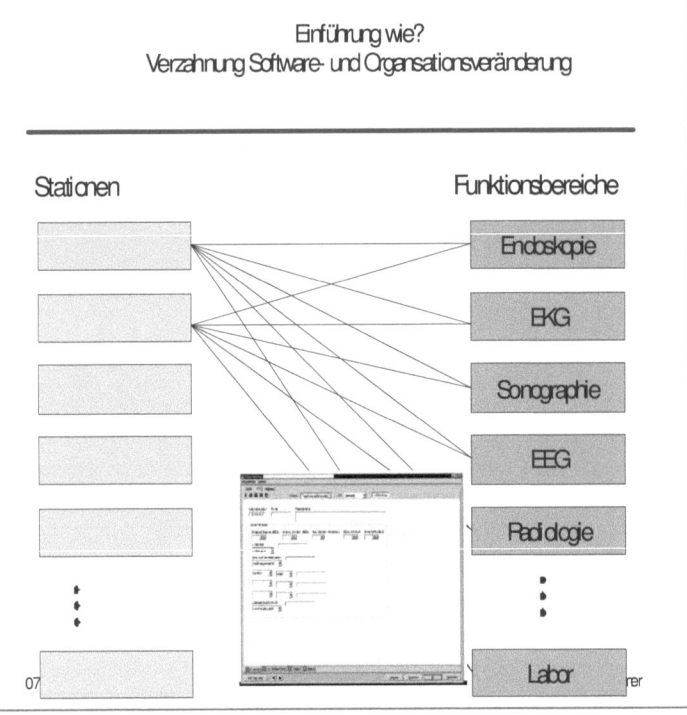

Abbildung 4.3-3: Krankenhausprojekt 3/3 (Drews & Schirmer 2007)

Das Ziel des Krankenhausprojektes ist die Verbesserung der Kooperation im Krankenhaus. Die wesentlichen Merkmale der Kooperation sind die Heterogenität der Teamarbeitsplätze und die übergreifende Zusammenarbeit zwischen Abteilungen sowie die Kooperation mit externen Dienstleistern.

In diesem Projekt wurde unterstellt, dass die Anforderungen sich aus verschiedenen Perspektiven, Bereichen und Ebenen einer Organisation ableiten und wieder integriert werden müssen. Softwareentwicklung für Kooperation besitzt somit die volle Komplexität der Informationssystementwicklung im Allgemeinen und hat gleichzeitig einen speziellen Gegenstand, die Kooperationsunterstützung in ihrer Vielgestaltigkeit.

Krabbel (2000) betont, dass während die Aufgabenanalytiker durch Interviews, Szenario- und Glossarerstellungen sowie die Rückkopplungen ein fundiertes Verständnis über die Aufgaben und ihre Erledigungen an den einzelnen Arbeitsplätzen gewinnen, müssen in Ergänzung dazu auch noch aus der Organisationssicht die übergreifenden Aufgaben analysiert werden. Dazu sind im Anschluss an eine Interviewserie zunächst auf Basis der erfolgten Ist-Analyse an den einzelnen Arbeitsplätzen die übergreifenden Aufgaben zu bestimmen und zu benennen. Anhand der bereits erstellten Szenarios können sich die Analytiker ein erstes Verständnis über diese übergreifenden Aufgaben und die in ihrem Rahmen stattfindende Zusammenarbeit erarbeiten.

Dieses Verständnis ist im Rahmen eines Workshops mit allen an einer übergreifenden Aufgabe beteiligten Interviewpartnern und weiteren Anwendern zurückkoppeln. Zur Erarbeitung der Zusammenhänge übergreifender Aufgaben und ihrer Darstellung werden die Dokumenttypen Kooperations-Bilder und Wozu-Tabellen vorgestellt, die insbesondere für die Rückkopplungen mit heterogenen Anwendergruppen geeignet sind. Ein Kooperations-Bild ist eine visuelle Darstellung einer übergreifenden Aufgabe im Ist-Zustand. Dabei werden allgemeinverständliche Piktogramme verwendet.

Kooperations-Bilder zeigen, wie innerhalb einer Organisation zusammengearbeitet wird. Der Schwerpunkt liegt hierbei auf der Darstellung der Art der Zusammenarbeit. Kooperations-Bilder dienen zur Erarbeitung, Darstellung und Rückkopplung übergreifender Aufgaben. Sie verdeutlichen, wie die einzelnen Bereiche und funktionellen Rollen innerhalb einer Organisation zusammenarbeiten. Auf dieser Basis kann eingeschätzt werden, inwieweit Änderungen in einem Bereich oder in der Kooperation zwischen Bereichen Auswirkungen auf andere an der übergreifenden Aufgabe Beteiligte nach sich ziehen. Kooperations-Bilder lassen sich darüber hinaus zur Antizipation von Organisationsveränderungen verwenden, da auf der Grundlage des gezeigten Ist-Zustandes sehr leicht über mögliche bzw. gewünschte Veränderungen diskutiert werden kann. Bestandteile von Kooperations-Bildern sind beschriftete

Symbole, die durch Pfeile miteinander verbunden sind, wobei die Pfeile mit Piktogrammen annotiert sind.

Die Symbole repräsentieren die an der übergreifenden Aufgabe Beteiligten. Sie bezeichnen innerhalb der betrachteten Organisation Räume von Organisationsbereichen und funktionelle Rollen, die einem Raum nicht fest zugeordnet werden können und Räume und funktionelle Rollen außerhalb. Die Pfeile zeigen an, dass etwas zwischen den Beteiligten ausgetauscht oder weitergeleitet wird, wobei die Piktogramme konkretisieren, was weitergegeben oder wie ausgetauscht wird. Sie repräsentieren Gegenstände, die ausgetauscht werden, Medien wie Telefon und Rechner, mit denen Informationen ausgetauscht oder übermittelt werden sowie Mitarbeiter oder Kunden, die Wege zurücklegen.

Kooperations-Bilder geben Aufschluss darüber, welche Laufwege durch die Mitarbeiter der Organisation zurückgelegt werden oder wie ein Kunde im Rahmen einer übergreifenden Aufgabe durch die Organisationsbereiche wandert. Weiterhin zeigen sie, wo Daten per Rechner ausgetauscht werden oder an welchen Stellen das Telefon zur Koordination eingesetzt wird. Kooperations-Bilder fokussieren, wie im Rahmen einer übergreifenden Aufgabe Gegenstände zwischen Räumen ausgetauscht werden.

Daher betonen sie das Aufgabenmerkmal Ort und die funktionelle Rolle als Aufgabenträger, falls dieser Rolle kein fester Raum zugeordnet werden kann. Weiterhin deuten Kooperations-Bilder Handlungen an, insoweit sie einen Austausch von Gegenständen darstellen, und zeigen die ausgetauschten Gegenstände. Handelt es sich bei dem ausgetauschten Gegenstand um einen materiellen Gegenstand, wird neben dem Gegenstand gleichzeitig gezeigt, welche funktionelle Rolle (Mitarbeiter oder Kunde) den Austausch und damit die darauf bezogene Handlung durchführt. Wird Information ausgetauscht, so wird nur gezeigt, welche Arbeitsmittel (Telefon, Rechner) für den Austausch verwendet werden.

Das Kooperationsbild in der Abbildung 4.3-4 gibt eine vereinfachte Darstellung der Kooperation bei der Aufgabe „Aufnahme eines Patienten in einem Krankenhaus".

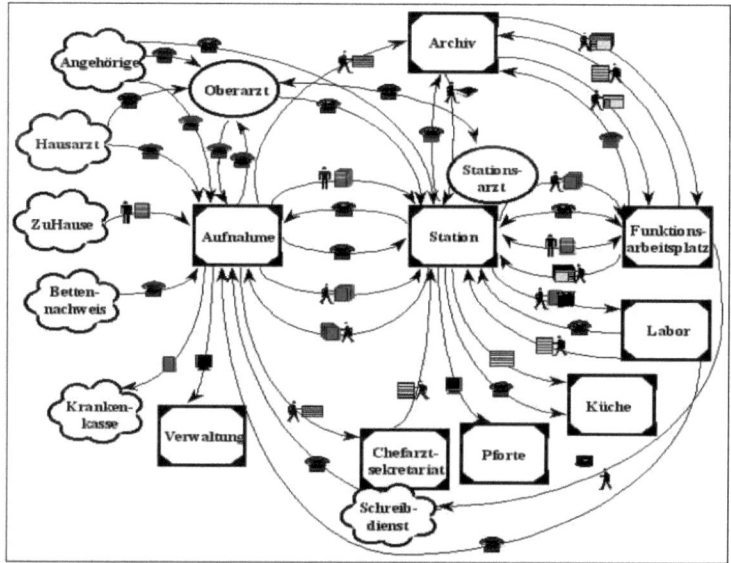

Abbildung 4.3-4: Kooperationsbild für die übergreifende Aufgabe „Aufnahme eines Patienten" (vgl. Wetzel 2000)

Das Bild dient hier der Einarbeitung und Darstellung eines Verständnisses von übergreifenden Aufgaben im Krankenhaus und der Rückkopplung dieses Verständnisses mit den Anwendern. Im Vordergrund steht dabei die Darstellung der Kooperation als der Weitergabe von Informationen und Arbeitsgegenständen. Sie dienen somit als Beweis der Komplexität der Aufgaben der Anwender und daher auch der Entwickler. Die Komplexität dieser Aufgabe ist aus der Vielzahl der Akteure und den zahlreichen Verbindungen erkennbar.

Eine Wozu-Tabelle ist eine Tabelle, in der für ausgewählte Arten der Zusammenarbeit aus übergreifenden Aufgaben festgehalten wird, wer was mit wem oder womit macht und wozu das gut ist.

Wozu-Tabellen dienen zur Erarbeitung und Rückkopplung ausgewählter Arten der Zusammenarbeit aus den Kooperations-Bildern. Gleichzeitig kann an ihnen auch diskutiert werden, ob diese Arten von Zusammenarbeit in Zukunft so beibehalten oder ob und wie sie verändert werden sollten.

Wozu-Tabellen bilden die Grundlage zur Erarbeitung der durch das zukünftige Softwaresystem zu leistenden Art der Kooperationsunterstützung. Wozu-Tabellen ergänzen die Kooperations-Bilder an ausgewählten Stellen, indem sie festhalten, warum oder wozu etwas an Gegenständen getan wird bzw. sie weitergeleitet werden.

Wozu-Tabellen beschreiben Aufgaben, an denen mehrere funktionelle Rollen beteiligt sind. In der ersten Spalte sind die einzelnen Handlungen einer Aufgabe nach dem Muster „wer -macht was - womit" beschrieben. In der zweiten Spalte wird ergänzend das „wozu", d.h. der Zweck und/oder die Implikationen dieser Handlungen beschrieben.

Der Fokus bei den Wozu-Tabellen liegt auf den Handlungen einer in Zusammenarbeit durchgeführten Aufgabe.

Es werden die beteiligten und die jeweils handelnden funktionellen Rollen festgehalten. Weiterhin werden die Gegenstände benannt und es wird beschrieben, wie und zwischen welchen Orten die Gegenstände wann ausgetauscht werden.

Wesentlich ist bei den Wozu-Tabellen, dass festgehalten wird, wozu etwas an oder mit den Gegenständen getan wird. Wozu-Tabellen werden aus den Szenarios der Arbeitsplatzsicht und aus den Kooperations-Bildern erstellt.

Für den Erstellungsprozess selbst gibt es wie bei den Kooperations-Bildern wieder zwei verschiedene Möglichkeiten; entweder durch die Analytiker allein, wobei die Wozu-Tabellen dann wieder mit den verschiedenen beteiligten Anwendern im Rahmen eines Workshops rückgekoppelt werden, oder gemeinsam durch Anwender und Analytiker.

Die Tabelle 4.3-1 zeigt ein Beispiel für eine Wozu-Tabelle aus dem Krankenhauskontext.

Einzeltätigkeiten	Zweck/Implikationen
Arzt schreibt die Anordnung auf den *Anordnungsbogen*.	Es wird dokumentiert, wann die Untersuchung von wem angeordnet wurde (Forensik, Fehlersuche). Die Untersuchung wird angestoßen.
Arzt legt den *Anordnungsbogen* in den Postkorb der Pflegekraft.	Pflegekraft sieht, daß sie etwas tun muß. Sie ist über die Behandlung des Patienten informiert.
Pflegekraft füllt den Kopf des *Anmeldeformulars* mit den Patientendaten (Etikette) aus und trägt die Art der Untersuchung ein.	Pflegekraft bereitet das Formular vor, um den Arzt zu entlasten.
Pflegekraft trägt die Untersuchung mit Bleistift in die *Patientenakte* ein.	Es ist für das Pflegepersonal und alle behandelnden Ärzte dokumentiert, wann die Untersuchung angemeldet wurde und zu welchen Untersuchungen der Patient angemeldet ist.
Pflegekraft legt das *Anmeldeformular* in den Postkorb des zuständigen Arztes.	Dadurch weiß der Arzt, daß er die Untersuchung freigeben muß.
Arzt sieht das *Formular* im Postkorb, trägt die Fragestellung ein, unterschreibt es und legt es in den Postkorb der Pflegekraft.	Der Röntgenarzt wird näher darüber informiert, worauf er achten muß und daß der Arzt die Untersuchung verantwortet.
Pflegekraft bringt das *Formular* in die Röntgenabteilung.	Die Röntgenabteilung kann die Untersuchung einplanen und der Röntgenarzt kann die Angemessenheit der Untersuchung prüfen.
Röntgenassistent vergibt anhand seines *Kalenders* einen Termin für die Untersuchung und gibt ihn telefonisch an die Station weiter.	Dies geschieht zur Koordinierung der Untersuchungen. Die Station weiß dadurch, wann der Patient zum Röntgen gebracht werden muß.

Tabelle 4.3-1: Wozu-Tabelle für die Aufgabe „Anmeldung eines Patienten zur Röntgenuntersuchung" (vgl. Krabbel et al. 1996a)

4.4 Wie evolutionär sind projektbezogene Dokumente?

Als Beispiel der verwendeten Dokumente betrachten wir die Kooperationsbilder. Kooperationsbilder können den Ist-Zustand sowie den Soll-Zustand darstellen, um ein Verständnis von aktuellen Organisationsabläufen zu gewinnen und den Anwendern mögliche zukünftige Veränderungen zu erläutern und diese von ihnen beurteilen zu lassen.

In wieweit unterstützt das Kooperationsbild als Visualisierungsdokument die Analysetechnik für übergreifende Aufgaben? Diese Fragestellung war von Anfang an unsere Motivation und Anlass des Themas dieser Dissertation.

Wir glauben, dass mit der Erarbeitung der Kooperationsbilder der Fokus eher auf die Kommunikation zwischen Benutzern und Entwicklern gerichtet wurde.

Für größere Systeme bleibt diese Technik nur beschränkt, sehr schwer oder sogar gar nicht geeignet, um den Zusammenhang mit der Design-Aktivität explizit zu unterstützen.

Basierend auf die bisher ausgearbeiteten Kooperationsaspekte - Kollaboration, Koordination und Kommunikation (siehe Kapitel 2) - und die Organisations-, Mensch- und System-Sichten (siehe Kapitel 3) sind die folgenden Einschränkungen festzustellen:

- Kooperation im Sinne einer Strategie der Organisationsentwicklung kann nur in längerfristigen Geschäftsverbindungen stattfinden. Dadurch müssen die Lernprozesse als Strategie für das Zusammenspiel zwischen den Elementen Organisation, Mensch, Technik und Aufgaben in einem längeren Zeitraum betrachtet werden, d.h. die grundlegenden Dokumente müssen über das Einzelprojekt hinaus entworfen werden.

- Bei den Kooperationsbildern steht im Vordergrund der Kommunikationsaspekt. Hinsichtlich der Kooperationsformen lässt der Fokus auf den Austausch der Informationen viele Formen der Kooperation nicht sichtbar werden. Die indirekte Kommunikation wird anhand der Weitergabe der Dokumente und die direkte Kommunikation anhand z.B. des Telefons dargestellt. Weder die Kollaboration wird explizit dargestellt, z.B. wenn mehrere Mitarbeiter – Ärzte und Krankenschwestern – die gleiche Patientenmappe gemeinsam nützen, noch die Koordination zwischen den Aufgaben. Die „Wozu -Tabelle" wurde auch für diesen Zweck entwickelt. Weil es nicht möglich ist, vorher zu wissen, wann genau eine Aufgabe erledigt wird, ist es schwer, die Koordination anhand einer solchen statischen Tabellen-Struktur darzustellen.

- Die Ebenen des individuellen, Gruppen- und organisationalen „Lernens" als Strategie für das Zusammenspiel zwischen Menschen und der Organisation, und die Ebenen der „Veränderung" als Wechselwirkung zwischen Technologie und Organisation können nicht explizit in dem Kooperationsbild dargestellt werden. Der Fokus auf eine bestimmte übergreifende Aufgabe verliert den Aufgabenkontext und die Stellung im Arbeitsablauf in der Organisationssicht aus den Augen.

- Ein Kooperationsbild kann nicht über den gesamten Kontext „Wer macht was womit wozu" informieren. Das Bild ist nur für die Mitarbeiter, die für diese Aufgabe zuständig sind, einfach zu verstehen.

Tatsächlich haben unsere ersten Untersuchungen im Rahmen dieser vorliegenden Arbeit mehrere Fragestellungen über die anwendungsorientierten Dokumenttypen, die im Rahmen des Forschungsprojekts des Krankenhauses (vgl. Wetzel 2000) entwickelt wurden, behandelt.

Die erste Untersuchung wurde zum Ausgangspunkt der vorliegenden Dissertation mit der allgemeinen Frage, ob und inwieweit diese verwendeten Artefakte die Zielsetzungen der partizipativen und evolutionären Softwareentwicklung erfüllen. Insbesondere behandeln wir die Frage, inwieweit diese Artefakte der Überbrückung der sozialen und technischen Aspekte und der Ausrichtung der Software- mit der Organisationsentwicklung dienen.

Das Forschungsprojekt im Krankenhaus (Wetzel 2000) hat gezeigt, wie stark sich die „Realität" von den Projektplanungen unterscheidet, und auch, wie der Prozess das Projekt überschreitet.

Die Berücksichtigung solcher Veränderungen geht über das Projektmanagement hinaus. Meistens werden die Entscheidungen über eventuelle Veränderungen von Akteuren getroffen, die außerhalb des Projekts stehen. Dadurch können die verwendeten Dokumenttypen-Artefakte die Zielsetzungen der evolutionären Softwareentwicklung für größere Systeme nur schwer oder gar nicht erfüllen. Der Prozess kann ständig in Veränderung zwischen erweitert und komplett redefinierbar sein. Größere Veränderungen können in der Strategie, sowie im Team und in den verwendeten Technologien geführt werden.

Für meine Arbeit heißt dies, dass auch wenn der STEPS-Ansatz mit grundlegenden Grundannahmen der Design-Sicht und der Lern- und Kommunikationsprozesse als prädestiniert für das Kooperationsunterstützungsproblem erscheint, die verwendeten softwaretechnischen Artefakte – wie z.B. die Dokumente – noch nicht ganz diese Grundannahmen auf der Ebene, die der STEPS-Ansatz selbst anstrebt, unterstützen.

4.5 Zusammenfassung

Kooperationsunterstützung als schlimmes Problem – wie wir es im Kapitel 2 erwähnt haben (siehe Abschnitt 2.3.3) – hat keine definitive Formulierung. Das Problem wird nur durch die Entwicklung von Lösungen zunehmend besser verstanden. Die Problemdefinition entwickelt sich zusammen mit der Lösung. Diese Charakterisierung des zu lösenden Problems wird genau vom STEPS-Ansatz berücksichtigt. Die Wechselwirkung zwischen Verstehens- und Design-Aktivitäten, die zentral für die Kooperationsmodellierung sind, stehen auch im Kern eines evolutionären und partizipativen Softwareentwicklungsprozesses, bzw. des STEPS-Ansatzes. Es ist kein Zufall, dass auch Christiane Floyd die Perspektiven Organisation,

Mensch und Software, die wir im Kapitel 3 als Sichten auf Kooperation im Kontext der Organisation ausgearbeitet haben, als wichtig schon von den Früh-Phasen der Softwareentwicklung betrachtet. Die Design-Sicht und das dabei grundlegende Prinzip, dass Software als Lern- und Kommunikationsartefakt betrachtet wird, übertrifft bei Weitem die Anforderungen, die Fitzpatrick et al. (1998) für eine Wechselwirkung der Verstehens- und Design-Aktivitäten für Kooperationsunterstützung gestellt hatte, wobei

Verstehens- und Design-Aktivitäten Bestandteile des Designproblems und der Lösung sind. Aus diesem Grund wird der STEPS-Ansatz als Ausgangspunkt des hier in der vorliegenden Arbeit vorgeschlagenen Rahmenwerks für Kooperationsunterstützung gewählt (siehe Abschnitt 7.1 im Kapitel 7).

Die Verstehens- und Design-Aktivitäten in STEPS-Ansatz sind in der Design-Sicht, in den Lern- und Kommunikationsprozessen und in dem STEPS-Projektmodell eingesetzt. Leider wird aber die Wechselwirkung zwischen den beiden Aktivitäten nur betont und nicht unterstützt. Dies ist wichtig für die evolutionäre Sicht der Softwaretechnik.

Ohne die explizite Darstellung des Zusammenhangs zwischen Verstehens- und Design-Aktivitäten wird die zyklische Entwicklung nur der Herstellung der Software als Produkt und nicht ihrem Einsatz und den neuen, wiederum daraus resultierenden Anforderungen, dienen. Die Dokumente, wie z.B. Kooperationsbilder, die als Basis der Lernprozesse bei Softwareentwicklung zwischen Entwicklern und Anwender dienen, sind als Visualisierungsdokument sehr hilfreich für die Kommunikation aber nicht für das Lernen. Da die Kooperation in den Aufgaben eingebettet sein soll, ist die Berücksichtigung der Wechselwirkung zwischen den Komponenten Organisation, Mensch und Technik erforderlich (siehe Kapitel 3).

Diese Wechselwirkung kann nicht explizit anhand der aktuellen Kooperationsbilder dargestellt werden. Speziell interessieren wir uns auf dieser Ebene für einen Kooperationsmodellierungsansatz, der die Methoden und die Darstellungstechnik sowohl von Verstehens- und Design-Aktivitäten, als auch den Zusammenhang zwischen diesen beiden Aktivitäten berücksichtigt. Dabei müssen die Lern- und Kommunikationsprozesse bei der Software- sowie der Organisationsentwicklung unterstützt werden. Im nächsten Kapitel wird die Modellierung bei organisationsbezogener Softwareentwicklung untersucht.

5 Modellierung bei organisationsbezogener Softwareentwicklung

Im vorherigen Kapitel sind wir zum Schluss gekommen, dass Kooperationsmodellierungsansätze, die zur Einführung von rechnergestützter Kooperation in Organisationen geeignet sein sollten, zusätzliche wichtige Anforderungen hinsichtlich des erweiterten Kontexts der Organisationsentwicklung berücksichtigen müssen.

Die wesentliche Fragestellung wird beinhalten: wie können Perspektiven und Konzeptualisierungen unterschiedlicher Benutzer berücksichtigt werden? Die Beziehung zwischen, auf der einen Seite, reflektierenden und analytischen Abstraktionen von der Sozialwissenschaft, und auf der anderen Seite, generativen Abstraktionen, die von Anwendern entwickelt werden, darzustellen.

Innerhalb der Gesellschaft für Informatik befasst sich eine Reihe von Fachgruppen mit verschiedenen Facetten dieser Frage.

Dies wird in den folgenden Ausführungen anhand zweier Ansätze dargestellt: an einem Ansatz, der dies aus dem Blickwinkel der Modellierung bei organisationsbezogener Softwareentwicklung beschreibt (siehe auch Kapitel 4), und an einem Ansatz aus dem Bereich der konzeptuellen Modellierung im Kontext der *requirements engineering*. Beide können an der Frage der Modellierung für die Berücksichtigung der Wechselwirkung zwischen Verstehens- und Design-Aktivitäten zusammengeführt werden.

Am Ende des Kapitels wollen wir unseren Kooperationsmodellierungsansatz begründen, dessen Grundlage auf den beiden Forschungsbereichen „organisationsbezogene Softwareentwicklung" und „konzeptuelle Modellierung" basiert. Wir wollen in diesem Kapitel untersuchen, wie in beiden Bereichen mit der Frage von Verstehen und Design umgegangen wurde und wie sie durch eine gemeinsame Lösung für Kooperationsmodellierung zusammenlaufen können.

Auch wenn die beiden Forschungsbereiche Softwaretechnik und konzeptuelle Modellierung sich nicht einfach trennen lassen und sie schon bei der Frühphase der Anforderungsanalyse sehr eng verbunden sind, haben wir dieses Kapitel im Sinne einer klaren Strukturierung entsprechend in Verstehens- und Design-Aufgaben in Softwaretechnik und konzeptueller Modellierung geteilt.

5.1 Konzeptuelle Modellierung für Informationssysteme

Die Datenbank-Community hat die meisten ihrer Beiträge der Domänemodellierung (z.b. relationale, objektorientierte und Semantik-Datenmodelle) und wirksamer Systemimplementierung (z.B. *query processing, concurrency control, und recovery*) gewidmet. Aus diesem Grund wird Konzeptuelle Modellierung für Softwareentwickler häufig nur als Idealbild, als Rationalisierung oder nur noch als logische Grundlage zum Verständnis der Softwareentwicklung anerkannt.

In der Wirtschaftsinformatik werden Modelle vor allem im Bereich der Entwicklung betrieblicher Informations- und Kommunikationssysteme eingesetzt.

Einen wesentlichen Bestandteil der Entwicklung derartiger Systeme stellt die Kommunikation mit dem Kunden oder Fachexperten dar, für den die Modellierungsleistung erbracht wird.

Traditionelles Informationssystem (IS) Engineering nimmt an, dass ein Informationssystem einen Teil der Welt erfasst. Dabei liegt der Fokus auf der Modellierung der Information über den Diskusbereich. Dies ist möglich anhand der konzeptuellen Modellierung, die die Abstraktion einer Spezifikation des gewünschten IS anstrebt, d.h. eines konzeptuellen Schemas durch die Analyse der wichtigen Aspekte des Diskusbereichs, über das was die Benutzer-Community an Informationen braucht (Dubois 1989).

Konzeptuelle Modellierung kann als die erste Phase der Zwei-Phasen-Organisation des IS-Lebenszyklus betrachtet werden (siehe Abbildung 5.1-1).

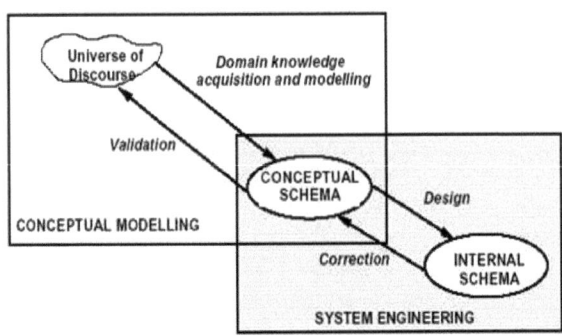

Abbildung 5.1-1: Zwei Phasen-Organisation des IS-Lebenszyklus

(Prakash & Rolland 1999)

Die nächste Phase verwendet das konzeptuelle Schema, um das aktuelle System zu entwerfen und zu implementieren, und gegenüber dem konzeptuellen Schema zu beurteilen.

Konzeptuelle Modellierung stellt Funktionen in einem konzeptuellen Schema dar, welche vom System erwartet werden (Mayr & Breu 2006). Diese Spezifikation konzentriert sich auf die Funktionalität des Systems. So eine Spezifikation wird als Beschreibung für die Konstruktion des Systems betrachtet und somit von der vorhandenen Technologie beeinflusst. Anschließend beschreibt diese Spezifikation die Sicht der System-Analysten.

Traditionelle Modellierung liefert eine formale und sehr strenge Beschreibung der Domäne anhand abstrakter Begriffe wie z.B. Entität, Attribute, usw.

Nach ISO (Van Griethuysen 1982) wird ein konzeptuelles Modell so definiert:

"The description of the possible states of affairs of the Universe of Discourse (UoD) including the classifications, rules, laws, etc., of the UoD".

Young und Kent (1958) in (Prakash & Rolland 1999) sind die Pioniere der Notation, die eine Strukturierung eines Hardwareproblems ermöglicht. Das Ziel einer abstrakten Spezifikation ist seine Verwendung als eine invariante Basis, um die verschiedenen alternativen Implementierungen zu entwerfen, auch wenn es sich um die Verwendung von unterschiedlichen Hardware-Komponenten handelt.

Damals wurden die Leistung und die Kosten der Ausstattung des Computers als die wichtigen Design-Faktoren betrachtet. Sie haben auch graphische Notationen für die Darstellung der verschiedenen Beschreibungen und Relationen, die wie die elektrischen Programme aussehen. Sie waren benutzer-unfreundlich und sehr schwer für Nicht-Ingenieure zu verstehen.

Es wurde angenommen, dass für diese Modellierung keine praktische Verwendung bestand.

Die nächste Phase der Modellierung für Informationssysteme ist die Ausarbeitung einer Struktur auf der System-Ebene für eine Problemdefinitionssprache, die maschinenunabhängig sein sollte. Objekte und Ereignisse in der realen Welt sind in dem IS zu betrachten.

Die realen Objekte und Ereignisse werden Entitäten genannt und als Daten in dem System dargestellt. Information über eine bestimmte Entität zeigt sich in Form von Werten, die quantitativ oder qualitativ eine Menge von „Attributen" oder "Eigenschaften" beschreiben.

Informationsalgebra basiert auf drei abstrakten Konzepten: Entität, Eigenschaft und Wert, und ist somit ein gutes Beispiel einer streng mathematischen Formulierung von Datenverarbeitung und Operationen in bezug auf diese Daten.

Leider sind keine Referenzen über eine realistische und praktische Benutzung dieser Algebra zu finden (Bubenko 2007), aber viele Modelle der Siebzigerjahre, wie relationale und semantische Datenmodelle, wurden davon inspiriert.

Auf Grund des Versuchs, mehrere Aspekte der Semantik der realen Welt zu beschreiben, haben damals Forscher von verschiedenen Bereichen, z.b. Datenbanken, IS und KI, begonnen, vielfältige Modelle vorzuschlagen.

Nachher wurde es notwendig, Rahmenwerke zu entwickeln, um diese Modelle zu klassifizieren und zu verstehen. Eines dieser Rahmenwerke klassifiziert die Modelle in prozessorientierte, datenorientierte und verhältnisorientierte Modelle.

In der Abbildung 5.1-2 ist dieses Rahmenwerk als ein drei-dimensionaler Raum dargestellt, in dem konzeptuelle Modelle auch ihre Position finden können.

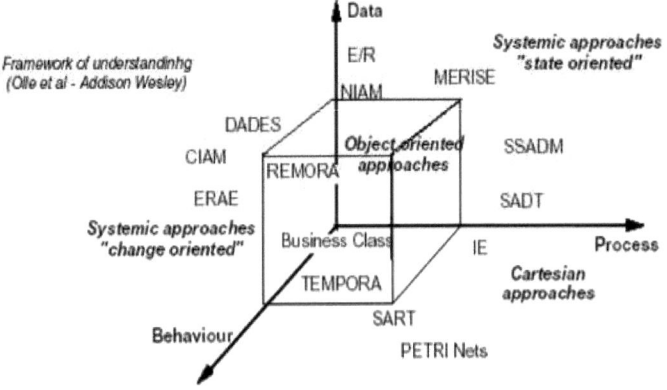

Abbildung 5.1-2: Dreidimensionales Rahmenwerk für konzeptuelle Modellklassifizierung
(Prakash & Rolland 1999)

Das dreidimensionale Rahmenwerk zeigt, dass ein IS. von drei Seiten betrachtet werden kann. Später wurde dieses Rahmenwerk wegen der drei völlig unterschiedlichen Dimensionen mit wenigen Integrationsmöglichkeiten kritisiert.

Zwei unterschiedliche Ansätze für die Integration sind später aufgetaucht. Aus dem ersten entstand die Entwicklung von objektorientierten konzeptuellen Modellen, die die prozess- und datenorientierten Perspektiven integrieren. Das Ziel des zweiten wurden die *loosely connected* konzeptuellen Modelle, die jeweils eine Perspektive beschreiben. Deshalb wird der Diskusbereich als individuelle und verbundene konzeptuelle Schemata konzeptualisiert, wie im Yourdon-Ansatz (Yourdon 1989) in der Mitte der Achtzigerjahre, welcher auf Datenflüssen, ER-Modellierung und Zustandsübergangsdiagramm-Techniken basiert.

Später integriert OMT (Rumbaugh 1991) ein objektorientiertes Modell mit Datenflussdiagrammen und Ereignismodellierung. Das zeitliche konzeptuelle Modell enthält auch Sub-Modelle der Geschäftsziele und Regeln und hat somit den Bereich der Modellierung erweitert (Bubenko 2007).

Seit 1982 gab es eine Konferenz Serie über Systementwicklungsmethoden der IFIP WG 8.1, die nach einer gemeinsamen Modellierung und einem Methodenrahmenwerk, gesucht hat. Die Serie war als CRIS (*Comparative Review of Information Systems Design Methodologies*) bekannt. CRIS hat andere Konferenzen stimuliert, wie z.B. die Gruppe FRISCO (*Framework of Information System Concepts*).

Mehrere Rahmenwerke und Kategorisierungen für Modellierungstechniken wurden vorgeschlagen (z.B. Bubenko 1977). Leider fehlt den meisten dieser Frameworks die empirische Fundierung. Floyd (1986), Necco et al. (1987) haben empirische Arbeit in der Verwendung dieser Methoden in der Praxis geleistet. Floyd (1986) betont, dass in Informatikprojekten sich immer die Frage nach dem optimalen Einsatz von Modellierungs- und Spezifikationsmethoden stellt. Obwohl eine Vielzahl von Methoden erweitert wurden – beispielsweise zur Modellierung von Geschäftsprozessen –, kann noch immer eine hohe Unsicherheit festgestellt werden, wenn es im konkreten Praxisfall darum geht, die geeigneten Methoden auszuwählen.

> "*Main points of the generalized critique include: the lack of structuring concepts for large systems, the absence of adequate techniques for data modelling and for the design of man-machine interfaces, the vast amount of documentation produced, and the linear world-view embodied in existing methods*" (Floyd 1986).

Weiter meint sie:

> „*No method addresses all relevant universes of discourse, or offers suitable ways of structuring them or helps transition from one to another*"

Ein bekanntes Problem dabei ist die Auswahl der Konzepte für Modellierung, ihrer Definition und Bedeutung und ihrer Verwendung bei der Modellierung. Alle Methoden basieren meistens auf einer linearen Sicht der Systementwicklung. Sie sind eher für mittelgroße Systeme mit wenigen Mensch-Maschinen Interaktion verwendbar, wobei die Funktionalität des Systems verhältnismäßig klar im Voraus definiert sein soll. Für einen evolutionären Entwicklungsansatz, der auf Zyklen der Entwicklung basiert, sind völlig neue Methoden notwendig (Floyd 1986).

Auch wenn die Vergleichsarbeit der Methoden von Floyd ziemlich alt ist, wird sie immer wieder in den aktuellen Untersuchungen erwähnt, wie z.b. in (Bubenko 2007). Bubenko betont aber, dass auch wenn die Autoren der Vergleichsuntersuchungen viele signifikante Ergebnisse geliefert haben, sie meistens versucht haben, ihre eigenen Ansätze zu verbessern.

Dies hat auch Jarke (1998) festgestellt:

> «Mindestens seit Anfang der 70er Jahre ist bekannt, dass die Kommunikation zwischen Kunden, Anwendern und Entwicklern einen problematischen Engpass mit folgenschweren Fehlermöglichkeiten darstellt. Die Informatik hat darauf mit sehr unterschiedlichen Strategien reagiert, die zwar in ihrer Gesamtheit das Problem vermutlich weitgehend abdecken könnten, sich aber bisher eher als konkurrierende denn als komplementäre Ansätze verstehen". (Jarke 1998)

Man musste bis in die 90er Jahre auf die Entwicklung und Verwendung von konzeptuellen Modellierungsmethoden und Techniken warten, die anstatt der wesentlichen Frage hinsichtlich der Modellierung «Was modellieren wir?», andere neue Fragen eingebracht haben «Warum modellieren wir und wie modellieren wir?". Seitdem hat die Geschichte der konzeptuellen Modellierung einen großen Wandel kennengelernt, von verhältnisgemäß wohl-definierten und strukturierten zu neuen und wenig konzeptualisierten Anwendungen.

Die Europäische Union hat kollaborative IT Projekte gefördert, um die Fokussierung auf die organisationalen Aspekte, Partizipation und das Verstehen während der Entwicklung von IT-Systemen für praktische Anwendungen zu verbessern. Insbesondere werden in diesen Projekten das Verstehen und die Unterstützung der menschlichen Aktivitäten angestrebt. Die Entwicklung der IS ist nicht nur als Software zu betrachten, sondern es reagiert mit Hardware, Systemen, Daten, Eingaben, Ausgaben, Menschen und Verfahren. Es geht darum, Probleme zu lösen, d.h. in dem Geschäftsproblem im Detail zu suchen, das Problem ganz zu verstehen, um die beste Lösungen auszuwählen. Dies erklärt die Orientierung der aktuellen konzeptuellen Modellierung nach Geschäfts- oder Organisationsmodellierung.

Dieser Wandel bei der Berücksichtigung von Benutzeranforderungen hat die Frage der Wechselwirkungen zwischen Verstehens- und Design-Aufgaben sehr beeinflusst. Damit hat sich besonders die *Requirements-Engineering-Community* beschäftigt.

5.2 Konzeptuelle Modellierung im Requirements Engineering

Mehrere Untersuchungen haben gezeigt, dass Systeme wegen Missverständnissen der Benutzeranforderungen scheitern. Die Untersuchungen des *US Government Accounting Office* haben gezeigt, dass nur 2% der Software wie angeliefert verwendet wird. Um diese Situation zu verbessern, sollte man die Ermittlung, die Beurteilung und die Darstellung in einer gezielten Weise genauer untersuchen. Systemanalysten sollten ein breites Wissen haben sowie eine multiperspektivische Sicht, die die technischen, menschlichen, wirtschaftlichen und ethischen Verhältnisse einschließt. Sie treffen auf verschiedene Probleme wegen der sich ständig und schnell verändernden Technologien.

Aufgrund des Drucks der aktuellen Wirtschaft, der neuen Technologien und der Veränderungen der Organisationen selbst, sind die traditionellen Beiträge der konzeptuellen Modellierung und Systemspezifikation nicht mehr ausreichend.

Die Erwartungen an IS verändern sich, sodass die Anforderungen nicht mehr stabil sind. Curtis et al. (1992) betonen auch, dass sich Anforderungen während der Entwicklung verändern und damit viele Probleme auslösen. Wenn die Anforderungen sich verändern, ist es nicht mehr möglich, sie als vorgegeben zu betrachten.

Die zentrale Rolle der Systemanalysten soll durch die Partizipation der vielfältigen Interessengruppen ersetzt werden, welche ihre unterschiedlichen Sichtweisen über das System einbringen können (Finkelstein et al. 1991). Die Validierung der Anforderungen soll dann gegenüber der Organisationsänderung statt der Systemfunktionalität beurteilt werden. Nur so können rechnerunterstützte Systeme dem organisationalen Veränderungen angepasst werden.

Für die Berücksichtigung dieses Problems versucht das *Requirements Engineering* über die funktionale Sicht der konzeptuellen Modellierung hinaus abzuzielen. Die Aufgabe der *Requirements Engineering* wird als Teil der Informationssystementwicklung eingeführt, welche die Untersuchung des Problems und die Anforderungen der Benutzer-Community sowie die Entwicklung einer Spezifikation des zukünftigen Systems anstrebt. Diese Spezifikation ist als konzeptuelles Schema bekannt. Sie untersucht die Anlieger unterschiedlicher Interessengruppen sowie ihrer Aktivitäten, um diese zu erreichen und gezielt Systemanforderungen für ihre Benutzer abzuleiten (Prakash & Rolland 1999; Harker et al. 1993). Dies geschieht auf eine informelle Weise, die nicht technologieorientiert sondern benutzerorientiert ist.

Prakash & Rolland (1997) meinten, dass Anforderungen von zwei unterschiedlichen Quellen kommen; auf der einen Seite von Benutzern, und auf der anderen Seite von der zu modellierenden Domäne. Die erste Quelle liefert informelle Behauptungen für die Ziele und die Intentionen der Benutzer, die in natürlicher Sprache ausgedrückt werden. Die zweite Quelle liefert Anforderungen, die die Fakten der realen Welt und die Bedingungen auf das zu entwerfende System reflektieren. Die Bedingungen sind aus sachlichen Gegebenheiten abgeleitet, unabhängig von Benutzer-Wünschen. Zwei verschiedene Anforderungen können daraus resultieren:

- Benutzerdefinierte Anforderungen, die von den Menschen in der Organisation kommen, welche ihre Ziele, Wünsche und Intentionen reflektieren;

- Domänenorientierte Anforderungen, die die Fakten der Natur sind und die Domänengesetze reflektieren.

5.2.1 Visionen bei der Modellierung

Die vielleicht aktuell wichtigste Arbeit in RE ist das Modell von Jarke (Jarke 1998; Jarke & Pohl 1993). Das Modell (*Usage, Subject, System, Development worlds*) im *Requirements Engineering* teilt das Diskursbereich in Benutzungs- und Gegenstandsbereich auf (siehe Abbildung 5.2-1).

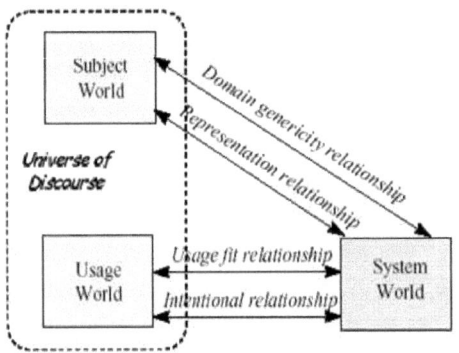

Abbildung 5.2-1: Relationships between subject, usage and system worlds

(Jarke & Pohl 1993 in Prakash & Rolland 1999)

In dieser Arbeit wird auch daran erinnert, dass ein Grund für die Begrenzung der traditionellen konzeptuellen Modellierung ist, dass ihr Fokus auf die Systemsicht nur die Sichtweise von Systemanalysten beschreibt. Im Gegensatz dazu stehen die Anforderungen der Benutzer (ihre Ziele, Intentionen, usw. Die Abbildung zeigt die Aufteilung des Diskursbereiches:

Usage world (die Nutzerwelt): enthält direkt oder indirekt Benutzer. Sie werden als Besitzer des Systems betrachtet. Hier werden die Aufgaben, die Prozeduren, Interaktionen, usw. beschrieben, welche von Akteuren ausgeführt werden, sowie die Art und Weise wie diese Systeme benutzt werden, um eine Arbeit entsprechend bestimmter Ziele zu erledigen. Die definierten Ziele sind in der Organisation festgelegt.

Subject world (der Gegenstandsbereich): beschreibt dem Teil des Diskursbereiches, der das Wissen über die Domäne oder Realwelt enthält, über die das vorgeschlagene System Informationen liefern soll. Die Gegenstände der Realwelt werden als Objekte in einem konzeptuellen Schema dargestellt.

System world (die Systemwelt*)*: beschreibt die Systemspezifikationen, in denen die Anforderungen der vorherigen Welten dargestellt werden müssen. Die abgebildeten Entitäten der konzeptuellen Spezifikationen werden auf den Design- und Implementierungsebenen des Software-Systems repräsentiert.

Die Abbildung 5.2-1 zeigt die Beziehungen zwischen Gegenstandsbereich und Systemwelt. Die Systemwelt verbindet die Domäne mit ihrer Darstellung in dem System. Leider hat sich die konzeptuelle Modellierung nur auf diese Beziehung konzentriert, während *requirements Engineering* andere Beziehungen als sehr wichtig fordert: intentionelle, Benutzbarkeitsbeziehungen, die sich mit der Frage „wozu" beschäftigen, d.h. das Verstehen wozu des Rationales des Systems (Prakash & Rolland 1999).

Die Autoren betonen, dass eine Erweiterung der konzeptuellen Modellierung notwendig ist, um die Betrachtung der Frage „Wozu" das System entwickelt wurde, zu ermöglichen. Die Beantwortung der Frage „Wozu" erlaubt, die konzeptuelle Verbindung zwischen dem zukünftigen System und seiner veränderten Umgebung zu schaffen.

5.2.2 Organisation als Kontext für konzeptuelle Modellierung

Für Kavakli & Loucopoulos (2003) hat der Bereich Informationssysteme Bezüge zur realen Welt. Die Probleme in dem Bereich sind eine Mischung von empirischen, formalen und *engineering* Probleme.

Empirische Probleme sind mit der Tatsache verbunden, dass bei der Informationssystementwicklung die Entwickler ständig mit der Beobachtung der realen Welt-Phänomene befasst sind. Zum Beispiel werden die operationalen Eigenschaften eines Krankenhauses empirisch untersucht und dann Theorien daraus entwickelt.

Formale Probleme beginnen stattdessen mit der Abstraktion, Struktur und Präsentation dieses Wissens in einer Art, die die Argumentation und die Kommunikation zwischen denen, die ein gemeinsames Verständnis der beobachteten Domäne suchen, ermöglicht.

Engineering Probleme tauchen auf, wenn man versucht, die Konstruktion anhand der adoptierten formalen Prinzipien zu implementieren.

Diese breiten Typen der zu lösenden Probleme führen dazu, dass konzeptuelle Modellierung in verschiedenen Design-Situationen gebraucht werden kann.

Dabei hat die konzeptuelle Modellierung in der Organisation verschiedene Aufgaben:

- Unternehmens-Analyse: Dabei werden die Geschäftsaspekte, Aufträge, Ziele Probleme, Planungen, Aufgaben, usw. untersucht. Wesentliches Ziel dieser Modellierung ist die Abgrenzung des Bereiches des zu lösenden Problems. Hier findet eine Aushandlung statt, um einen bestimmten Konsens zwischen den unterschiedlichen Benutzergruppen zu erreichen. Schließlich ist die Integration wichtig, um die Sichten der verschiedenen Benutzergruppen oder Individuen zu kombinieren.
- Begriffsbildung: Diese Aufgabe bezieht sich auf den Aufbau einer ersten gemeinsamen Konzeption im Konsens über wesentliche Gegenstände in der Problemdomäne. Sie trägt zu der Entwicklung eines Glossars bei, das die Begriffe, ihre Bedeutungen, ihre Regeln und Bedingungen festhält. Dies wird die Grundlage einer gemeinsamen Sprache in der Einsatzorganisation.
- Untersuchung der vorhandenen IS: Dies bezieht sich auf die Untersuchung der Unternehmensdatenbank und ihrer Informationsinhalte sowie auf die Qualität der Information.
- Design der verbesserten IS: Dies bezieht sich auf die Entwicklung eines neuen oder veränderten IS und seiner Komponenten, sodass sie die Anforderungen für die Untersuchung der Geschäftspraxis betreffen. Dies ist wesentlich die Aufgabe der Identifizierung der funktionellen Anforderungen (konzeptuellen Modelle) und der nicht funktionellen Anforderungen der zu entwickelnden oder zu verändernden vorhandenen Systems. Typische Werkzeuge für diese Aufgabe sind CASE-Tools (für Mdellierung), Prototypings-, und Integrationswerkzeuge.
- Validierung der funktionellen und unfunktionalen Anforderungen: Diese komplexe Aufgabe überprüft, ob die formulierten Anforderungen die Bedürfnisse des Geschäfts treffen können. Sie beinhaltet Prozesse wie z.B. Aushandlung, Validierung, usw. Typisch benutzte Hilfsmittel sind Werkzeuge, wie z.B. Diagnostik.

Die neue Generation der konzeptuellen Modellierung ist durch die Einführung der Geschäftsziele und Regeln von Sub-Modellen kennzeichnet (Pohl 1993, Bubenko

2007). Zielorientierte Anforderungsanalyseansätze verbinden unmittelbar Organisationsziele mit Systemfunktionen.

Bei der Unternehmensmodellierung ist die Betrachtung der Organisationsziele sehr wichtig, um das Verstehen der Systemanforderungen zu ermöglichen. Dieser Teil soll das „Was", das in der (traditionellen) funktionellen konzeptuellen Modellierung erhalten ist, ergänzen.

Für Bubenko (2007) hat sich der Modellierungsbereich in der 90er Jahren weiter entwickelt und berücksichtigt mehr die organisationellen Aspekte, die Partizipation sowie das Verstehen während der Modellierung (siehe Abbildung 5.2-2).

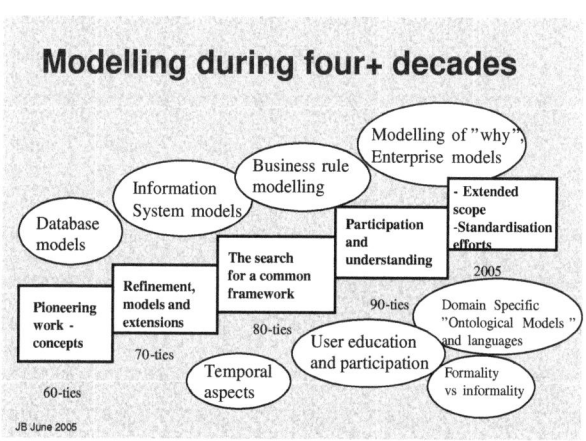

Abbildung 5.2-2: Zusammenfassung von Informationssystem -Analyse und –Design (Bubenko 2007)

Bubenko (2007) gibt erstmals einen umfassenden und ausgewogenen Überblick über alle verbreiteten Modellierungstechniken für Informationssysteme. Im Zentrum steht ein methodischer Rahmen, der die bislang konkurrierenden Methoden der Geschäftsprozess-, funktions-, objekt- und aufgabenorientierten Modellierung nahtlos integriert. Wir denken, dass die Entwicklung der konzeptuellen Modellierung, insbesondere die ontologiebasierte Modellierung, nicht mehr eine Einschränkung für Systementwickler ist, sondern im Gegenteil, die Anforderungsanalyse mit vielen wichtigen Techniken bereichern und informieren kann. Bevor wir den Beitrag der Ontologien für einen Kooperationsmodellierungsansatz untersuchen wird in den folgenden Abschnitten die Wechselwirkung zwischen Verstehen und Design im Rahmen der Ansätzen untersucht, die die Modellierung selbst als sozialer Prozess betrachten.

5.3 Modellierung als sozialer Prozess

Christiane Floyd (1997) beschreibt mit softwaretechnischem Blick das Wechselverhältnis zwischen der Modellierung des technischen Artefakts und dem sozialem Kontext. Sie weist auf die Schwierigkeiten hin, die sich durch die (traditionelle) Modellierung ergeben. Sie betont dabei, dass es bei der Modellierung im Rahmen der Softwareentwicklung nicht nur darum geht, wie die Realität aufgenommen wird, sondern auch um ihre tatsächliche Wirksamkeit im Einsatzkontext.

„Dass die Modellierung ein komplizierter sozialer Prozess ist, in den Ziele und Interessenkonflikte eingehen, wird in der Praxis zwar deutlich, in der Wissenschaft jedoch nur wenig anerkannt. Das Ergebnis der Modellierung gewinnt in jedem Falle Gegenständlichkeit, es entsteht eine artifizielle Welt, deren Zustandsveränderungen mit Veränderungen in der Wirklichkeit korrelieren." (Floyd 1997)

Ihre Überlegungen spiegeln, an welchen Stellen das Zusammenspiel zwischen Computersystemen und Nutzungskontext stattfindet. Auf der einen Seite steht die Modellierung als sozialer Prozess, auf der anderen Seite wird das Ergebnis der Modellierung vergegenständlicht im Nutzungskontext.

Modelle im Rahmen der Softwareentwicklung können zur algorithmischen Realisierung, zur formalen Spezifikation (Petri-Netze) und zum Verständnis des Anwendungsbereichs dienen. Floyd und Klischewski unterschieden in diesem Zusammenhang folgende Ebenen der Modellierung im Rahmen der Softwareentwicklung (Floyd & Klischewski 1998):

- Das Anwendungsmodell (Gegenstandsbereich)
- Das formale Modell (Spezifikation)
- Das Berechnungsmodell (Programm)

Beim Anwendungsmodell geht es um die idealisierte oder konkrete Darstellung des Gegenstandes. Beim formalen Modell wird das Anwendungsmodell in Satz- und Formelmengen ausgedrückt. Das Berechnungsmodell wird durch eine Menge von zusammenwirkenden berechenbaren Funktionen definiert. Das formale Modell soll sich einerseits in einem Berechnungsmodell umsetzen lassen, und gleichzeitig in einem engen Zusammenhang mit der Anwendungswelt stehen.

Mit dieser Art von Modellierung sind viele Fragestellungen verbunden, die im Rahmen der Softwareentwicklung zu beachten sind (Floyd & Klischewski 1998): wie verhält sich das Anwendungsmodell zum Gegenstandsbereich? Wie können die einzelnen

Elemente im Rahmen der Softwareentwicklung ineinander überführt werden? Wie verhält sich das Berechnungsmodell zur technischen bzw. zur Wirklichkeit des Einsatzkontextes?

Für Floyd und Klischewski stehen Informatik-Modelle nicht als formale Gebilde für sich genommen, sondern werden in den von uns getragenen sozialen Prozessen konstruiert. Informatik-Modelle sind so zu gestalten, dass sie die sozialen Prozesse, in denen sie wirksam werden, als Werkzeug „Handgriffe" unterstützen und nicht behindern. Dabei lassen sich Verlauf und Ergebnis der Modellbildung nicht vorplanen.

Der Prozess soll sich immer wieder für den Einfluss der Erfahrung von konkreten sozialen Situationen öffnen, wobei die sozialen Subjekte als Akteure der Modellierung identifiziert werden und dabei keine Kontrolle, sondern eine methodische Unterstützung des Modellbildungsprozesses angestrebt wird.

Floyd charakterisiert die Aktivitäten, die bei der Modellierung im Rahmen der Softwareentwicklung maßgeblich sind, wie folgt:

- „Informatisieren, d.h. materielle oder ideelle Gegenstände als Informationsträger zu betrachten, aus deren Aspekten die für die Operation relevanten Daten ermittelt werden können;
- Diskretisieren, d.h. ausgewählte Aspekte der Gegenstände durch diskrete Wertebereiche zu charakterisieren, Operationen auf diesen Wertebereichen zu definieren sowie Zustände, die durch Ausführungen von Operationen transformiert werden;
- Systemisieren, d.h. ein Informatiksystem aus zu modellierenden Elementen, Beziehungen und Operationen sowie dessen Wechselwirkung mit dem (häufig ebenfalls als System betrachteten) Kontext zu konzipieren." (Floyd & Klischeweski 1998, S. 22)

Floyd (1997) entwickelt mit ihren Überlegungen eine möglichst informatiknahe Beschreibung eines Problemfeldes, dem sich sonst vorrangig soziologische Disziplinen widmen. Sie baut ihre Argumentation auf die Begriffe der „operationalen und autooperationalen Form" auf, um damit eine spezifische Seite der Informatik und das Wechselverhältnis zwischen Artefakt und Kontext zu beschreiben.

„Unter operationaler Form verstehe ich eine Struktur aus möglichen Operationen in einem interessierenden Gegenstandsbereich".

Der zentrale Begriff Operation ist hier eine Beschreibungskategorie und bezieht sich auf beliebige Vorgänge, die als Vollzüge aufgefasst werden.

„Operationen setzen einen Beobachter voraus, der den Vollzug beschreibt. Während der Vollzug effektiv ist, ist die Operation symbolisch. Sie setzt auf bereits vorliegende Erfahrungen mit (einer Klasse von) Vorgängen auf, ihre Formulierung beinhaltet Wissen um Vollzüge." (Floyd 1997)

Die Operationen werden situations- und zweckabhängig gebildet und erfolgen in keiner zwingend vorgegebenen Weise. Werden Operationen in einem interessierenden Gegenstandsbereich gebildet, wird dieser Gegenstandsbereich operational rekonstruiert. Die Rekonstruktion beinhaltet Reduktionen.

„Im Sinne einer Zwecksetzung wird Wesentliches von Unwesentlichem getrennt (Abstraktion), das Wesentliche operational beschrieben (Modellbildung) und das Modell implementiert." (Floyd 1997)

Diese Vorgehensweise wird operationale (Re-)Konstruktion genannt. Es wird in diesem Zusammenhang argumentiert, dass bei der Modellierung im Rahmen der Softwareentwicklung der jeweils interessierende Gegenstandsbereich als operationale Form betrachtet wird:

„Dabei werden menschliche Handlungen, natürliche oder technische Vorgänge als Operationen charakterisiert und logisch, kausal oder zeitlich verknüpft. Operationale Form beginnt mit der Beschreibung von zur Routine gewordenen Handlungen und führt allmählich zur Vergegenständlichung in symbolischen und technischen Artefakten. Durch informatische Modellierung wird ein interessierender (natürlicher, technischer, sozialer oder ideeller) Gegenstandsbereich operational (re-)konstruiert." (Floyd & Klischewski 1998)

Im Einsatz wird die operationale Form als autooperationale Form ein neuer Teil der Wirklichkeit. Die autooperationale Form bildet im Nutzungskontext den Rahmen für situiertes Handeln; sie stellt Benutzern veränderte Handlungs- und Erfahrungsspielräume zur Verfügung.

Die Modellierung im Rahmen der Softwareentwicklung wird daher einerseits als „Fenster zur Wirklichkeit" im Sinne von Perspektiven der Wahrnehmung, und andererseits im Hinblick auf ihre intendierte Wirksamkeit beim Einsatz als „Handgriff zur Wirklichkeit" charakterisiert.

„Obwohl Informatik-Modelle selbst formal sind und technisch realisiert werden, werden sie nur bedeutsam durch soziale Prozesse der Entwicklung und Aneignung, wobei die subjektiven Perspektiven den Beteiligten entscheidenden Einfluss haben. Entwicklung und Nutzung von Informatik-Modellen sollten daher ihre soziale Bedingtheit transparent machen und ihre sinnvolle

Interpretation im Einsatzkontext gewährleisten" (Floyd & Klischewski 1998, S. 21)

Eine operationale Rekonstruktion beinhaltet, dass Vorgänge mit dem Fokus auf das Wirken von Operationen durch den Beobachter reduziert sowie Verknüpfung von Operationen nachgebildet werden. Mit der Implementierung des Modells werden die vom Beobachter gewählten Ziele, Zwecke und Interessen in einem Computersystem umgesetzt. Die operationale Rekonstruktion durch den Beobachter ist jedoch begrenzt durch aktuell technische Möglichkeiten, strukturelle Zwänge oder Leitbilder (Hammel 2002).

Im Zusammenhang mit der Wechselwirkung zwischen Verstehens- und Design-Aktivitäten bietet die autooperationale Form eine wichtige Grundlage für jede einzeln Aktivität, die für ihre Wechselwirkung kritisch bleibt. Die Bedeutung des Beobachters bleibt kritisch. Durch die starke Betonung der Rolle des Beobachters werden strukturelle und kulturelle Bedingungen nur vermittelt über das Individuum thematisiert.

Allein durch den „Beobachter" als modellierende Person wird das technische Artefakt geprägt, strukturelle und kulturelle Bedingungen können nicht als solche kritisch in den Blick genommen werden und geraten in den Hintergrund. Diese Sicht allein ist jedoch nicht ausreichend. Daran schließt sich weiter die Überlegung an, wie die Vorstellungen zur autooperationalen Form mit dem Wandel von Organisationen in Einklang gebracht werden könne.

5.4 Softwareentwicklung als Semantikerstellung

Mehrere Autoren messen der Sprachentwicklung bei der Softwareentwicklung hohe Bedeutung bei (Floyd 1992; Budde & Züllighoven 1990; Budde et al.1992; Kilberth et al. 1993; Piepenburg 1994; Hesse et al. 1994, Dittrich 1998). Floyd und Piepenburg erläutern die sogenannte „Projektsprache" und übertragen sie auf die Verwendung von „Methodensprachen".

Die zentrale These von Piepenburg ist, dass ein Softwareentwicklungsprozess immer auch ein Prozess der Sprachentwicklung und „Semantikerstellung" ist. Er unterscheidet drei Dimensionen einer Semantik:

- Formaler Semantik, bei der die Bedeutung formaler Konstrukte definitorisch beschrieben wird (z.B. Programmiersprache)
- Personaler Semantik, die sich auf die Bedeutung, die eine bestimmte Person einem Begriff zumisst, bezieht.

- Konventionalen Semantik, die die Bedeutung von Begriffen wieder, die in einer Gruppe durch Konsensbildung festgelegt wurde.

Mit „Semantikerstellung" meint Piepenburg, dass die konventionale und damit auch die personale Semantik von Begriffen nicht von vornherein festgelegt ist, sondern im Prozess der Softwareentwicklung erst entsteht. Die durch vielfältige Kooperation der beteiligten Personen entstehenden Ergebnisse des Prozesses – und damit auch die Semantik von Begriffen kommen nur auf der Basis von Kompromissen und Konsensbildung zustande.

Piepenburg betrachtet es deshalb als Aufgabe der Softwareentwicklung, ein explizites Verständnis über die Anwendungskontexte zu erlangen. „Explizit" bedeutet, dass dieses Verständnis über Beobachtung und einfaches „Verstanden haben" hinausgehen muss.

Es soll eine lesbare und verständliche Beschreibung der Semantik von Aufgabenausführungen erstellt werden. Piepenburg sieht diese Aufgabe als das „Kernproblem der Softwaretechnik" an und meint, dass es nur durch explizite Begriffsbildung zu lösen sei.

In einem Projekt wirken die Beteiligten begriffsbildend und semantik-erstellend. Semantik wird nicht zugeordnet, sondern muss aufgebaut, erstellt werden. Unter Rückgriff auf eine von Floyd vorgenommene Unterscheidung verschiedener „Welten" erklärt Piepenburg den Prozess der Sprachbildung in Softwareentwicklungsprojekten.

Die Projektteilnehmer befinden sich in der Regel in einer oder mehrerer dieser Welten. Sie sind durch sie geprägt und agieren und kommunizieren jeweils auf der Basis ihrer eigenen personalen Semantik, die etwas darüber aussagt, wie sie die Welt(en) und ihre Bedeutungszusammenhänge sehen.

Fachleute und Entwickler lernen einander zu verstehen. Im Projektverlauf kommt es so durch die Kooperation der Beteiligten zu interindividuellen Übereinstimmungen über das Verständnis von Begriffen und Zusammenhängen. Der Softwareentwicklungsprozess muss als ein Konventionalisierungsprozess betrachtet werden, welcher eine gemeinsame „Projektsprache" anstrebt.

5.5 Bildung einer Projektsprache

Die Frühphasen des Softwareentwicklungsprojekts gestalten sich als ein Prozess der Verständigung zwischen Gruppen von Entwicklern, Anwendern, Managern und anderen betroffenen Personen. Jede der beteiligten Personen hat ihre persönliche Sicht auf die Anforderungen des zukünftigen Systems. So mag ein Sachbearbeiter die Einbindung der Software in bestehende Vorgänge und Prozesse, ein Manager die Integration der

Software in bestehende Vorgänge und Prozesse, ein Entwickler die Abbildung von in einer Organisation verwalteten Informationen in ein Datenmodell oder auch die Realisierung einer graphischen Benutzungsschnittstelle fokussieren.

Wenn die beteiligten Personen bereit sind, die Existenz unterschiedlicher Perspektiven zu akzeptieren und ihre Ansichten auszutauschen, entwickelt sich im Verlauf des Projekts ein gemeinsames Verständnis über den Einsatzkontext und das gewünschte System. Damit stellen sich die Frühphasen als Kommunikations- und Lernprozess dar, in dessen Verlauf sich unter den Beteiligten eine gemeinsame Sprache herausbildet – die „Projektsprache".

Die Projektsprache ist einerseits das Mittel des Prozesses, weil die Personen sie benutzen, um ihre Ansichten auszutauschen. Sie ist anderseits auch das Ergebnis des Prozesses, weil sich das gemeinsame Verständnis in den „Begriffen" der Projektsprache manifestiert.

Eine wichtige Aktivität in den Frühphasen von Softwareentwicklungsprojekten ist deshalb die Begriffsbildung.

Die Relevanz der Entwicklung einer Projektsprache wird von vielen Methoden der Softwaretechnik anerkannt, indem sie die Bildung gemeinsamer Begriffe unterstützen. Die Begriffe werden gebildet, indem Namen und ihre Bedeutungen als Elemente der Projektsprache beschrieben werden.

5.6 Ebenen der Begriffsbildung

Das Aufeinandertreffen der Welten bedeutet, dass in der Projektsprache Begriffe ganz unterschiedlicher Herkunft miteinander vermengt werden. Um zu einer Systematik dieser Begriffe zu gelangen, ist es notwendig, sie zu klassifizieren und ihre Stellung zueinander stärker zu verdeutlichen, als das durch die Unterscheidung der Sprachwelten nach Piepenburg getan wird.

Eine andere Klassifizierung zwischen verschiedenen begrifflichen Abstraktionsebenen unterscheidet fachliche und analytische Ebenen (Floyd 1991).

„Konkrete" und „fachliche" Begriffe sind der Fach- und Arbeitssprache der Anwender zuzuordnen. Sie stammen aus der Welt der Anwendung. Fachliche Begriffe erlauben die Kategorisierung der konkreten Begriffe der Anwendungswelt. Die fachlichen Begriffe, die auch Typ-Ebene (Hesse et al.1994) genannt werden, bezeichnen Kategorien von Begriffen. Beispielsweise sind in einem Bankkontext der „Zins" und die „Rendite", der „Filialleiter" fachliche Begriffe.

Die konkreten Begriffe, auch „Exemplar-Ebene" genannt, bezeichnen Gegenstände, Personen, Handlungen oder Aufgaben, z.B. ist Herrn Müller die Kategorie „Filialleiter" zugeordnet (siehe Tabelle 5.6-1).

Die Strukturierung von Anwendungsbereich und Softwaresystem wird sprachlich durch die Vorgabe begrifflicher Schemata unterstützt. Diese begrifflichen Schemata werden „analytische Begriffe" genannt (Floyd 1991). Sie sind Begriffe der Welt der Methoden und Modelle, und entstammen einzelnen Methodensprachen.

Abstraktionsebene	Nach Hesse 94	Beispiel für Begriff
Analytische Ebene	Meta-Ebene	„Entitätstyp" (Entity-Relationschip)
Fachliche Ebene	Typ-Ebene	„Filialleiter"
Konkrete Ebene	Exemplar-Ebene	„Filialleiter Herr Müller"

Tabelle 5.6-1: Unterscheidung der Begriffe auf konkreter, fachlicher und analytischer Ebene

Die analytischen Begriffe werden geprägt von fachlichen Begriffen. Sie helfen uns dabei, wie wir den Anwendungsbereich anschauen und was wir als relevant betrachten. Sie erhalten ihre Bedeutung nur durch die Welt der Anwendung, denn ohne diese Welt wären sie sinnlos. Dadurch ist die analytische Ebene als veränderbar und im jeweiligen Kontext anpassbar zu betrachten. Die Begriffe helfen uns bei der Strukturierung der Anwendungswelt und geben uns insofern eine Orientierung.

Nach Piepenpurg ermöglichen uns die Begriffe, eine eigene personale Semantik vom Anwendungsbereich aufzubauen und mit den anderen darüber zu sprechen, also auch eine konventionale Semantik zu entwickeln.

Wenn man einen Entity-Relationship-Ansatz (Chen 1976) wählt, so wird man das untersuchte Arbeitssystem in Einheiten und Beziehungen zwischen diesen Einheiten fassen; wenn man Datenflussdiagramme einsetzt, wird man eine Menge von konditionalen Ablaufstrukturen erhalten (Piepenburg 1994).

Die Entwickler verwenden die analytischen Begriffe, um den Anwendungsbereich zu strukturieren. So wie fachliche Begriffe Kategorien für die Begriffe der konkreten

Ebene vorgeben, so geben analytische Begriffe Kategorien vor, die in fachliche Begriffe eingeteilt werden können.

Die analytischen Begriffe entsprechen der Meta-Ebene von Hesse et al. (1994):

> „Zur Meta-Ebene gelangt man, wenn man wiederum die Typen als Elemente auffasst und gleichartige Elemente zu (Meta-) Klassen zusammenfasst. So dient z.B. der Begriff ‚Entitätstyp' dazu, die Typen strukturierter passiver Elemente ‚Haus', ‚Kunde', ‚Konto' zusammenzufassen. Ähnliches gilt für ‚Attribut' als Zusammenfassung unstrukturierter passiver Elemente oder ‚Anwendungsfunktion' als Zusammenfassung aktiver Elemente" (Hesse et al. 1994)

Der Weg, den Hesse et al. einschlagen, ist, auf der analytischen Ebene eine allgemein anerkannte Terminologie für die Frühphasen der Softwaretechnik aufzubauen, an der sich dann jeder orientieren könnte.

Er schlägt folgende Grundbegriffe für betriebliche Anwendungssysteme vor: Betriebliches Informations- und Kommunikationssystem (IKS); Mensch, Aufgabe, Außen- und Innensicht einer Aufgabe, Technik, Anwendungssystem, technisches System, organisatorisches System (Hesse et al. 1994).

Hesse et al. kritisieren den Aufbau einer einheitlichen Terminologie und sehen hierbei verschiedene Probleme:

- Die Entwicklung in der Softwaretechnik schreitet so schnell voran, dass oft gerade die neuen Teilbereiche keine systematische Terminologie einführen, sondern vielmehr anfangs zu einer ad-hoc Terminologie greifen. Diese Schwierigkeiten führen dazu, dass einige noch nicht genügend geklärte Begriffe aus der „objektorientierten Welt" nicht in ihre Terminologie aufnehmen.
- Einzelne Begriffe werden nicht allein innerhalb der Softwaretechnik gebildet, sondern haben auch in anderen Gebieten Bedeutung und stehen somit in einem „interdisziplinären Spannungsfeld", in dem die Festlegung der Semantik schwer fällt.
- Es ist nicht klar, welche Begriffe für die Softwaretechnik relevante Begriffe sind und damit definiert werden müssen, und welche nicht dazu gehören.
- Es lässt sich daraus erschließen, dass die Terminologie für die Bildung einer Projektsprache nicht vorgegeben werden kann sondern, dass man sich darauf einigen und sie dann weiter erarbeiten muss.

5.7 Zusammenfassung

Partizipative und evolutionäre bzw. organisationsbezogene Softwareentwicklungsansätze betrachten im Allgemeinen die situierten menschlichen Aktivitäten und das kontextuelle Design und leiten daraus wertvolle Grundlagen für Kommunikations- und Lernprozesse ab. Die Wechselwirkung zwischen Verstehen und Design soll aber nicht als 1-1 Beziehung zwischen fachlichen und technischen Sichten während eines bestimmten Zeitraums, sondern selbst als Lernprozess in den Entwicklungs- und Einbettungsprozessen betrachtet werden.

Die Überbrückung zwischen Verstehens- und Design-Aktivitäten wird nur ermöglicht, wenn die Systementwicklung als Semantikerstellung betrachtet wird. Die Einigung auf die Entwicklung einer Sprache, die eine solche Semantik unterstützen soll, die Wahl einer geeigneten Begrifflichkeit, die von allen Beteiligten verstanden und verwendet wird, der Aufbau einer Semantik, die die unterschiedliche Kooperationssemantiken im Anwendungs- sowie im Entwicklungskontext explizit darstellen kann, sind immer noch die Schwierigkeiten, die die Aufgaben der Systementwickler komplexer machen.

Den Systementwicklern, insbesondere denen, die Partizipation und Evolution als wesentliche Prinzipien ihrer Entwicklungsvorgehensweise betrachten, fehlt immer noch eine effiziente, adäquate, vereinheitlichte und flexible Vorgehensweise, an der sie sich orientieren können. Weil wir nicht das Lernen von einer Person auf eine andere übertragen können, ist Lernen auch als Wissenserzeugung bekannt.

Wissenserzeugung ist ein sozialer Prozess für die Vermittlung und Verwendung des Wissens. Wir glauben, dass Ontologien – die neue Generation der konzeptuellen Modellierung -, die eine große Rolle in der Sprachen und Kognition spielen, die Lernprozesse bei Software- sowie Organisationsentwicklung nicht nur berücksichtigen und betonen, sondern unterstützen können. Ontologien werden im nächsten Kapitel präsentiert.

6 Ontologien für Software- und Organisationsentwicklung

> „ Das menschliche Gehirn lernt gern von anderen Menschen. Nicht die biologische Mutter muss es sein, da hat die Natur gut vorgesorgt. Jeder andere Mensch mit einem Vorsprung an Weltwissen kann mitspielen."
>
> (Elschenbroich 2001, Wissensanalyse)

Wegen ihrer Nähe zur konzeptuellen Modellierung, zur Wiederverwendung und Integration von Software-Komponenten wurden in den letzten Jahren die Ontologien in vielen Bereichen der Softwaretechnik diskutiert. Wir betonen, dass insbesondere die *foundational ontologies*, die für die Geisteswissenschaften eine große Rolle in Bezug auf Sprache und Kognition spielen, die Spezifikation sowie den Aufbau eines integrierten Kooperationsmodellierungsansatzes besser unterstützen können.

Dies werden wir in diesem Kapitel untersuchen. Zuerst werden wir einige Grundbegriffe im Zusammenhang mit Wissen zusammenfassen, die für den Aufbau unseres ontologischen Rahmenwerks wichtig sind. Die Forschung im Bereich des organisationalen Lernens gibt Hinweise zum Aufbau einer Kommunikationskultur sowie der Verbindung von individuellem, Gruppen- und organisationalen Lernen. Dies wird im Abschnitt 6.3. vorgestellt.

Durch die Konkretisierung der Komponenten eines IKS (die wir ausführlich im Kapitel 3 eingeführt haben) und die Betrachtung der Ebenen des Lernens als Strategie für das Zusammenspiel zwischen Menschen und der Organisation, (wobei Technologie als Mittel für die Wissensvermittlung auf den verschiedenen Ebenen zu betrachten ist), können geeignete Gestaltungsansätze für Kooperationsunterstützung erarbeitet werden.

Danach werden wir Ontologien und ihre Verwendungsweisen als Ansatz für die Unterstützung der Lernprozesse untersuchen. letztlich werden die situierten und formalen Ontologien sowie die Begründung des besonderen Beitrags der *foundational ontologies* in der vorliegenden Arbeit untersucht.

6.1 Verhältnis Daten, Informationen, Wissen

Um die verschiedenen Definitionen und Erläuterungen über Ontologien besser zu verstehen, ist es zuerst einmal notwendig, den Begriff des Wissens zu betrachten. Einige Grundbegriffe im Zusammenhang mit Wissen sollen definiert werden. Diese Begriffe sollen die verschiedenen Bedeutungen von Wissen inkorporieren, als Antwort zu der Frage: worum es geht? Was entspricht Daten, Informationen, Wissen, Lernen, Know-how, usw.?

In erster Linie geht es darum, Wissen von Daten und Informationen abzugrenzen. Die übliche Unterscheidung zwischen Daten, Informationen und Wissen (siehe Abbildung 6.1-1) erlaubt, sich dem Wissensbegriff zu nähern. Es wird deutlich, dass die drei Elemente aufeinander aufbauen, d. h. ohne Daten keine Informationen, ohne Informationen kein Wissen.

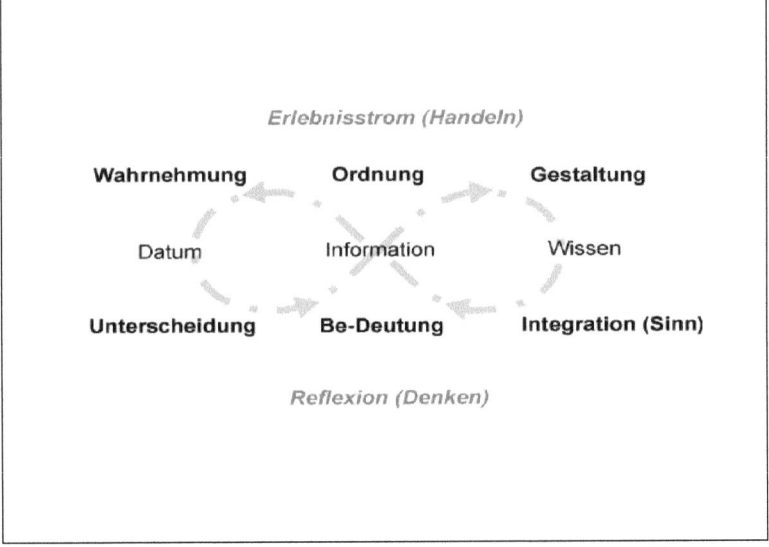

Abbildung 6.1-1: Handlungstheoretische Abgrenzung des Wissensbegriffes
(Derboven et al. 1999)

Dabei referiert der Datenbegriff auf die menschliche Fähigkeit, Unterschiede und somit Entitäten wahrzunehmen. Der Informationsbegriff bezieht sich auf die Möglichkeit, Daten bezüglich bestimmter Fragestellungen zu analysieren und zu ordnen, ihnen

Bedeutung zu geben. Der Wissensbegriff schließlich konzentriert sich auf das Potential, Informationen bezüglich bestimmter Aufgaben oder Situationen im Handeln zur Gestalt zu integrieren und ihnen damit einen Sinn zu geben (Derboven et al. 1999).

Wissen ist keine Ressource, die aus Daten und Informationen gleichsam durch eine Veredelung zu gewinnen sei. Die Möglichkeit, Wissen umgekehrt in Informationen oder Daten zu transformieren ist ebenso wichtig, denn erst diese Umwandlung macht es kommunizierbar (Information) und systematisch rekonstruierbar (Daten). Daten und Informationen sind explizite Träger von Kultur. Nur so lassen sich mit dem Begriff des Wissens sowohl individuelle als auch organisationale Lernprozesse beschreiben. Wissen ist dabei subjektiv, Information intersubjektiv (gemeinschaftlich geteilt) und Daten objektiv (überprüfbar). Der Bezug zur Wirklichkeit ist im Wissen am dichtesten, bei Daten am entferntesten.

Auch für die Sozialwissenschaften wäre ein stetiger Kreislauf Modell aus Daten, Informationen und Wissen angemessener als eine Hierarchie der Verarbeitung. Informationen und Daten sind nicht nur Voraussetzungen für Wissen, sondern auch dessen Resultat. Daten hängen von der Möglichkeit der Beobachtungen und Codierung ab. Sie erlauben Unterscheidungen zu machen. Informationen hingegen geben den Daten Bedeutung und erlauben es, Bewertungen vorzunehmen und Ordnung unter ihnen herzustellen.

Über den Unterschied von Wissen und Information gehen die Auffassungen auseinander. Zusammenfassend lassen sich drei Wesensmerkmale des Wissens in Abgrenzung zu Information formulieren.
- Wissen ist an Bewusstsein gebunden
- Wissen ist ganzheitlich, es integriert materielle, technische, soziale, kulturelle und subjektive Kontexte.
- Wissen ist kein statisches Produkt oder Abbild einer Wirklichkeit, sondern eine prozessuale Kompetenz. Es ist dynamisch, indem es Wirklichkeit verändert und an diese angepasst wird. Wissen besitzt eine zeitliche Struktur.

In Kurzform lässt sich Wissen so definieren:

„Wissen ist die Integration von handelnd erworbener Erfahrung über Bedeutungs- und Sinngebung und dient der Antizipation von Handlungen und Ereignissen" (Dick & Wehner 1999).

Man kann Wissen mit Kompetenz verwechseln. Der Unterschied ist klar in dem Sinn, dass die Kompetenz nur durch Wissensaneignung, -verwendung und -evolution entstehen kann. Kompetenz ist Wissen in Aktion (Ermine et al. 2000).

6.2 Individuelles, kollektives und organisationales Wissen

Eine weitere Dichotomie basiert auf der Lokalisation von Wissen, dabei wird individuelles von kollektivem Wissen unterschieden (vgl. Probst et al. 1999). Organisationen verlangen nicht nur die individuelle Aneignung von Daten und Informationen, sondern auch umgekehrt eine Transformation von Wissen zu Informationen und Daten. Erst diese macht Wissen rekonstruierbar und damit kollektiv nutzbar.

6.2.1 Individuelles Wissen

Die Individuen einer Organisation verfügen über die Fähigkeit, Daten in Wissen zu transformieren. Sie verstehen es, das individuelle Wissen vorteilhaft einzusetzen. Diese Befähigung macht das Individuum zum zentralen Träger der organisationalen Wissensbasis (vgl. Probst et al. 1999). Die Prozesse der Informationssuche, -aufnahme und -verarbeitung hängen stark von seinen bereits vorhandenen Wissensbeständen, Werten und Überzeugungen ab. Wissen weist so eine subjektabhängige Prägung auf, was dazu führt, dass eine Ausgangsinformation nach individueller Verarbeitung zu vollkommen differierenden Wissensbausteinen führen kann (vgl. Schüppel 1996).

Im Bereich des Wissensmanagements unterscheiden Nonaka und Takeuchi zwischen „implizitem" und „explizitem" Wissen.

Das implizite Wissen ist subjektiv und beruht auf den Werten, persönlichen Überzeugungen, Erfahrungen und Fertigkeiten eines Individuums. Damit ist gemeint das implizite Wissen, das persönlich, kontextspezifisch und daher nur schwer kommunizierbar ist (vgl. Nonaka/Takeuchi 1997). Als Beispiel impliziten Wissens werden künstlerische Fähigkeiten oder Geschicklichkeiten technischer, sportlicher oder artistischer Natur genannt. Beispiele sind subjektive Einsichten, Ahnungen oder Intuition.

Es ist tief verankert in die Tätigkeit und Erfahrung des Einzelnen und abhängig von den Idealen, Werten und Gefühlen. Es ist sehr persönlich und lässt sich nur schwer mitteilen Explizites Wissen ist objektives Wissen oder auch Verstandeswissen (Theorie). Es ist dokumentier- und übertragbar, es kann artikuliert und in formale Sprache gefasst werden. Unabhängig von Personen lässt sich explizites Wissen mit Hilfe der Informations- und Kommunikationstechnologien speichern, verarbeiten und übertragen. Es lässt sich problemlos in Dokumente fassen, von einem Computer bearbeiten,

Kapitel 6: Ontologien für Software- und Organisationsentwicklung

elektronisch weitergeben und in Datenbanken abspeichern. Der Wissende ist sich des expliziten Wissens folglich bewusst und kann darüber sprechen.

Explizites Wissen beruft sich auf die eigene Rationalität und appelliert an den Verstand statt an das Gefühl (vgl. Willke 1998).

Für Takeuchi und Nonaka weist implizites Wissen körperliche sowie geistige Dimensionen auf. Es bedeutet einerseits das Ergebnis von *'learning by doing'*, andererseits die Aneignung von Werten und Idealen. Ein Unternehmen besteht zudem aus der Interaktion von allen beteiligen Individuen. Aus dieser zweiten Prämisse folgt dann der Schluss, dass Kreativität und neues Wissen im Unternehmen nur durch die Einbeziehung des impliziten Wissens der Mitarbeiter stattfinden kann.

Das Ziel wäre dann implizites Wissen in explizites zu transformieren, privates Wissen in kollektives zu überführen. Da Wissen innerhalb unserer Betrachtungsweise subjektiv ist, besteht die angestrebte Wissenstransformation innerhalb der Mitarbeiter daraus, Wissen in die Köpfe der Mitarbeiter zu bringen und ebenso, dieses aus ihren Köpfen zu bekommen (sieht Abbildung 6.2-1).

Handelt ein Experte in einer ihm bekannten Situation, so geschieht dies für ihn intuitiv, d.h. die dabei ablaufenden Vorgänge werden vom ihm nicht rational erklärt. Er handelt automatisch und selbstverständlich. Um dieses Wissen anderen verfügbar zu machen, bedarf es der Anwendung bestimmter Techniken.

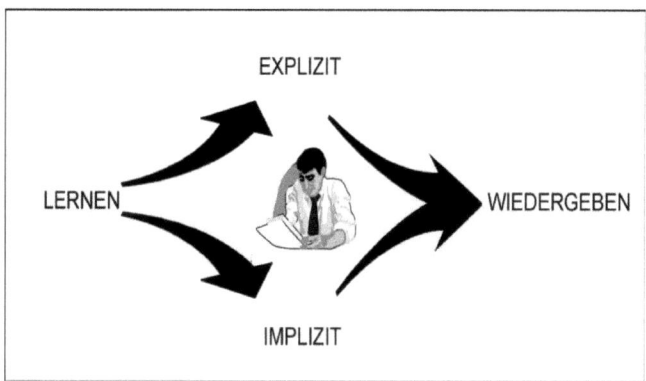

Abbildung 6.2-1: Wissensprozesse des Einzelnen (Takeutchi & Nonaka 1997)

6.2.2 Kollektives Wissen

Ebenfalls an einen sozialen und physischen Kontext gekoppelt ist das „kollektive" Wissen einer Organisation:

„Collective knowledge is developed communally, over time, in interactions among individuals in the group. It exists more or less complete in the head of each group member who has been completely socialized into the group. "(Leonard & Sensiper 1998).

Im Gegensatz zu individuellem Wissen, welches sich auf eine Einzelperson bezieht, wird kollektives Wissen von mehreren Personen gemeinsam genutzt. Die Entwicklung von neuen Methoden und Produkten kann oftmals nicht von einem Individuum erreicht werden, sondern ist nur in einem Team möglich. Jedes Individuum bringt seine Fähigkeiten und sein Wissen in die Gruppe ein und leistet seinen Beitrag an das kollektive Wissen. Durch Interaktion individueller Wissenselemente, Kommunikation, Transparenz und Integration wird das kollektive Wissen entstehen.

Wenn möglich sollte individuelles Wissen in kollektives Wissen transformiert werden. Dadurch kann die Gruppe gemeinsam das vorhandene Wissen nutzen und neues Wissen schaffen. Die Verteilung des Wissens auf mehrere Personen wird der Gefahr des Wissensverlustes innerhalb einer Organisation entgegenwirken. Außerdem ist das kollektive Erinnerungsvermögen dem individuellen überlegen.

Wichtig für Kooperation ist, dass sich kollektive Kompetenz nicht auf die Summe individueller Kompetenzen begrenzt, sondern durch die Kooperation zwischen den verschiedenen individuellen Kompetenzen gewonnen wird. Für Reinbold (Reinhold 1992) lässt sich ein Unternehmen durch eine Vernetzung der Kompetenzen seiner Akteure organisieren.

6.2.3 Organisationales Wissen

Die Organisation besitzt auch implizites und explizites Wissen. Ausgehend von der eingeführten Definition des Wissensbegriffs, kann Wissen nur durch Individuen erzeugt werden. Es ist jedoch in vielfältiger Weise vorhanden. Eine Organisation kann nicht lernen; lediglich deren Mitglieder. Allerdings stellt die Organisation die Rahmenbedingungen des Lernens (siehe Kapitel 3). Zudem verfügt die Organisation über die passenden Speichermedien, um ein organisationales Gedächtnis aufzubauen. Hierzu zählen nicht nur Datenbanken und Dokumente, sondern auch kulturelle Aspekte wie Handlungsroutinen oder Erfahrungen aus der Vergangenheit. Organisationales Wissen steckt personenunabhängigen und anonymisierten Regelsystemen. Diese wiederum definieren die Operationsweise eines Sozialsystems. Dies sind besonders Standardverfahren, Leitlinien, Traditionen, usw., und spezifische Kulturmerkmale einer Organisation.

Die Organisation wird als ‚Wissensgedächtnis' konzipiert. Entlang dieses (organisationsspezifischen) Wissens, das der Organisation ein bestimmtes Verhaltenspotential eröffnet, ist die Organisation von der Umwelt und von anderen Organisationen sowohl aus einer Außen- als auch aus einer Innenperspektive abgrenzbar.

Organisationen erwerben Wissen durch Lernen. Dieser Prozess soll die Problemlösungsfähigkeit und Handlungskompetenz der Organisationsmitglieder verbessern. Lernprozesse von Organisationen laufen auf unterschiedliche Weise ab. Organisationen lernen zum einen durch das Lernen der Individuen in der Organisation, zum anderen lernen Organisationen durch die Veränderung von Strukturen. Lernen können letztlich nur die Individuen einer Organisation. Jedoch haben auch Organisationen Eigenschaften, die weder durch die Fähigkeiten des Einzelnen, noch durch die Summe der beteiligten Mitglieder beschrieben werden können(siehe Abbildung 6.2-2).

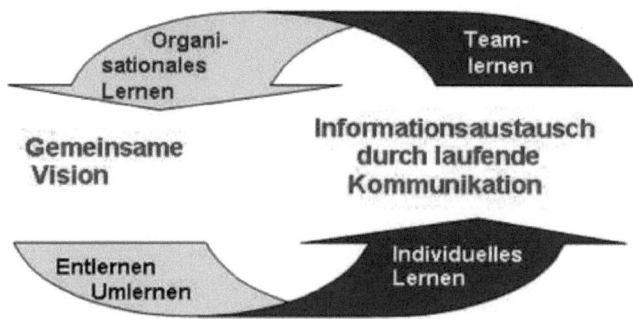

Abbildung 6.2-2: Individuelles, Team und organisationales Lernen (Dick 2005)

In Organisationen kann Wissen nur durch die Initiative von Einzelnen und Interaktion einer Gruppe geschaffen und verstärkt werden. Wissenskristallisation und Wissensverstärkung vollzieht sich meist anhand von Dialogen. Auch der Erfahrungsaustausch oder die Beobachtung im kleinen Rahmen tragen elementar zur Wissensverbreitung bei. Das bedeutet, Wissen kann nur durch Kommunikation entstehen. Wissen und Lernfähigkeit von Organisationen ist die Grundvoraussetzung dafür, dass notwendige Anpassungsprozesse der Organisation an ihre Umwelt stattfinden können. Wissen hat für Organisationen nur dann einen Nutzen, wenn es für sie handlungsrelevant ist und ziel- und zweckgerichtet eingesetzt werden kann.

Wissen ist erst wertvoll, wenn es für jeden zugänglich wird; und je zugänglicher es wird, desto wertvoller wird es.

Die gemeinsame Vision ist eine notwendige Grundlage auf dem Weg zur Lernenden Organisation, die in einem Lernprozess unter Beteiligung aller Mitarbeiter entwickelt wird. Organisationales Lernen ist nur möglich, wenn die individuellen Lernprozesse in einen integrierten Prozess des Teamlernens einfließen. Die Veränderung bei einzelnen Mitarbeitern wird Voraussetzung für die Veränderung der Organisation als Ganzes.

Mit „Entlernen" ist gemeint, dass gewohnte Strukturen und etablierte Herrschaftsverhältnisse abgebaut werden müssen, die Möglichkeiten zur Veränderung verhindern und neues Lernen blockieren.

Mit „Umlernen" ist gemeint, dass die Zielsetzung individueller Lernprozesse sich laufend im Sinne der Unternehmensstrategie verändern, d.h. die Mitarbeiter in der Lage sind, neu auftretende Problemstellungen zu lösen.

Organisationsmitglieder sollen durch ständige Lernprozesse in der Lage sein, die Entwicklung der Organisation zu begleiten und positiv zu beeinflussen. Wissen wird in Organisationen in verschiedenen Wissensträgern gespeichert. Dabei werden an die verschiedenen Wissensträger unterschiedliche Anforderungen gestellt. Wissensträger sind Objekte, Personen oder Systeme, die in der Lage sind, Wissen zu speichern und zu repräsentieren.

Die Aussage, dass das Ganze mehr ist als die Summe seiner Teile, bestätigt sich auch im Zusammenhang zwischen individuellem und organisationalem Wissen, indem die Mitarbeiter ihr Wissen zusammenbringen, neu vernetzen und ungewöhnliche Entscheidungen ableiten. Völlig neues und erweitertes Wissen können daraus entstehen.

6.3 Individuelles & Organisationales Lernen

Wenn vom „organisationalem Lernen" gesprochen wird, erstreckt sich dies genau genommen auf ein ganzes Begriffsumfeld (Klimecki & Thomae 1997). Denn parallel dazu tauchen in der Debatte auch die Bezeichnungen „organisatorisches Lernen" und „Organisationslernen".

In letzter Zeit hat sich zusätzlich, insbesondere im managementorientierten Kontext, noch der Begriff der „lernenden Organisation" verbreitet.

Alle Begriffe beziehen sich auf denselben Beobachtungsgegenstand: das Lernen von Organisationen als Entitäten – im Gegensatz zum Lernen in Organisationen (durch die Organisationsmitglieder). Darüber hinaus wird – zumindest implizit – ein kognitives Lernverständnis geteilt.

„Organisationales Lernen bezeichnet die Entwicklung der Fähigkeit einer Organisation sich mit ihrer Umwelt angemessen zu verändern" (Dick 2005).

Dick (2005) unterscheidet auch zwischen organisationalen Lernen und organisatorischen Wandel:

„…von organisationalem Lernen kann dann gesprochen werden, wenn dieser Lernprozess absichtsvoll und in antizipierter Richtung verläuft, er schließt Veränderungen, die lediglich von außen oder zufällig angestoßen werden, aus. In diesem Punkt grenzt sich organisationales Lernen von Konzepten des organisatorischen Wandels ab …".

Der Lernbegriff impliziert, dass ein Subjekt des Lernens bestimmbar ist, welches die Absicht und die Richtung des Lernprozesses formuliert. Damit lässt sich bestimmen, dass organisationales Lernen als ein „Zyklus" verstanden wird, in dem Ziele gesetzt, Handlungen daraufhin geplant, durchgeführt und schließlich bewertet werden. (Dick 2005).

Wenn die Organisation als ein soziotechnisches System betrachtet wird, welches ein oder mehrere Ziele verfolgt, wird die „Organisationsentwicklung" als die zielorientierte Gestaltung von Organisationen betrachtet (siehe hierzu z.B. Rolf 1998).

Die Beiträge zum Gestaltungsansatz des organisationalen Lernens können zum einen als Hinweis dienen, wie Organisation und Technologie gestaltet werden sollen, damit sie Lernprozesse begünstigen. Der Gestaltungsprozess ist selbst als Organisationslernprozess zu begreifen (Glasmeier & Fuellhart 1996).

Im Sinne des organisationalen Lernens muss dann dieses Wissen wieder im Rahmen der Implementierung in der Organisation verbreitet werden.

Individuelles Lernen wird grundsätzlich als Vorbedingung für organisationales Lernen gesehen (Nonaka & Takeutchi 1997). Das individuelle Lernen wird dabei als eine Veränderung der individuellen verhaltensrelevanten Wissensbasis verstanden.

Um vom individuellen zum Organisationslernen zu kommen, werden zum einen Gestaltungskriterien für Organisationsformen untersucht, die individuelles Lernen ermöglichen und fördern. Zum anderen wird nach einer Analogie zum individuellen Wissen auf Organisationsebene gesucht.

Organisationswissen wird dabei meist als gemeinsames Wissen verstanden, also Wissen, zu dem ein breiter Konsens herrscht.

6.3.1 Wissen als Ergebnis individuellen Lernens

Nach Argyris (1996) sind die Aktionen von Individuen von ihrem Wissen geleitet, das sich aus ihrem mentalen Modellen und deren benutzten Theorien (*Theories-in-use*) ergibt. Wissen kann entweder durch Nachahmung von Vorbildern, durch vermittelte oder eigene Erfahrungen oder Experimente, durch Training an Modellen oder Reflektion und Denken entstehen (Rosenstiel 1997). Das Lernen erfolgt in einem Zyklus, wo das vorhandene Wissen verwendet und durch Rückkopplung modifiziert oder reorganisiert werden kann.

Durch Lernzyklen unterliegt das Wissen einer fortwährenden Veränderung. Eine vollständige Übereinstimmung der Wirklichkeit mit dem Wissen über sie kann nie erreicht werden, da immer mit einer zukünftigen Änderung gerechnet werden muss. Im Sinne der Zweckrationalität wird Wissen sich im besten Falle immer näher an die Wirklichkeit herantasten, sie aber nicht erreichen.

Wenn sich Personen in diesem Sinne bereits sehr nahe der Wirklichkeit wähnen oder sogar von der Wahrheit ihrer Modelle überzeugt sind, werden sie zur dogmatischen Informationsverarbeitung neigen und bisher bewährte Modelle nicht aufgeben wollen.

Im Sinne des Konstruktivismus ist Wissen eine Konstruktion der Wirklichkeit, die für bestimmte Zwecke gangbare Wege aufzeigt. Modelle sind nicht näher oder entfernter von der Wirklichkeit, sondern lediglich für bestimmte Zwecke brauchbar oder ungeeignet (Glasersfeld 1992; Scholl 1990). Personen, die dieses Verständnis von ihrem Wissen haben, werden eher bereit sein, völlig neue Sichtweisen und Modelle zu prüfen und auch mit verschiedenen, logisch unvereinbaren und inkonsistenten Modellen zu arbeiten. Bedingung ist lediglich, dass die Einsatzzwecke der Modelle klar unterschieden werden können und ein intersubjektiver Konsens hergestellt werden kann (Glasersfeld 1992).

6.3.2 Förderung des individuellen Lernens durch die Organisation

Kieser et al. (1992) haben das individuelle Lernen als Anforderung für weitere Kriterien für organisatorische Regelungen operationalisiert:
- „Angabe der Zielsetzung", um die Absicht und nicht den Wortlaut der Regelung zum Entscheidungskriterium für mitdenkende Mitarbeiter werden zu lassen,

- „Konzentration auf die relevanten Stellgrößen", um eine Überreglementierung zu vermeiden,
- „Methoden statt inhaltlich fixierter Abläufe", um „eine situationsbezogene Auswahl" zu ermöglichen,
- „Verständlichkeit", um durch Einfachheit und Prägnanz Missverständnissen vorzubeugen und
- „Klare Systematik", um Relevanz und Anwendungsbereich der Regelungen transparent und durchschaubar zu halten.

In welchem Maße die organisatorischen Freiheiten vom Einzelnen in Anspruch genommen werden, hängt auch davon ab, ob Experimente erwünscht sind. Eine Kultur und ein Wertesystem, welches auf Fehler und Misserfolge nur mit der Frage nach dem Schuldigen und Verantwortlichen reagiert, wird individuelles Lernen behindern. Werden dagegen Probleme als Chance begriffen, nach neuen Wegen zu suchen und damit neues Wissen aufzubauen, erhöht sich die Experimentierbereitschaft (Nagl 1997).

In einer entsprechenden Lernkultur liegt auch die entscheidende Vorbedingung für *double loop learning*, in dem auch Werte, Mittel und Konzeptionen in Frage gestellt werden müssen. Dies gelingt nur, wenn die Kommunikation nicht durch falsche Rücksichtnahme auf Probleme anderer, durch Vertuschung eigener Probleme, durch Schuldabschieben und durch den Zwang, das Gesicht zu wahren, beherrscht wird (Argyris 1996).

Ein weiteres Kriterium für individuelle Lernmöglichkeiten ist, ob über die Auswirkungen der eigenen Entscheidungen und Maßnahmen eine Rückkopplung erfolgt. Hier ist vor allem das Informationssystem der Organisation gefragt, das Transparenz über diese Zusammenhänge schaffen und den Organisationsmitgliedern Feedback-Information effizient zur Verfügung stellen muss.

6.3.3 Organisationswissen als Ergebnis von organisationalen Lernen

Organisationswissen wird meist als geteiltes Wissen verstanden, also Wissen, zu dem ein breiter Konsens herrscht. Damit ist nicht der kleinste gemeinsame Nenner aller Organisationsmitglieder gemeint, sondern die Überlappung und Parallelisieren der mentalen Modelle derjenigen Organisationsmitglieder, deren Handeln ineinander verschränkt ist (Heijl 1992). Dadurch wird auch gewährleistet, dass Wissen in der Organisation unabhängig von einzelnen Organisationsmitgliedern verfügbar ist, und somit mit deren Ausscheiden nicht verloren geht. Konsens wird durch Kommunikation und Interaktion von Individuen erzielt.

Um Organisationswissen zu schaffen, muss nach Nonaka & Takeuchi (1997) die Verbreitung des Wissens in und zwischen Gruppen sowie in und zwischen Organisationen ermöglicht werden. Dazu bedarf es einer neuen Wissensqualität.

Das subjektive und implizite Wissen, welches im Individuum wirksam wird, ist für diese Verbreitung nicht geeignet. Explizites Wissen stellt eine Objektivierung des impliziten Wissens dar und kann dokumentiert und formalisiert werden (Rodden 1991). Das kann sich auf eine rein natürlich-sprachliche Beschreibung beschränken und durch Metaphern Zusammenhänge veranschaulichen.

Es können aber auch formale oder mathematische Modelle verwendet werden, die einen höheren Abstraktionsgrad und eine weitere Objektivierbarkeit ermöglichen.

6.3.4 Wissensprozesse

Um den Konsens des indivuellen Wissens zu verbreitern und damit Organisationswissen zu schaffen, schlagen Nonaka und Takeutchi (1997) einen organisationalen Lernzyklus vor (siehe Abbildung 6.3-1).

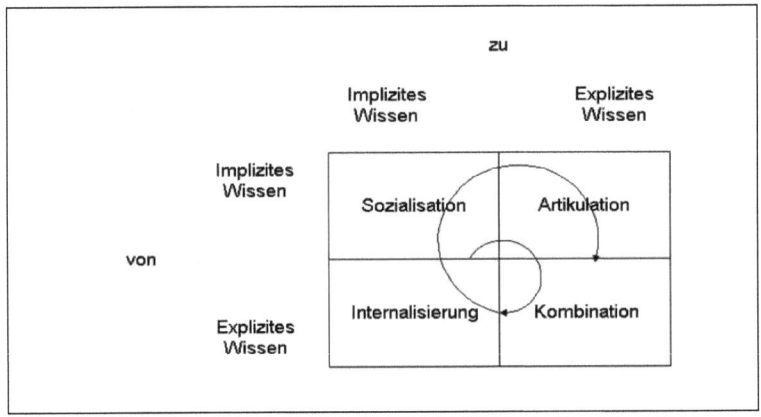

Abbildung 6.3-1: Zyklus des Organisationslernens
(nach Nonaka & Takeuchi 1997)

Sie haben ein Konzept der Wissensschaffung erarbeitet, welches auf der Wechselwirkung zwischen implizitem und explizitem Wissen und der Transformation von individuellem zu kollektivem Wissen basiert. Sie betonen damit, dass eine echte

Innovation in einer Organisation sich erst ergibt, wenn implizites und explizites Wissen zusammenwirken.

Der Umwandlungsprozess des Wissens wird in erster Linie als sozialer Prozess zwischen Menschen betrachtet. Für die Beschreibung dieses Prozesses werden vier Formen der Wissensumwandlung eingeführt: die Sozialisation (von implizit zu implizit), die Externalisierung (von implizit zu explizit), die Kombination (von explizit zu explizit) und die Internalisierung (von explizit zu implizit)

„Sozialisation" (von implizit zu implizit): Sozialisation bezeichnet den direkten Austausch von persönlichem Wissen und Erfahrungen. Durch gemeinsames Erleben entsteht neues implizites Wissen, wie beispielsweise Wertvorstellungen oder technische Fertigkeiten. Ein Beispiel ist das Erlernen einer Tätigkeit durch das Beobachten und das anschließende Nachahmen. Das Wissen wird nicht externalisiert und steht deshalb nicht der ganzen Organisation zur Verfügung.

„Externalisierung" (von implizit zu explizit): Implizites Wissen wird durch Erklären für andere zugänglich und dokumentierbar gemacht, d.h. in explizites Wissen bzw. Informationen umgeformt. Implizites Wissen wird mit Hilfe von Metaphern, Analogien, Modellen oder Hypothesen externalisiert.

„Kombination" (von explizit zu explizit): Diese Wissensumwandlung findet statt, wenn Wissenssegmente zu einem neuen, gesamtheitlichen, expliziten Wissen zusammengeführt werden. Verschiedene Bereiche des expliziten Wissens werden miteinander verbunden und organisationsweit zur Verfügung gestellt. Die Systematisierung und Weiterveredelung steigert den Gebrauchswert des vorliegenden Wissens und dessen Transferierbarkeit auf alle Organisationseinheiten. Durch die Kombination von Wissen entstehen Prototypen, neue Methoden oder neue Geschäftsideen.

„Internalisierung" (von explizit zu implizit): Internalisierung umfasst die Umwandlung des organisationsweiten, expliziten Wissens in das implizite Wissen des Individuums. Kontinuierliches Lernen und das Sammeln von eigenen Erfahrungen durch *"learning-by-doing"* unterstützen Mitarbeiter bei diesen Internalisierungsprozessen.

Implizites und explizites Wissen sind die Grundsteine einer komplementären Beziehung. Der ständige Übergang zwischen explizitem und implizitem Wissen führt zu einem sich ständig wiederholenden spiralförmigen Prozess und dient dem Unternehmen als Grundlage der Wissensschaffung. Nonaka und Takeuchi bezeichnen diesen Vorgang als „Wissensspirale" (siehe Abbildung 6.3-2).

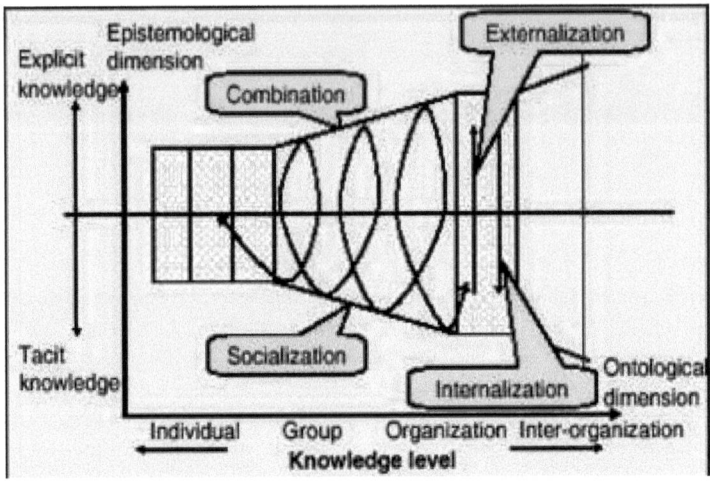

Abbildung 6.3-2: Wissensspirale nach Nonaka und Takeuchi (1995)

Dafür betrachten sie zwei Dimensionen:

- „Ontologische Dimension": eine Organisation kann nicht Wissen schaffen ohne Menschen. Sie unterstützt kreative Menschen und bietet Kontexte an, um das Wissen auf individueller, Gruppen-, Organisations- und Inter-Organisationsebene umzuwandeln.
- „Epistemologische Dimension": sie betrachtet die Umwandlung zwischen implizites und explizites Wissen. Sie interagieren zusammen und sind durch soziale Interaktionen in den kreativen menschlichen Aktivitäten bezeichnet.

Die Wissensschaffung findet dabei auf drei Ebenen statt, auf der des Einzelnen, auf der von Gruppen und der der Organisation. Wissensschaffung im Unternehmen ist folglich nicht möglich ohne Einzelinitiative und Interaktion innerhalb von Gruppen. Auf Gruppenebene kann sich Wissen durch Dialog, Diskussion, Erfahrungsaustausch und Beobachtung verstärken oder herauskristallisieren.

Auf diese Weise wird durch das wiederholte Durchlaufen der vier Phasen das Wissen auf den unterschiedlichen Organisationsebenen (Individuum, Gruppe, Organisation) verfügbar gemacht.

Der organisationale Lernzyklus ist kein Selbstzweck, sondern birgt Chancen und Gefahren. Die Chance des Wissenszuwachses ist dann besonders hoch, wenn der Grad der Übereinstimmung der individuellen Modelle optimal ist. Bei zu geringem Übereinstimmungsgrad kann der Integrations- und Kombinationsprozess scheitern, da kein ausreichender Minimalkonsens zur Verständigung vorhanden ist. Bei zu großem Übereinstimmungsgrad ist der Wissenszuwachs gering, da keine neuen Wissenselemente in den Zyklus eingebracht werden (Scholl 1990). Eine Gefahr liegt darin begründet, dass mit dem Wissenszuwachs durch den Lernzyklus die Handlungsfähigkeit der Organisation abnehmen kann. Der Lernzyklus und insbesondere die Phase der Integration beruht auf Übereinstimmung und Konsens. Dieser ist aber bei einer Vielzahl an beteiligten Sichten und Personen zeitaufwändig und verzögert so Entscheidungen und damit auch Erfolgserlebnisse und Feedback (Scholl 1990).

Für die Gestaltung von Informatiksystemen sind sowohl der organisationale Lernzyklus als auch die spezifischen Instrumente zur Unterstützung des individuellen Lernens in vielerlei Hinsicht relevant. Individuelles Erlernen der Werkzeuge der Kooperationsunterstützung und deren Technologien sind für die zukünftigen Nutzer notwendig.

Der Gestaltungsprozess sollte dazu Gelegenheit und Freiräume geben. Außerdem bietet der organisationale Lernzyklus die Chance, dass bereits kooperierende Personen neue Ideen zur Kooperation und zu deren Werkzeugunterstützung kombinieren und dabei ihr Verständnis über Kooperationsbedarfe integrieren. In technikorientierten Methoden wird allerdings nicht auf diese Problematik eingegangen. Hier wird in der Regel davon ausgegangen, dass Beteiligte bereitwillig ihr Wissen zur Verfügung stellen, dass keine Verzerrungen durch Machtausübung oder Konformismus zu erwarten sind und dass das relevante Wissen ohne Verluste mit Hilfe vorgegebener Modellierungssprachen repräsentiert werden kann (Kazmeier 1998).

Die Chancen der Integration und Kombination werden unterschätzt, wenn die Befragung weniger Experten einer breiteren Einbeziehung der Betroffenen vorgezogen wird und wenn die Modellintegration lediglich durch den Methodenexperten vorgenommen wird.

Im Kontext des partizipativen Software Engineering gibt es allerdings schon Ansätze, welche die Phase der Integration als relevant erachten. Insbesondere Reisin (1992) betont die intersubjektive Rekonstruktion und Konstruktion des Werkzeugzweckes und bietet mit ihrem Konzept der Perspektivität von Modellen auch entsprechende Unterstützung im Umgang mit unverbundenem und widersprüchlichem Wissen.

Der Bereich Informationsverarbeitung ist gefordert für die Speicherung und Verwaltung von Wissen, für Wissensnutzung, für den Austausch von Wissen zwischen den Organisationseinheiten des Unternehmens sowie den Einzelnen, dass der Zugang zu unterschiedlichen internen und externen Wissensquellen bereitgestellt wird. Dies bildet was ist als „Organisationsgedächtnis" (Eng. *Corporate memory*) (Grundstein 1996). Es wird in der Literatur betont, dass Ontologien eine bestimmte Struktur für Wissensentwicklung leistet, die die unterschiedlichen Sichten auf „Wissensraüme" generieren kann.

6.4 Ontologien und Konzeptualisierung

Ontologieforschung im Zusammenhang mit Informationssystemen ist multidisziplinär. Sie basiert auf verschiedenen Forschungsbereichen, wie Philosophie, Informatik, Sozialwissenschaften sowie Linguistik. Sie wurde als grundlegender Ansatz für unterschiedliche Bereiche der Entwicklung und Verwendung von Informationssystemen vorgeschlagen.

Das Wort Ontologie in IS Bereich wird breit verwendet, aber es gibt keine präzise Definition des Konzeptes. Anstatt eine einzige Definition festzulegen, werde ich verschiedene Verwendungsweisen des Ontologiebegriffs unterscheiden.

Der Ontologiebegriff stammt ursprünglich aus der Philosophie und benennt die Disziplin, die sich mit der Beschreibung dessen „was existiert" beschäftigt. Die Anpassung des philosophischen Begriffes Ontologie an IS wurde notwendig, um die IS als Repräsentationssysteme betrachten zu können. Sie sollen bestehen in: "was ist zu repräsentieren" und "wie wird es repräsentiert". Die Ontologie bietet die Möglichkeit, eine Domäne zu beschreiben und Wissen über diese Domäne gemeinsam nutzen.

In der Philosophie gibt es keinen Plural für den Begriff Ontologie. Ontologie bezeichnet die philosophische Disziplin selbst, die sich mit grundsätzlichen Fragen zur Existenz von Dingen in der Welt beschäftigt, den ontologischen Fragen.

In IS ist die Vorstellung von unterschiedlichen Ontologien eine eigen erfundene pragmatische Anpassung des philosophischen Begriffs. Die Konfrontation mit dem philosophischen Begriff hat aber zu viel Missverständnis und Kritik geführt (Zúñiga 2001; Wussysek 2004).

Es ist nicht einfach, Begriffe einer anderen Disziplin unproblematisch zu verwenden. Das Risiko besteht darin, dass komplexe Diskussionen und Debatten aus dem ursprünglichen Bereich ignoriert werden, und die Begriffe weiter verwendet werden, nachdem sie schon gut definiert wurden. Diese einfache operationale Benutzung von Konzepten einer anderen Disziplin ist in diesem Fall die Verwendung des Ontologiebegriffs in IS.

Ontologie in der Philosophie besteht in der Frage „was existiert?", aber es gibt zwei grundlegende Ansätze zu dieser Frage: eine ist objektivistisch/essentialistisch, fokussierend auf die Realwelt, die andere ist relativistisch/konstruktivistisch, betonend, dass es unmöglich ist, die Realwelt vollständig zu begreifen. Der letzte Ansatz lehnt sich an Kant an, dass wir nichts wissen über das „Ding an sich" – unsere Kenntnisse über die vorhandenen Gegenstände sind gemäß unseres Denkvermögens und unserer vorhandenen Repräsentationsmittel begrenzt. Somit sind die Fragen „was bedeutet für einen Gegenstand zu existieren?" und „was existiert?" auch sehr wichtig.

Der konstruktivistische Ansatz ist mit der Epistemologie verbunden, in der die Frage von „was existiert", eine Frage des „wie können wir wissen, dass ein Gegenstand existiert"? ist.

Die Unterscheidung zwischen den objektivistischen und die konstruktivistischen Ansätzen in der Philosophie spiegelt sich in der Verwendung des Ontologiebegriffs in der Informatik wieder.

Konzeptuelle Modellierung bezeichnet eine Aktivität während der Informationssystementwicklung, die sich mit der Konstruktion einer Repräsentation von gewählter Semantik einer bestimmten Realwelt-Domäne beschäftigt.

Das resultierende konzeptuelle Modell wird als Grundlage für Design- und Programmierungsaufgaben benutzt. Für die Informatiker gehört zu einer Konzeptualisierung immer auch so etwas wie die Perspektive oder Sichtweise einer Person, den „Träger" der Konzeptualisierung. Damit wird eine Konzeptualisierung nicht mehr sprachunabhängig. Die Ontologie in der Philosophie soll ja aber gerade unabhängig davon sein, wie jemand etwas weiß und wie die Person darüber spricht (Zúñiga 2001).

Im Gegensatz zur Ontologie als Disziplin in der Philosophie verwendet Zúñiga den Begriff Konzeptualisierung, wie er heute in der Informatik verwendet wird als eigenständigen Begriff und schlägt die Definition vor:

„*A conceptualization is the universe of discourse at work in every possible state of affairs for the particular domain (or domain space) of objects that is targeted by the IS ontology.*" (Zúñiga 2001, S. 195)

Etwas einfacher hat es Thomas Gruber so formuliert:

„*A conceptualization is an abstract, simplified view of the world that we wish to represent for some purpose*", "*ontology is an explicit specification of a conceptualization*" (Gruber 1993).

Die beiden Definitionen zeigen uns, wie eng Ontologien mit der konzeptuellen Modellierung verbunden sind.

Ushold & Gruninger (1996) geben eine etwas konkretere Definition:

"*Ontology is a shared understanding of some domain of interest*"

Eine andere raffinierte Definition wurde von Guarino (1998) vorgeschlagen:

„*...a conceptualization is an intentional semantic structure which encodes the implicit rules constraining the structure of a piece of reality. Ontology is then a commitment to a particular conceptualization of the world*"

Unsere Fragestellung über den Zusammenhang zwischen Verstehens- und Design-Aktivitäten kann aber mehr von der folgenden Definition von Hensel (2000) profitieren:

"*Ontologies provide a shared and common understanding of a domain that can be communicated between people and application systems.*"

Die Definition von Hensel wurde auch von Wolfgang Hesse adoptiert, wenn er die Informatik als Sprach- und Kommunikationswissenschaft betrachtet:

„Wann immer Menschen sich - mit oder ohne Computer - erfolgreich über Bereiche der Lebenswelt und die dort angesiedelten Dinge und Vorgänge austauschen wollen, ist ein gemeinsames Begriffs und Strukturverständnis dieses Bereichs unabdingbare Voraussetzung dafür. Soll ein solcher Austausch gar zwischen Computerprogrammen (ohne menschliche Interaktion) möglich sein, so sind die Anforderungen an die Eindeutigkeit und Rigidität solcher Beschreibungen umso höher" (Hesse 2005).

Für die vorliegende Arbeit trifft die Definition von Hensel in vielen Hinsichten die betrachteten Sichten der Kooperationsmodellierung. Wir betrachten die Rolle der Ontologien für die konzeptuelle Modellierung anhand dieser Definition etwas konkreter auf mehrere Ebenen und Sichten, u.a.:

- die Strukturierung der Gegenstände aus der Fachsicht,
- die Interaktion zwischen Nutzern und Entwicklern.

Aus meiner Sicht haben Ontologien in der Informatik eine entscheidende Bedeutung. Sie liefern analytische Begriffe, um Gegenstände und Phänomene der Realwelt aus der Fachsicht zu strukturieren und unterschiedliche Verständnisse über diese Sicht für unterschiedliche Interessierte in einer einheitlichen und erweiterbaren Art und Weise kontinuierlich zu ermitteln.

6.5 Typen von Ontologien

6.5.1 Kategorieneinteilung von Ontologien

Guarino (1998) unterscheidet die folgenden Typen von Ontologien: *Top-Level Ontology*, *Domain Ontology*, *Task Ontology* und *Application Ontology* (siehe Abbildung 6.5-1).

Die Unterscheidung zwischen den verschiedenen Verwendungsweisen von IS-Ontologien wird durch die Designkriterien, die Konstruktionsmethodologie und die Evaluationskriterien geleitet. Im Folgenden werden die wesentlichen Verwendungsweisen präsentiert.

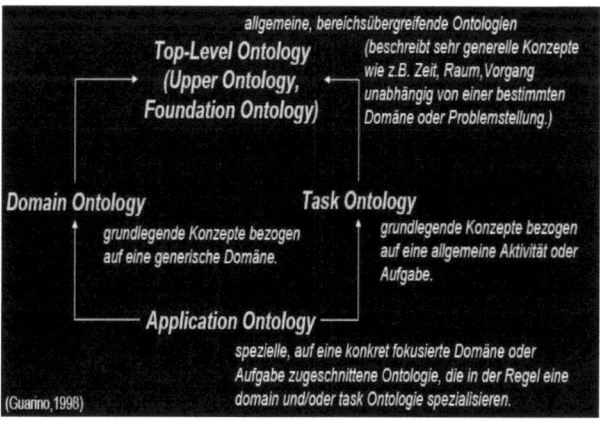

Abbildung 6.5-1: Kategorieneinteilung von Ontologien (Guarino 1998)

Weil der Begriff "Ontologie" eine gewisse Exotik besitzt und mehrere einander überlappende Teilbereiche der Informatik zur gleichen Zeit den Begriff aufnahmen, haben Smith & Welty (2001) diese Verwendungsweise herausgebildet und verschiedene Arten von IS-Ontologien in einem Spektrum verortet (siehe Abbildung 6.5-2). Die Begriffsmodelle, die eine folgenden Formen hatten, wurden bereits als Ontologie bezeichnet: ein Katalog mit Identifikationsnummern (z.B. ein Versandhauskatalog, in dem jeder Artikel eine eigene Nummer hat), eine Menge von Text-Dateien, ein Glossar, ein Thesaurus, eine Sammlung von Taxonomien, eine Sammlung von Frames (auf Deutsch: Rahmen, bezeichnen in der Logik den Bezugsrahmen für die Interpretation einer logischen Theorie). eine Menge von logischen Bedingungen.

Nach der Definition von Gruber handelt es sich nur bei den letzten beiden um logische Theorien. Bei den anderen handelt es sich um mehr oder weniger strukturierte Begriffssammlungen. Daher kommen sie für Gruber nicht als Kandidaten für eine Ontologie in Frage.

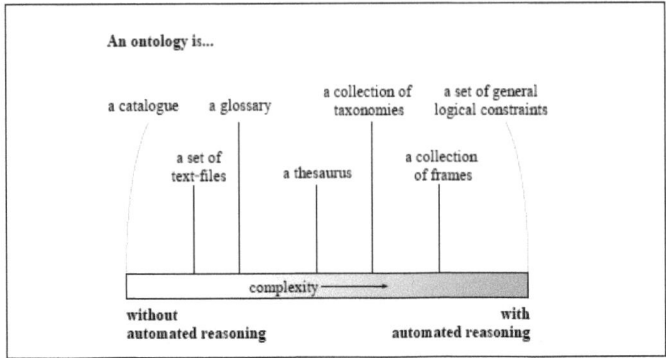

Abbildung 6.5-2: Der Begriff „Ontologie" in der Informatik für unterschiedliche Artefakte (Smith & Welty 2001)

Smith und Welty lassen diesen Punkt von Gruber fallen und bezeichnen auch ein Glossar oder einen Katalog als Ontologie. Auch wenn sie keine Spezifikation besitzen, haben sie eine bestimmte Funktion, nämlich Dinge, Kategorien zuordnen zu können.

6.5.2 Formale & situierte Ontologien

Eine „formale Ontologie" besteht im Wesentlichen aus einer Menge von Konzepten, den Beziehungen zwischen diesen Konzepten und einigen Regeln, die ihrer Interpretation begrenzen können. Es gibt eine Unterscheidung zwischen formalen oder Upper-level-Ontologien, die die abstrakten Konzepte beschreiben, wie z.B. „Gegenstand" (*thing*), „Prozess", „Beziehung" und *domain ontologies*, die für die Beschreibung einer bestimmten Domäne entworfen wurden, z.B. Unternehmensontologie mit den Konzepten von „Vertrag", "Abteilung", usw.

Die Definition von Thomas Gruber in (Gruber 1993) ist die am meisten verwendete Definition im Ontologieforschungsbereich. In seinem Papier definiert Gruber die Ontologie als eine explizite Spezifikation einer Konzeptualisierung:

> "A conceptualization is an abstract, simplified view of the world that we wish to represent for some purpose".

"We take an engineering perspective on the development of such ontologies. Formal ontologies are viewed as designed artefacts, formulated for specific purposes and evaluated against objective design criteria".

Gruber betont, dass eine Ontologie für eine bestimmte Verwendung entworfen werden soll. Auch wenn der Ansatz formal ist, er ist nicht essentialistisch. Das ontologische „Commitment" ist ein anderer wichtiger Begriff in Grubers Definition der Ontologien:

"An ontology is a specification used for making ontological commitments. [...] Ontological commitments are agreements to use the shared vocabulary in a coherent and consistent manner" (Gruber 1993).

Das ontologische "Commitment" ist ein entscheidender Faktor für eine erfolgreiche Benutzung einer Ontologie, d.h., dass der Konsens der Personen, die eine Ontologie verwenden, genau so wichtig wie die formale Spezifikation selbst ist.

Formale Ontologien werden in Sprachen formalisiert, die auf logischen Beschreibungen basieren. In der Literatur sind vielfältige Sprachen vorhanden, aber sie können grob unterschieden werden, ob sie für Web-Semantik Applikationen (*XML-based*) geeignet sind oder nicht. Die Logik wird als eine universale Sprache betrachtet. Eine weit verbreitete Hypothese besteht darin, dass alles in Logik umgesetzt werden kann und umgekehrt (siehe Sowa 2000). Somit kann die Logik als *"Inter-lingual"* zwischen verschiedenen Konzeptualisierungen funktionieren. Die Definitionen der Konzepte sowie die Regeln über ihre Interpretationen können beide formal in der Logik beschrieben werden. Der Prozess der Definition einer Ontologie ist ein Prozess von Wissensdekontextualisierung in logischen Beschreibungen. Meistens werden formale Teile der Ontologie sowie informelle Teile, die die formale Beschreibung dokumentieren, benötigt.

Eine „situierte Ontologie" ist eine Ontologie, die explizit für menschliche Aktivitätskontexte entworfen und evaluiert wird. Genau so wie bei der formalen Ontologie, besteht die situierte Ontologie auch in einem Vokabular, das nach einer bestimmten Struktur kategorisiert wird. Während formale Ontologien auf Mathematik, Logik, formaler Linguistik basieren, die sich auf rationalistische positivistische Traditionen gründen, stützen sich die situierten Ontologien auf pragmatische Linguistik und soziale Theorien, die auf menschliche Interaktionen fokussieren.

Eine situierte Ontologie beschreibt ein konstruiertes Weltmodell. Sie kann als ein Artefakt betrachtet werden, welches für bestimmte Ziele entworfen wird.

Floyd & Ukena (2005) führt den Begriff „konzeptuelle Sicht" ein:

„*...situated ontology doesn't seek to represent the truth, but is just a perspective that makes sense for the community using the ontology. As such, it is not an essentialistic, but a consensual representation*" (Floyd & Ukena 2005).

Dass situierte Ontologien konstruiert werden, entspricht der Sichtweise, dass Softwareentwicklung als Realitätskonstruktion betrachtet wird (Floyd 1992). Bei der Definition der Ontologie wird eine "künstliche Welt" (*artificial world*) erzeugt, welche wiederum den Kontext, in dem sie entwickelte wurde, beeinflussen wird (Floyd & Ukena 2005). Im Gegensatz zu formalen Ontologien, werden situierte Ontologien immer für das Ziel konstruiert, eine bestimmte Domäne zu beschreiben, aber nicht das Ziel, generische Upper-level-Ontologien zu schaffen. Situierte Ontologien werden auch als Werkzeuge betrachtet, die die Kommunikation und Teilung des Wissens innerhalb von Communities in der Praxis verbessern. Dennoch können Ontologien auch für gemeinsames Wissen zwischen unterschiedlichen Communities in der Praxis verwendet werden. In diesem Fall ist die Ontologie als *boundary object* bekannt (Bowker & Star 1999):

„*Boundary objects both inhabit several communities of practice and satisfy the informational requirements of each of them*".

Sie sind allgemein genug, dass sie miteinander geteilt werden können, aber sie können auch für die Bedürfnisse einer bestimmten Community geeignet sein.

Ontologien werden manchmal als Artefakt betrachtet, welches mehrdeutige Interpretationen, Missverständnisse, Uneinigkeit und Konfusion über die Bedeutung der Begriffe in einer Domäne ausschließt. Grubers Begriff von ontologischem Commitment als Einigung in der Verwendung eines Vokabulars (Gruber 1993) entspricht dieser Sichtweise.

Bei der situierten Ontologie wird der Prozess, um einen Konsens zu erreichen und eine gemeinsame Sprache für die Praxis zu schaffen, im Fokus stehen. Der Prozess dient dazu, ein stabiles aber nicht festgelegtes Verständnis zu schaffen, welches die Kommunikation der Community erlaubt. Diese Aktivität, die linguistische Konventionen explizit macht, gibt auch Ontologien eine normative Rolle – in diesem Sinne werden Standards und konkurrierende Interpretationen in der Domäne ausgeschlossen. Das ontologische Commitment soll mit starken Beziehungen zu tun haben, weil die Akzeptanz- und die Konsensprozesse mit starken sozialen Regeln und Strukturen geleitet werden.

Die situierte Ontologie kann anhand eines Formalismus beschrieben, oder mit einem Werkzeug unterstützt werden, wobei aber die formale Darstellung nicht im Fokus steht. Wichtig ist, dass die Ontologie dargestellt und kommuniziert in der Community, in die sie eingebettet wird. Ein informeller Katalog oder ein Klassifikationsschema werden gebraucht, auch wenn sie nicht in der Logik beschrieben sind. Situierte und formale Ontologien sehen ähnlich aus, ihr Unterschied besteht mehr in der Hypothese über die Zustände der Referenzen und des Designansatzes als in der Struktur selbst. Weil Ontologie design eine Aktivität ist, die viel Zeit benötigt, ist es besser, mehr Energie für die Benutzerpartizipation sowie für die Erfindung des Konsenses zu verbrauchen, als starre logische Formalisierungen des Vokabulars und seine Klassifikation zu erfinden.

Ein Vergleich von Designkriterien für situierte Ontologien (Floyd & Ukena 2005) mit den Designkriterien von Gruber zeigen, dass es Unterschiede gibt, aber die grundlegenden Kriterien gleich sind.

Ein Unterschied besteht darin, dass situierte Ontologien explizit in dem Benutzungskontext evaluiert werden. Formale Evaluationsmethoden (z.B. *logical consistency checking*) sind begrenzt gegenüber situierten Ontologien, weil sie nur zeigen, dass ein axiomatisches System –eine Ontologie - konform zu einem anderen axiomatischen System ist. Es gibt keine Gewährleistung, dass das axiomatische System irgendetwas in der realen Welt beschreibt, oder dass es eine Bedeutung in seinem Benutzungskontext hat (Wussysek 2004).

Der Fokus auf die Logik und Struktur bei der Evaluation und dem Design der formalen Ontologien gibt eine falsche Unsicherheit, weil der strukturelle Teil einer Ontologie meistens nicht der wichtigste ist. Beim Vergleich zwischen zwei unterschiedlichen Ontologien, die die gleiche Domäne darstellen, geht es nicht nur darum, zwei axiomatische logikbasierte Strukturen zu vergleichen, es geht auch darum, dass entscheidende linguistische und politische Faktoren beim Prozess von Einigung und Interpretation fehlen.

Beim Vergleich der Strukturen kann man auch schweren mathematischen Problemen und praktischen Versionierungsproblemen beggenen.

Für Bowker & Star (1999) müssen die Ontologien, die als „*boundary objects*" betrachtet werden, einige Designkriterien erfüllen: „Modularität" (unterschiedliche Gruppen), „Abstraktion" (nur das Wesentliche reflektieren), „Anpassung" (an spezifische Bedürfnisse anpassen) und „Standardisierung" (einheitliche Benutzungsweise).

Modularität und Anpassung entsprechen mehr oder weniger den Kriterien von Gruber: Erweitbarkeit, Abstraktion und Standardisierung für sein Kriterium des minimalen ontologischen Commitments.

Weil situierte Ontologien als entworfene Artefakte betrachtet werden, basieren die Designrichtlinien auf den gleichen Prinzipien wie eine "normale" Softwareentwicklung

(Floyd & Ukena 2005): Benutzerbeteiligung im Designprozess, eine flexible Architektur und iterative Entwicklung.

6.5.3 Foundational ontologies

Die *foundational ontologies* wurden in der konzeptuellen Modellierung aus mindestens für zwei Gründen anerkannt:

- sie wurden gebraucht, um den Primitiven der Modellierungssprache eine fachliche Interpretation zu geben, wie z.B. UML (Guizzardi et al. 2002)
- sie wurden als so genannte Referenzontologien betrachtet, d.h. *toolboxes* der generellen Informationsmodellierungsbegriffe, die im Design der ontologischen Anwendungen für mehrere Sorten von Domänen wieder verwendet werden können (Gangemi & Guarino 2001).

Sie erlauben, die standardisierten Wissensrepräsentationsprimitive zu beschreiben, so dass sie die semantische Interoperabilität in distribuierten Informationssysteme fördern können. Basierend auf dieser Idee wurden Ontologien die grundlegende Infrastruktur für Web-Semantik, die auf der Möglichkeit basiert, gemeinsame Vokabulare zu verwenden, um die Fähigkeit und den Inhalt der Ressourcen und dessen Semantik, in einer nicht-mehrdeutigen und maschinell bearbeitbaren Form zu beschreiben.

Die so genannten Lightweight-Ontologien scheinen einfache taxonomische Struktur für die Primitiven oder die zusammengesetzten Terme zu sein. Sie werden verwendet, um die semantischen Beziehungen zwischen den Begriffen darzustellen, und den *content-based access* zu (Web) Daten für eine bestimmte Community zu ermöglichen. In diesem Fall wird die so genannte *intended meaning* der primitiven Begriffe mehr oder weniger im Voraus von (und für) die Beteiligten der Community bekannt gegeben.

Die Rolle der Ontologien ist hier mehr als die Unterstützung terminologische Dienstleistungen. Die Schlussfolgerungen, die auf Beziehungen zwischen Begriffen basieren, werden üblicherweise als einfache taxonomische Beziehungen beschrieben. Weder definieren noch erklären sie ihre *intended meaning*.

Dennoch wird die Notwendigkeit, genaue Vereinbarungen und Verständigungen zu schaffen sehr entscheidend, sobald sich die Community der Benutzer weiterentwickelt, oder multikulturelle und multilinguale Communities, Daten und Dienstleistungen austauschen wollen. Um solche feine Unterscheidungen (ungefähr) einzufangen und terminologische und konzeptuelle Mehrdeutigkeiten auszuschließen, wird eine explizite Repräsentation der so genannten ontologischen Commitments über die Bedeutung der Begriffe benötigt.

Im Gegensatz zu so genannten Lightweight-Ontologien, die den semantischen Zugriff zu einer bestimmten Ressource anbieten, und wo die Bedeutung „*meanings of terms*" schon vorher bekannt ist, erlauben *foundational ontologies*, diese Bedeutung zu verhandeln (*negotiate*) und Konsens zwischen Benutzer (Menschen) und Agenten (z.B. Software) zu etablieren.

Für Guarino (2006) dienen *foundational ontologies* schließlich dazu, die wechselseitige mutuelle Verständigung und Interoperabilität zwischen Menschen und Maschinen zu ermöglichen und zu vereinfachen.

> *"This includes understanding the reasons for non-interoperability, which may in some cases, be much more important than implementing an integrated (but unpredictable and conceptually imperfect) system relying on a generic shared semantics"* (Guarino 2006).

Von Anfang an wurden Ontologien je nach ihren gewünschten Verwendungsbereich unterschieden. *Foundational ontologies* werden besonders generelle Typen von Begriffen als Grundlage anbieten, um speziellere Ontologien abzuleiten.

Die Definition, die von Guarino und seine Gruppe geliefert haben, lautet:

> „*A foundational ontology contains an axiomatic characterization of the basic domain-independent concepts and relations that can be used to design a high-quality domain ontology*"

und

> "*Foundational ontologies are more suitable for an evolving community of users where the ontological commitments are explicitly represented*". (Guarino 2006)

Diese Definition beinhaltet auch die Gründe von Nicht-Interoperabilität, die in einigen Fallen wichtiger sind als ein integriertes System (aber unvorhersehbar und konzeptuell nicht korrekt) zu implementieren, welches auf spezifischen Hypothesen basiert.

Foundational ontologies erlauben die Grenzen (the boundaries) zwischen den unterschiedlichen Communities zu überschreiten:

> "*Ontologies can be used to negotiate the meaning, either for enabling effective cooperation between multiple artificial agents, or for establishing consensus in a mixed society where artificial agents cooperate with human beings. This is a completely different task for ontologies, which requires the explicit representation*" (Guarino 2006)

> "*....rationales and alternatives underlying the different ontological choices should be made as explicit as possible, in order to help people (and computers)*

understand one another (including understanding the reasons of ontological disagreement). This is much more important than enforcing interoperability by the adoption of a single ontology" (Guarino 2006)

Im WONDERWEB Projekt (Masolo et al. 2001) wurden *foundational ontologies* für allgemeine Anwendungen verwendet. Die Entwicklung einer Bibliothek von *foundational ontologies*, die systematisch miteinander verbunden sind, so dass das rationale sowie die alternative gemäß der grundlegenden unterschiedlichen ontologischen Auswahl möglichst explizit gemacht werden können.

Das Ziel dieser Bibliothek ist, verschiedenen Web-Semantik-Applikationen zu erlauben, sich auf die *foundational ontologies* gemäß ihrer eigenen Bedürfnisse festzulegen. Dies wird machbar durch die Auswahl eines Moduls (und seine Beziehungen zum Rest der Bibliothek), um die grundlegenden ontologischen Annahmen und ihre formale Konsequenzen explizit darzustellen.

In diesem Projekt werden *foundational ontologies* als die generellsten formalen Ontologien betrachtet. Sie bezeichnen generelle Begriffe: z.B. Entität, Ereignis, Prozess, Raum- und Zeitlokalisierung sowie grundlegende Beziehungen (z.B. *Part-of, quality-of, participation, dependence*).

Das Ziel ist:
- Beschreibungen der Entitäten und ihre Beziehungen, die von allen Domänen geteilt werden,
- eine Konsistenz und einheitliche Sicht.

Dafür beinhaltet die Bibliothek:
- keine einzige *top-level ontology*,
- sondern eine (kleine) Menge von *foundational ontologies*, die mit viel Vorsicht begründet und in Bezug auf den Raum der möglichen Auswahl positioniert werden
- klare Verzweigungspunkte, um den einfachen Vergleich der ontologischen Optionen zu ermöglichen

Die WonderWeb-Bibliothek
- reflektiert verschiedene Commitments und Ziele, statt einer einzigen monolithischen Sicht;
- ist ein Ausgangspunkt für die „Konstruktion" neuer *foundational* oder spezifischer Ontologien;
- ist ein Referenzpunkt für einen einfachen und rigorosen Vergleich der unterschiedlichen ontologischen Ansätze;

- bietet ein gemeinsames Rahmenwerk, um vorhandene Ontologien und Metadata zu analysieren, harmonisieren und integrieren.

Eine ontologische Auswahl wurde in diesem Projekt ausgearbeitet:
- Universelle, besondere und individuelle Eigenschaften: Eigenschaften sind universell, wenn sie zu unterschiedlichen Entitäten angewendet werden können, z.b. die rote Farbe. Die individuellen Eigenschaften sind nicht wiederholbar und gehören nur einer spezifischen Entität, z.b. die rote Farbe dieser Blume
- Persistenz der Entitäten: was bedeutet es für eine Entität, ihre Identität zu ändern, ist es möglich zwei Entitäten gleichzeitig zu haben, die mit einer Partizipationsbeziehung zu verbinden sind?
- Raum und Zeit: sind Raum, Zeit und Raum-Zeit absolut (d.h. Regionen von Raum, Zeit werden in der Ontologie betrachtet), oder sind sie relativ, d.h. räumliche und zeitliche Beziehungen zwischen Entitäten werden betrachtet?
- Lokalisierung: sind Entitäten konkret, d.h. im Raum lokalisiert, oder abstrakt, ist es möglich, unterschiedliche Entitäten zu finden, welche ko-lokalisiert werden können?

Ich denke, dass die Eigenschaften der *foundational ontologies* ganz gut verwendet werden können, für die Beschreibung der hier in der vorliegenden Arbeit ausgearbeiteten Organisations-, Mensch- und Software-Sichten der Kooperationsmodellierung. Allerdings habe ich sie weiter redefiniert für diese Arbeit und nicht genau adoptiert, wie sie von Guarino (2006) definiert sind.

In meiner Arbeit werden *foundational ontologies* nicht als axiomatische formale Modelle betrachtet, sondern semi-formal, zwischen situierten und formalen Ontologien, d.h. zwischen *Top-Level* und Domäne-Level. Sie sind konkreter als *Top-Level ontologies*, aber immer unabhängig von einer bestimmten Anwendungsdomäne.

6.6 Der Beitrag der Ontologien für die Kooperationsmodellierung

Die konzeptuelle Modellierung, insbesondere die ontologische Grundlage von Modellierungssprachen, können auch aus einer anderen Perspektive den Zusammenhang zwischen Verstehens- und Design-Aktivitäten verdeutlichen. Wir haben im Kapitel 5 gesehen, dass die Grundlagen für die konzeptuelle Modellierungsarbeit bisher starr waren, sodass sie nicht in der Praxis umgesetzt werden könnten. Heutzutage zeigen viele Autoren keine Zweifel mehr und betrachten dem Wechsel zu Ontologie, als neue fortgeschrittener konzeptueller Orientierung.

Wir sind der Ansicht, dass die Modellierung und Unterstützung der Kooperation bei Systementwicklung von Ontologien - als neue Sicht der angesiedelten konzeptuellen Modellierung - in mehrfacher Hinsicht profitieren kann.

In dieser Arbeit möchte ich einen Schritt, weiterdenken, die Möglichkeit einer verallgemeinerten Beschreibung der Realwelt-Phänomene betrachten und für die Kooperationsmodellierung als neuen Anwendungsfall ausnutzen.

Mein Argument dazu ist, dass der Multisicht-Charakter der Systementwicklung – bei der Überbrückung von Einsatz- und Entwicklungskontext in der Softwareentwicklung (Floyd 1997), der Nutzerwelt, das Gegenstandsbereich und Systemwelt (vgl. Jarke & Pohl 1993) im *requirements engineering* oder im Allgemeinen bei den Ansätzen, die die Beschreibung der Gegenstände in der Realwelt sowie ihre Eigenschaften gleichzeitig betrachten - anhand von Ontologien besser erkannt werden kann.

Für unsere Arbeit wird dies bedeuten, dass es machbar wird, eine adäquate Repräsentation der verschiedenen bisher ausgearbeiteten Kooperationssichten hinsichtlich Software- sowie Organisationsentwicklung zu liefern. Unterschiedliche (mögliche) Bedeutungen und Verständnisse über die Kooperation können aus dieser Repräsentation extrahiert werden.

Eine wichtige Frage ist, welche Ontologien für Kooperationsmodellierung geeignet sind.

Laut den Anforderungen für Kooperationsmodellierung, die wir im letzten Kapitel ausgearbeitet haben, dass menschenorientierte und systemorientierte kooperative Tätigkeiten nur extreme Fälle erläutern und dass die kooperativen Aktivitäten in einem Lernprozess zu verstehen und zu entwerfen sind, sind weder formale noch situierte Ontologien für die Kooperation allein ausreichend. Formale Ontologien sind zu streng und nur für universelle, formalisierte, d.h. bekannte Probleme geeignet, die sich ganz einfach erkennen und abstrahieren lassen, während die situierten Ontologien für unstrukturierte, nicht klar definierte menschliche Lösungsprobleme, die nur teilformalisierte sind, geeignet sind.

Wir betonen, dass für die Überbrückung von Verstehens- und Designaktivitäten beide, formale sowie situierte Ontologien benötigt werden.

Die formalen Ontologien müssen nicht unbedingt auf einen essentialistischen Ansatz basieren, um die Realität zu modellieren. In seiner Definition der Ontologien zeigt Thomas Gruber, dass ein formaler Ansatz, nicht immer eine essentialistische Sichtweise bedeutet. Auch wenn seine Definition im Bereich der formalen Ontologien geliefert wurde, betont er, dass er eine konstruktive Perspektive einnehmen kann.

Der Unterschied zwischen situierten und formalen Ontologien besteht schließlich wesentlich im Unterschied ihrer Ziele: der formale Ansatz fokussiert auf die „Interoperabilität" zwischen unterschiedlichen Softwaresystemen und somit auf die Automatisierbarkeit. Der Fokus des situierten Ansatzes wird eher auf Wissensteilung (*knowledge sharing*) und Kommunikation zwischen Menschen gelegt. Es hat keinen Sinn die Interoperabilität zwischen Menschen, oder die Wissensteilung zwischen Softwaresystemen zu betrachten.

Eine wichtige Fragestellung war, ob zwei Systeme ein gemeinsames Vokabular teilen können, oder ob sie wesentliche ähnliche linguistische Strukturen teilen. Solche Fragen wurden in (Winograd & Flores 1986) diskutiert. Hier wurde betont, dass die Hypothese, dass Rechner eine kognitive Fähigkeit haben, dem ganzen Bereich der Informatik widerspricht.

Für die vorliegende Arbeit, in der die Berücksichtigung der Organisations-, Mensch- und System-Sichten wichtig ist, wird die Unterscheidung zwischen situierten und formalen Ontologien nicht im Vordergrund stehen, sondern die Unterscheidung zwischen dem Allgemeinen und dem Besonderen auf unterschiedlicher Ebenen. Vielmehr sehe ich, dass die beiden Typen der Ontologien für die Überbrückung des Verstehens und des Designs in den Lernzyklen benötigt werden und sich ergänzen. Wenn ich eine Software schon als ein formales Modell betrachte, dann kann eine situierte Ontologie eventuell in einer formalen Struktur dargestellt werden, und ebenso kann eine formale Ontologie eventuell in einen bestimmten Benutzungskontext eingebettet werden.

Uns interessiert nicht der Unterschied zwischen den beiden Typen von Ontologien sondern ihr Zusammenbringen.

Eine ontologiebezogene konzeptuelle Modellierung wird die menschlichen und maschinellen Welten verbinden. Weil situierte Ontologien für die Beschreibung menschlicher Welt und formale Ontologien für die maschinelle Welt gedacht sind, sehen wir der Vergleich zwischen den beiden Typen von Ontologien analog (aber auf einer anderen Ebene) zum Vergleich zwischen strukturierten und unstrukturierten kooperativen Aktivitäten (siehe Kapitel 2), die auch eher als extreme Fälle und Ausnahmen der kooperativen Aktivitäten betrachtet werden. Die meisten Aktivitäten liegen eigentlich zwischen den beiden Bereichen. Wir können dann behaupten, dass formale Ontologien für eher gut strukturierte Domänen (Aktivitäten) geeignet sind, während situierte für unstrukturierte und sehr kontextabhängige Situationen anwendbar sind, wie sie im Krankenhaus auftreten.

Die Lernprozesse in einer partizipativen und evolutionären Weise erlauben solche unbekannten Situationen und unstrukturierten Prozesse inkrementell und in der Zeit zu identifizieren und genauer zu formalisieren.

Dies bedeutet für uns, dass durch die Lernprozesszyklen, die wir auf unterschiedlicher Ebene im letzten Kapitel untersucht haben, analog auch situierte und formale Repräsentationen zusammen in einem Lernzyklus aufgebaut werden können. Wenn situierte und formale Ontologien für Kooperationsmodellierung sich ergänzen, aber jeweils allein nicht ausreichen, können *foundational ontologies*, die zwischen der Domäne- und Top-Level-Ebene liegen, der Schlüssel-Ansatz zu unserer Fragestellung sein (Bendoukha 2008). Sie können die zwei Ebenen der situierten und formalen Ontologien miteinander verbinden.

7 Grundlegendes konzeptuelles Rahmenwerk

In diesem Kapitel werden die relevanten Kooperationssichten, die sich zur gleichzeitigen Betrachtung der Verstehens- und Design-Aktivitäten aus den vorangegangenen Überlegungen ergeben haben, in den Kooperationsmodellierungsansatz bei evolutionärer und partizipativer Softwareentwicklung übernommen.

Wir haben als Fragestellung in Kapitel 2 beleuchtet, dass Verstehen und Design zwei entscheidende Aktivitäten für Kooperationsunterstützung sind und dass ein wesentlicher Grund für die Komplexität der Aufgabe der Softwareentwicklung für Kooperationsunterstützung darin liegt, dass gemeinsame Abstraktionen und Modelle für die Unterstützung der Kommunikation zwischen dem Verständnis und dem Design der Arbeit fehlen. Diese Modelle sollen berücksichtigen, dass Verstehens- und Design-Aktivitäten zum Problem sowie zur Lösung gehören.

Im Kapitel 3 haben wir gesehen, dass eingebettet in die Aufgaben die Kooperation zur Organisationsentwicklung beitragen wird. Die Kooperationsunterstützung soll dann in einem breiteren Kontext der Organisation betrachtet werden. Ergänzend könnte hier eine integrierende Betrachtungsweise durch einen synergetischen Verbund von organisatorischen, soziologischen und technologischen Komponenten wirken. Die Bedeutung der Zusammenhänge zwischen den Komponenten Organisation, Mensch, Technologie und Aufgabe sowie die Synergieeffekte durch Lernprozesse auf Individuums-, Gruppen- und Organisations-Ebene wurden in den Kapitel 3 und Kapitel 6 klar gestellt. Zusätzliche Kooperationssichten und dadurch neue Anforderungen für Softwareentwicklung für Kooperationsunterstützung aus der Sicht der Organisationsentwicklung haben wir herausgearbeitet.

Im Kapitel 4 haben wir untersucht, in wieweit diese Anforderungen hinsichtlich der Organisationsentwicklung im Kontext der Softwaretechnik berücksichtigt werden. Die Wechselwirkung zwischen Verstehens- und Design-Aktivitäten, die zentral für Kooperationsmodellierung sind, stehen auch im Kern eines evolutionären und partizipativen Softwareentwicklungsprozesses, z.B. im STEPS-Ansatzes.

Christiane Floyd betont hier auch bei der aufgabenbezogene Anforderungsermittlung, dass sich eine adäquate Begriffswelt zur Diskussion rechnergestützter Arbeitsabläufe an den drei Instanzen: Organisation, Personen und Rechner orientieren und ihre Eigenarten, sowie ihre Wechselwirkungen und Verflechtungen berücksichtigen muss, um eine geeignete Sprachebene für die Formulierung und Aushandlung von Entscheidungen zur Systemgestaltung zu schaffen.

Verstehens- und Design-Aktivitäten im STEPS-Ansatz sind in der Design-Sicht, in den Lern- und Kommunikationsprozessen und im STEPS-Projektmodell eingesetzt. Aus diesem Grund wird der STEPS-Ansatz als Ausgangspunkt des in der vorliegenden Arbeit vorgeschlagenen Rahmenwerks für Kooperationsunterstützung gewählt.

Leider werden die softwaretechnischen Artefakte, die die partizipative und evolutionäre Softwareentwicklung unterstützen, wie z.B. die dort verwendeten Dokumente, den Zusammenhang zwischen den beiden Aktivitäten nur betonen und nicht explizit unterstützen. Dies kann sogar im Widerspruch stehen zum Lebenszyklus der Herstellung und des Einsatzes. Ohne die explizite Darstellung des Zusammenhangs zwischen Verstehens- und Design-Aktivitäten wird die evolutionäre und partizipative Entwicklung eher der Herstellung der Software als Produkt dienen.

Es geht in der vorliegenden Arbeit um die Suche nach einem geeigneten Kooperationsmodellierungsansatz für die Übertragung der allgemeinen Betrachtung der Wechselwirkung zwischen Verstehens- und Design-Aktivitäten auf dem Kontext der partizipativen und evolutionären Softwareentwicklung.

Eine erste These der vorliegenden Arbeit besteht darin, dass in diesem Kontext die Komplexität der Aufgabe der Softwareentwicklung für Kooperationsunterstützung noch erhöht wird. Das bringt die Herausforderung mit sich, partizipative und evolutionäre Softwareentwicklung und die darauf basierten Dokumente so zu erweitern, dass dabei die Organisationsentwicklung nicht nur betont sondern explizit einbezogen werden kann (Bendoukha 2007b). Die Notwendigkeit der Betrachtung der Verstehens- und Design-Aktivitäten im Kontext der Organisation sowie im Kontext der Systementwicklung verlangt eine Entfaltung und Ausdifferenzierung weiterer Kooperationssichten.

Im Kapitel 5 haben wir gesehen, wie Softwareentwicklung als Semantikerstellung zu betrachten ist. Für uns bedeutet dies, dass eine klare Unterscheidung der Sichten sowie der Abbau von Sprachhindernissen zwischen den verschiedenen Beteiligten der Entwicklungs- sowie Einbettungsprozesse benötigt werden.

Verschiedene Sichten verlangen in der Regel verschiedene Modelle, sowie einen konzeptuellen Modellierungsmechanismus, um die Elemente in jedem einzelnen Modell zu verbinden. Nach einer Identifikation und Begrenzung der notwendigen Kooperationssichten sowie der Ausarbeitung erweiterter Anforderungen bezüglich der betrachteten Kooperationssichten im ersten Teil dieses Kapitels wird eine zweite Zielsetzung dieses Kapitels darin bestehen, eine geeignete integrative Kooperationssicht sowie eine entsprechende begriffliche Grundlage gemäß der betrachteten interdisziplinären Sichten in einem konzeptuellen Rahmenwerk zu legen.

Integrativ ist dieser Kooperationsmodellierungsansatz, indem er die unterschiedlichen Interessen an der Kooperation der vielfältigen Beteiligten im Blick hat, um die Partizipation zu berücksichtigen, und indem er die gleichzeitige Betrachtung der Ausrichtung der Software- mit der Organisationsentwicklung begreift, um die Evolution dieses Prozesses zu berücksichtigen. In diesem Kontext werden die bislang gegenüberstehenden Sichtweisen aus den unterschiedlichen Disziplinen für Verstehens- und Design-Aktivitäten als sich ergänzende Ansätze wahrgenommen.

In unserem Lösungsansatz wird Lernen dabei der Anknüpfungsfaktor, um die betrachteten Sichten zusammenzuführen.

7.1 Der STEPS-Ansatz als Ausgangspunkt

Der STEPS-Ansatz (Floyd et al. 1989) erfüllt die Bedarfe der traditionellen Softwaretechnik (siehe Kapitel 4). Mit STEPS erkennt man die Bedeutung der Wechselwirkungen zwischen organisatorischem Umfeld und Software an und begreift Softwareentwicklung als einen Kommunikationsprozess, dessen Ergebnis Menschen in ihrer Arbeit entsprechend ihrer Bedürfnisse unterstützt.

Über diese Stellungnahme hinaus wollen wir jedoch versuchen, im weiteren konkreten Bedarfe bei der Softwareentwicklung für Kooperationsunterstützung im Kontext der evolutionären und partizipativen Entwicklung herauszuarbeiten.

Im Kapitel 2 (siehe Abschnitt 2.3.3) wurde das Kooperationsunterstützungsproblem als ein schlimmes Problem vorgestellt, d.h. das Problem kann keine definitive Formulierung haben, sondern wird nur durch die Entwicklung von Lösungen zunehmend verstanden. Im Kapitel 4 wurde festgestellt, dass diese Merkmale genau die Probleme sind, mit denen der STEPS-Ansatz sich beschäftigt. Es wurde dabei erklärt, dass abgesehen von der Möglichkeit der Kooperationsunterstützung, die Wechselwirkung zwischen Verstehens- und Design-Aktivitäten im Kern eines evolutionären und partizipativen Softwareentwicklungsprozesses steht. Aus diesem Grund habe ich mich ganz früh für STEPS als Ausgangspunkt entschieden.

Evolutionäre und partizipative Softwareentwicklung geht selbst von einer Reihe von Grundannahmen aus. Für die Kooperationsmodellierung in der vorliegenden Arbeit stehen die Grundnahmen, die mit der Design-Sicht der Softwareentwicklung sowie den Lern- und Kommunikationsprozessen verbunden sind, im Mittelpunkt des Ansatzes. Diese Tradition des Ansatzes wird für den Kontext der Kooperationsunterstützung konkretisiert und teilweise erweitert. Insbesondere werden die Partizipations- und Evolutions-Prinzipien erweitert, um nicht nur die Softwareentwicklung sondern auch die Organisationsentwicklung explizit zu unterstützen.

7.1.1 Design-Sicht der Softwareentwicklung

Wie im Kapitel 4 ausgeführt, erlaubt die Design-Sicht der Softwareentwicklung die Betrachtung zweier Dimensionen:

- Software im Einsatz dient der Unterstützung von Arbeitsprozessen in Organisationen
- Die Softwareentwicklung selbst ist ein organisierter Arbeitsprozess.

Im Gegensatz zu einer Produktionssicht, bei der nur die zu erstellenden Produkte ohne ihren Einsatzkontext betrachtet werden, betrachtet STEPS mit der Design-Sicht die Softwareentwicklung als einen integrativen Bestandteil einer übergreifenden Organisationsentwicklung und thematisiert die Einbettung des technischen Produkts der Softwareentwicklung in das Umfeld. Die Einbettung wird sozial, wobei die Software in menschlicher Tätigkeit verwendet wird.

Die Übertragung der allgemeinen Design-Sicht der Softwareentwicklung auf den konkreten Kontext der Kooperationsunterstützung führt zu den folgenden speziellen Zielsetzungen bei der Kooperationsmodellierung:

- Kooperative Prozesse können sowohl Arbeitsprozesse (bzw. Geschäftsprozesse) als auch Softwareprozesse sein. Kooperative Arbeit sowie die Prozesse, der diese Arbeit unterstützt, müssen gleichzeitig berücksichtigt werden.
- Die gleichzeitige Berücksichtigung der Ausrichtung der Software- und der Organisationsentwicklung.

Dabei wird die Notwendigkeit der dynamischen Betrachtung der kooperativen Arbeit in Wechselwirkung mit ihrer softwaretechnischen Unterstützung betont, und wie sich die beiden Kontexte gleichzeitig entwickeln.

Die enge Verflechtung von Softwareentwicklung einerseits und der Gestaltung kooperativer Arbeit in Organisationen andererseits führt dazu, dass ein Bedarf nach Ansätzen zur Modellierung entsteht, die sowohl für die Organisationsentwicklung und Arbeitsgestaltung als auch für die Softwareentwicklung eine Hilfestellung bieten. Wir denken, dass Lern- und Kommunikationsprozesse wichtig sind, um nicht nur einzelne Zustände der Software-Versionen und Organisationsetappen zu berücksichtigen, sondern auch die Prozesse, die zwischen den Zuständen kontinuierlich geschehen.

7.1.2 Lern- und Kommunikationsprozesse

In der vorliegenden Arbeit werden die Lern- und Kommunikationsprozesse, als Anknüpfungspunkt genutzt, um auch das organisationale Lernen zu berücksichtigen und dadurch die Organisationsentwicklung in den Softwareentwicklungsprozess einzubeziehen.

Tatsächlich bedeutet in STEPS die Orientierung auf die Anwendungswelt bei der evolutionären und partizipativen Softwareentwicklung insbesondere gegenseitiges Lernen von Entwicklern und Benutzern. Lernen wird in STEPS als Hilfsmittel für die Wechselwirkung der Verstehens- und Design-Aktivitäten betrachtet. Softwareprojekte folgen keiner vorgegebenen linearen Abfolge von Phasen, sondern sie verlaufen entlang von Kommunikations- und Lernprozessen. Dazu gehört vor allem, dass Softwareentwicklung als Lern- und Kommunikationsprozess mit veränderlichen Anforderungen verstanden wird, der gemeinsam von Entwicklern und Anwendern durchzuführen ist.

Entwickler müssen die Gegenstände der Anwendungswelt erfahren und verinnerlichen, Benutzer müssen über Technikoptionen informiert werden. Die evolutionäre Sichtweise versteht Softwareentwicklung als Design von Artefakten zur Unterstützung von Benutzern. Hierbei finden Lernprozesse zwischen Entwicklern und Anwendern innerhalb des Entwicklungsteams und innerhalb der Anwender-Organisation statt. Die Anwender werden ständig Kontextveränderungen durch Software wahrnehmen und diese durch Rückkopplung und Projektzyklen berücksichtigen.

Die Herstellung und der Einsatz des Produktes sind eng miteinander verschränkt und werden gemeinsam betrachtet. Dementsprechend besteht die Zielsetzung der Softwareentwicklung nicht in der Herstellung eines Produktes, sondern in der Erstellung einer Folge von Versionen, die durch Entwickler und Anwender bewertet werden.

Die Betrachtung nur der Software-Versionen ergibt, dass organisationales Lernen betont wird, aber nicht explizit unterstützt. Die Design-Sicht bei evolutionärer und partizipativer Entwicklung verlangt aber, dass beide Kontexte sowohl der kooperativen Arbeit als auch ihrer softwaretechnischen Unterstützung explizit betrachtet werden müssen, insbesondere, wie sich die beiden Kontexte entwickeln und wie sich ihre jeweilige Veränderungen gegenseitig beeinflussen.

Aus diesem Grund muss nicht nur der Zustand der neuen Version der Software, sondern auch der Prozess zwischen zwei Zuständen im Fokus der Betrachtung stehen. Die Kooperationsunterstützung soll als eingebettet betrachtet werden, d.h. zwischen zwei

Versionen der Software müssen auch die neuen Anforderungen aus dem organisationalen Kontext explizit berücksichtigt werden.

In der Abbildung 7.1-1 wird ein Teil des Spannungsfeldes zwischen Organisations- und Softwareentwicklung bei Kooperationsunterstützung gezeigt.

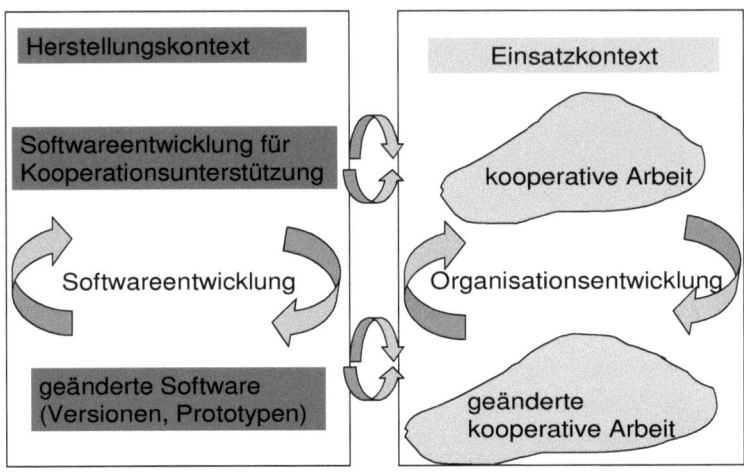

Abbildung 7.1-1: Ausrichtung der Software- mit der Organisationsentwicklung

Aus dem Kapitel 2 ziehen wir den Schluss, dass die Problemlösung bei Kooperationsunterstützung Teil des Entwicklungsprozesses sein soll, der selbst aus kontinuierlichen technischen, sowie aus sozialen Veränderungen besteht. Diese Dynamik von Prozess-Verläufen soll über das Projekt hinaus berücksichtigt und in die Lösung eingebunden werden.

Aus diesem Grund müssen Partizipations- und Evolutions-Prinzipien so erweitert werden, dass sie die Design-Sicht im Kontext eines kontinuierlichen Prozesses über das Projekt hinaus unterstützten. Neue Kooperationsanforderungen müssen dann konkreter ausgearbeitet werden.

Im Folgenden werden Anforderungen an die Kooperationsmodellierung definiert. Es geht um die Suche nach den wesentlichen Sichten der Kooperation im Rahmen einer partizipativen und evolutionären Softwareentwicklung für Kooperationsunterstützung.

7.2 Partizipation und Evolution über das Einzelprojekt hinaus

Die Betrachtung sowohl der Softwareentwicklung für Kooperationsunterstützung als auch ihrer Einbettung verlangt, dass die Partizipations- und Evolutions-Prinzipien aus einem breiteren Blickwinkel über das Projekt hinaus betrachtet werden.

Dadurch können die Kooperation zwischen Entwicklern, die Kooperation zwischen Benutzern und die Kooperation zwischen Entwicklern und Benutzern berücksichtigt werden.

7.2.1 Kontinuierliche Einbindung weiterer Benutzer

Die Partizipation bedeutet, dass die Benutzer in den Prozess der Systementwicklung schon vom Anfang der Anforderungsanalyse an eingebunden werden. Diese Aufgabe wird sehr komplex, wenn es um die Problemformulierung für Kooperationsunterstützung geht (siehe Kapitel 2). Weder Entwickler noch Anwender sind in der Lage, die vorhandene Situation komplett zu beschreiben und das Problem zu formulieren. Als schlimmes Problem hat das Problem von Kooperationsunterstützung keine definitive Formulierung.

Das Problem wird nur durch die Entwicklung von Lösungen zunehmend verstanden. Die Anforderungsanalyse wird als kontinuierlicher Lernprozess verstanden, bei der die Berücksichtigung aller notwendigen Sichten der verschiedenen Beteiligten (Anwender, Geldgeber, Software-Entwickler, Tester, etc.) notwendig ist. Es ist klar, dass die zukünftigen Benutzer nicht allein den Entwicklern bzw. den Analysten alle wichtigen Informationen einmalig am Anfang liefern können. Zahlreiche Beteiligte interessiert, wie ein schlimmes Problem gelöst wird. Jeder kann aber qualitativ unterschiedliche Beurteilungen über die Natur des Problems und über den Wert der Lösung geben, auch wenn sie momentan nicht als direkte Benutzer des Systems betrachtet werden.

Ein Beispiel solcher Beteiligten ist im Krankenhaus-Projekt zu finden, wo die Heterogenität der Arbeitsplätze und die übergreifende Zusammenarbeit zwischen Abteilungen, sowie die Kooperation mit externen Dienstleistern, z.B. Krankenkassen, großen Einfluss auf die Art und Weise haben, wie ein Patient behandelt wird.

In der vorliegenden Arbeit wird betont, dass jede Technik zur Unterstützung der Partizipation erweitert werden muss; dass nicht nur die Beteiligung der aktuell bekannten zukünftigen Systembenutzer am Prozess der Softwareentwicklung berücksichtigt werden muss, sondern darüber hinaus, immer weitere Beteiligte mit unterschiedlicher Betroffenheit, die am Anfang des Projektes noch nicht bekannt sind, jederzeit eingebunden werden können (Bendoukha 2007a).

7.2.2 Kontinuierliche Änderungsverfolgung

Aufgrund gleicher Gründe bei der Erweiterung der Technik für die Unterstützung der Partizipation muss die Technik, die die Evolution ermöglicht, ebenfalls erweitert werden. Die Ausrichtung der Systementwicklung an den Organisationswandel wird nur ermöglicht, wenn sowohl die „erforderlichen Veränderungen", die schon am Anfang des Projekts bekannt gegeben werden können, wie auch die daraus „resultierenden Veränderungen", die sich als Konsequenzen der Systemeinbettung und ihrer Wirkungen auf die Organisation sind, betrachtet werden (Bendoukha 2007b).

Die Berücksichtigung der „erforderlichen" sowie der „resultierenden" Veränderungen verlangt von System-Entwicklern, dass sie nicht nur den Einblick in die aktuellen Situation haben, welche durch die ersten Benutzeranforderungen reflektiert ist, sondern einen gesamten Überblick, der die veränderte Situation in neuen Etappen umfasst.

Zusammengefasst muss die Evolution anhand einer Technik unterstützt werden, die die Betrachtung der Evolution über das Projekt hinaus ermöglicht.

Die erweiterten Berücksichtigung der Partizipation und Evolution als eine erste Anforderung an die Kooperationsmodellierung ziehen besondere Anforderungen für die Kooperation im Kontext der Softwareentwicklung sowie der Organisationsentwicklung nach sich.

7.3 Kooperationssichten im Kontext der Organisationsentwicklung

Im Kapitel 3 haben wir gesehen, dass Technologie und Organisation einander blockieren können, da Werkzeugmöglichkeiten durch die Organisation ignoriert werden können oder organisatorischen Bedürfnissen möglicherweise keine Funktion des Werkzeugs gegenübersteht. Eine wechselseitige Anpassung kann allerdings kaum aus einer Blickrichtung heraus gelingen. Um diesem allgemein anerkanntem Ziel zu folgen, müssen organisationale Lernprozesse, die wir im Kapitel 6 eingeführt haben, mit der Evolution der Softwareentwicklung für Kooperationsunterstützung gekoppelt werden.

Durch die wechselseitige Abstimmung können zudem qualitativ bessere Lösungen implementiert werden. Essentiell sind dabei auch die unterschiedlichen Rollen und Sichtweisen der Kooperationspartner. Wird hier versäumt, die aus den unterschiedlichen Aufgabenstellungen resultierenden spezifischen Konzepte und Verfahren der

Kooperationspartner zu beleuchten, besteht die Gefahr, dass das Informatiksystem einseitig das Wissen eines Partners widerspiegelt. Dadurch kann es Qualitätseinbußen in der Zusammenarbeit geben und die Effizienz der nicht betrachteten Kooperationspartner wird unter dem System leiden (Winograd & Flores 1986).

Dagegen kann die Qualität der Lösung der rechnergestützten Kooperation erheblich gesteigert werden, wenn das Wissen aller Kooperationspartner zusammengeführt und zu einer für die Kooperationsaufgabe relevanten Untermenge integriert und aggregiert wird.

Dieser organisationale Lernprozess (siehe Kapitel 6) kann erhebliche Qualitätsverbesserungen und eine erhöhte Stabilität der Systeme leisten. Die Aushandlung der Technologieverwendung zwischen den Kooperationsgruppen kann auch zu einer erhöhten Qualität und vor allem auch Stabilität der Lösung führen.

Bei Veränderungsprozessen und den damit verbundenen Ängsten bei den Beteiligten lässt sich zusammenfassen, dass das organisationales Lernen und die Methoden der Partizipation (Vgl. z.B. Floyd 1987; Floyd 1994b; Bødker 1991; Reisin 1992; Dittrich 1998; Wetzel 2000) empfohlen werden und in Bezug genommen werden müssen.

Im Kontext der Organisationsentwicklung wird der Fokus auf die Anforderungen an die Kooperation aus dem Blickwinkel der Benutzer stehen. Das wesentliche Bedürfnis der Benutzer im Kontext der erweiterten Partizipation und Evolution besteht in der Möglichkeit der Begrenzung der Aufgaben, im Sinne von was kann individuell und was muss in Kooperation mit Anderen erledigt werden.

Zwei Faktoren, die Arbeitsformen, sowie die „Kooperationsgranularität" erscheinen als wesentlich, um dieses Bedürfnis zu berücksichtigen.

7.3.1 Kooperationsgranularität: Individuum & Gruppe & Organisation

Die Kooperationsgranularität erlaubt die Erkennung der Benutzer. Im Kapitel 6 wurde erwähnt, dass aus der Sicht der Organisationstheorie die IT-unterstützte Organisationsgestaltung weder allein aus der *Top-down* noch aus der *Bottom-up* Perspektive erfolgreich zu leisten ist. Die Organisationsentwicklung ist wesentlich durch die Lernzyklen kennzeichnet, die das Lernen auf Individuums-, Gruppen- und Organisations-Ebene umfassen.

Die Betrachtung von Lernen auf den individuellen, Gruppen- und Organisationsebenen dient als Schlüssel-Idee, um die Ausrichtung der Software- mit der Organisationsentwicklung zu schaffen. Es geht um die Verknüpfung der organisationsweiten Perspektive mit den Sichten der Arbeitsgruppen und Personen. Die Integration der individuellen Aktivitäten in die Gruppenarbeit und in der Organisation kann nur betrachtet werden, wenn die Kooperationsgranularität auf Individuum, Gruppe und Organisation berücksichtigt wird.

Organisationsentwicklung wird als ein Prozess der Wissenserzeugung durch Lernen verstanden. Die Aufgaben lassen sich auf den drei folgenden Ebenen beschrieben (siehe Abschnitt 3.1.1): Auf der Ebene des Arbeitsplatzes wird die Aufgabe durch den Mitarbeiter und sein aufgabenbezogenes Verhalten wahrgenommen. Die Ebene der Gruppe betrachtet Aufgaben, die kooperativ von mehreren Personen bearbeitet werden. Auf der Ebene der Arbeitsteilung wird schließlich die organisatorische Aufgabenzerlegung auf verschiedenen Gruppen und Personen beschrieben.

Das Modell von Nonaka & Takeutchi (1997) lässt erklären, dass ein Gestaltungsansatz für organisationales Lernen das individuelle Lernen als Vorbedingung für organisationales Lernen betrachten soll (wie im Abschnitt 6.2 und 6.3. eingeführt wurde).

Durch die „Kollaboration", die „Koordination" und die „Kommunikation" zwischen den Menschen wird das individuelle Wissen verbreitet, in die Gruppe integriert und in Organisationswissen umgewandelt. Die Identifikation der Beteiligten in der Kooperation ist nur möglich, wenn die Ebenen „Individuum", „Gruppe" und „Organisation" explizit berücksichtigt sind. Die Dokumentation in der Softwareentwicklung für Kooperation muss die Lernprozesse auf die drei Ebenen vergegenständlichen.

7.3.2 Kooperationsformen: strukturiert & semi-strukturiert & unstrukturiert

Die Kooperationsformen erlauben die Identifizierung des Zustandes der Arbeit selbst bezüglich der Kooperationsgranularität.

Ich beschränke mich auf das Lernen, das durch die Kooperation stimuliert wird. Dafür ist die Natur der Arbeit wichtig. Sie bestimmt, ob eine Arbeit individuell oder in einer Gruppe, und wie sie erledigt werden kann. Im Hinblick auf die Softwareentwicklung spielen die Arbeitsformen, insbesondere, ob strukturiert, semi-strukturiert und unstrukturiert, eine wichtige Rolle bei der Modellierung (siehe Abschnitt 2.1).

Die explizite Berücksichtigung der Kooperationsformen ermöglicht die Betrachtung eines breiten Spektrums kooperativer Prozesse. Die Definierbarkeit der Arbeit hängt von ihrer Form ab.

Die strukturierte Arbeit lässt sich ganz einfach definieren und in Arbeitsteile zerlegen. Dadurch wird es einfach, die zuständigen Personen bzw. Gruppen zu erkennen. Die unstrukturierte Arbeit ist durch den Austausch von Informationen kennzeichnet. Sie kann nicht vollständig von vornherein beschrieben werden. Semi-strukturierte Arbeit charakterisiert kooperative Aufgaben, die teilweise strukturiert und unstrukturiert sind, wie z.B. in einem Krankenhaus. Komplexe Kooperationszusammenhänge sind durch übergreifende Aufgaben gekennzeichnet.

Übergreifende Aufgaben erfordern die Zusammenarbeit einer Vielzahl von Einzelpersonen unterschiedlicher Berufsgruppen mit z.T. sehr unterschiedlichen Tätigkeitsfeldern, z.b. Sachbearbeitern in der Verwaltung, Pflegepersonal, medizinisch-technische Assistenten, Chirurgen, Internisten, Anästhesisten, etc. Allein die Aufnahme eines Patienten erfordert die Zusammenarbeit zwischen mehreren Bereichen (Aufnahme, Station, Funktionsarbeitsplätze, Labor, Archiv, Küche, Pforte, Chefarztsekretariat, Verwaltung) sowie dem diensthabenden Oberarzt. Die Erledigung der übergreifenden Aufgaben steht in Abhängigkeit von äußeren Faktoren, z.b. der Befindlichkeit des Patienten. Es lässt sich nicht festlegen, wie diese Aufgabe im Einzelnen zu erledigen ist.

Die Arbeitsabläufe sind von einem Patient zum anderen sehr unterschiedlich. Daher sind für die Unterstützung solcher Arbeiten häufig keine rein ablauforientierten Ansätze geeignet. Es besteht jedoch die Möglichkeit, die Arbeit anhand anderer Merkmale (Betriebsmittel, gemeinsame Daten, ...) zu beschreiben.

Übergreifende Aufgaben benötigen aber auch einen Regelungsgrad, um die einzelnen Tätigkeiten zu koordinieren. Es ist notwendig, weil übergreifende Aufgaben in engen Zeitvorgaben oder bis zu einem bestimmten Stichtermin durchzuführen sind; so haben z.B. eine Reihe von Untersuchungen am Aufnahmetag eines Patienten oder vor einer Operation stattzufinden (Floyd et al. 1997). Dadurch ist die Koordination der Einzeltätigkeiten erforderlich, wie z.B. die Weiterleitung von Gegenständen (besonders Dokumente), die Aufbereitung von Wissen zur Informationsweitergabe, die zeitliche Koordinierung oder Ressourcenvergabe und das Signalisieren wichtiger Änderungen.

Die Möglichkeit der Beschreibung des Zustandes der Arbeit erlaubt die Identifizierung der Veränderungen, die für die Unterstützung der erweiterten Evolution wichtig sind, sowie die Erkennung der zuständigen Benutzer, die für die Unterstützung der erweiterten Partizipation wichtig sind.

7.4 Kooperationssichten im Kontext der Softwareentwicklung

Bei der Softwareentwicklung für Kooperationsunterstützung wird die Aufgabe der Entwickler besonders komplex, weil die neuen Anforderungen für die Kooperationsmodellierung aus Sicht der Organisationsentwicklung zusätzlich berücksichtigt werden müssen.

Damit die Entwickler ihre wichtige Rolle als Agenten der Veränderung in der Organisation erfüllen können, in der die Software einwirken wird, müssen sie kontinuierlich eine breite Vision über die aktuellen Anforderungen der ersten bekannten Benutzer hinaus haben.

Die Schritt-für-Schritt-Erkennung der Arbeitsformen als strukturiert, semi-strukturiert und unstrukturiert sowie der Kooperationsgranularität Individuum, Gruppe und Organisation ermöglicht die Beschreibung der breiten Blickwinkel der Kooperation zu schaffen. Sie müssen von daher explizit in den Entwicklungsprozess eingebracht werden (Bendoukha 2008).

Es wird dann gesucht, wie diese Anforderungen von unterschiedlichen Sichten, Disziplinen und Abstraktionsebenen im Kontext von Software-Design berücksichtigt werden können.

Die Perspektiven der Beteiligten bei der Modellierung (siehe Kapitel 5) geben uns Lösungswege für die Berücksichtigung der Kooperationsgranularität und der Kooperationsformen.

7.4.1 Kooperationsperspektive: Organisation & Mensch & System

Wie im Kapitel 5 (Abschnitt 5.3) ausgeführt wurde, ist die Softwareentwicklung - aufgrund der Erstellung unterschiedlicher Modelle - ein Modellierungsprozess. Die Modellierung selbst muss als ein sozialer Prozess verstanden werden. Die Schwierigkeiten, die dadurch entstehen können, bestehen darin, dass es bei der Modellierung im Rahmen der Softwareentwicklung nicht nur um die Wirksamkeit der Modelle geht, die die Realität aufnehmen, sondern auch um die daraus entstehenden Artefakte im eingesetzten Kontext.

Diese Wechselwirkung ist bekannt als Ausrichtung der Software- mit der Organisationsentwicklung (siehe Abbildung 7.1-1). Floyd & Klischewski (1998) stellen darüber hinausgehende Anforderungen an die Modellierung im Rahmen der

Anwendungsentwicklung, dass als Ausgangspunkt der Modellierung nicht die „objektive Welt", sondern die Perspektiven der beteiligten Akteure anerkannt werden sollen.

In der vorliegenden Arbeit stellt die Perspektivität der beteiligten Akteure eine besonders wichtige Kooperationssicht bei der Kooperationsmodellierung dar. Nun wird gesucht, welche Perspektivität der Beteiligten zu unterscheiden ist, die für die Beschreibung der Anforderungen der Kooperationsgranularität eine Bedeutung hat.

Da die Kooperation nicht von der Organisation wahrgenommen wird, sondern von den Menschen, soll das breite Spektrum der menschlichen Arbeit gemäß den Sichten der verschiedenen Beteiligten (Entwickler, Benutzer, Manager, usw.) anerkennt werden.

Die Lösung basiert auf der Forschung im Bereich der Ebenen des organisationalen Lernens (wie ausgeführt im Kapitel 6). Sie gibt Hinweise zur Betrachtung der Wechselwirkung zwischen der Organisations-, der Mensch- und System-Perspektive als Mittel für die Wissensvermittlung auf den verschiedenen Ebenen (siehe Abschnitt 3.2) sowie der Verbindung zwischen individuellem, Gruppen- und organisationalem Lernen (siehe Abschnitt 6.3).

Die explizite Betrachtung dieser Wechselwirkung bei der Kooperationsunterstützung ist besonders unerlässlich. Tatsächlich ist der Einsatz von Anwendungssystemen in Organisationen gleichbedeutend mit einer Wechselwirkung von Software, menschlicher Tätigkeit und den Aufgaben der Organisation. Die Softwareentwicklung für kooperative Arbeitsprozesse dient hierbei einerseits zur Unterstützung dieser Prozesse, anderseits jedoch greift sie auch in die sozialen Zusammenhänge, Arbeitsprozesse und Organisationsstrukturen ein.

Es setzt sich in diesem Zusammenhang zunehmend die Erkenntnis durch, dass eine integrierte Sichtweise von Organisation, Mensch und System mit einer adäquat verzahnten Vorgehensweise eine Voraussetzung für die erfolgreiche Verzahnung der Software- mit der Organisationsentwicklung ist. Diese drei Sichten werden Kooperationsperspektiven genannt. Der Begriff *Perspektive* ist nach Christiane Floyd als eine Klasse zusammengehöriger Sichten auf ausgewählte Aspekte eines Gegenstandsbereichs aus einem bestimmten Blickwinkel zu betrachten.

Die Betrachtung der Kooperation im Hinblick auf die Perspektiven Organisation, Mensch und System erlaubt die unterschiedlichen Verständnisse über die Kooperation gemäß den verschiedenen Beteiligten zu beschrieben. Jede Perspektive zieht einen spezifischen Typ von Wissen und dadurch einen spezifischen Typ von Kooperation nach sich.

Bei der Kooperationsmodellierung besitzt jede Klasse von Beteiligten ihre eigene Perspektive und eigene Interessen für die Kooperation und wird durch spezifische Anforderungen mit ihrer eigenen Terminologie beschreiben.

In jeder Perspektive wird eine geeignete Terminologie für das vorherrschende Verständnis der Kooperation benötigt. Es macht Sinn, die Kooperation (z.b. die Kommunikation) zwischen Software und die Kommunikation zwischen Menschen zu unterscheiden und mit unterschiedlicher Terminologie zu beschreiben. Insofern werden die Entwickler z.b. mehr auf die technischen Methoden der Darstellung des Informationsaustausches fokussieren.

Die Mitarbeiter werden sich mehr um die Art und Weise sorgen, wie sie sich zwischen ihren individuellen Aktivitäten und ihrer Gruppenarbeit besser organisieren können. Die Manager werden auf die Problematik der Integration der Software in die Arbeitspraxis und ihren Einfluss auf die gesamte Organisation fokussieren.

Die Herausforderung ist, die Erarbeitung unterschiedlicher Kooperationsanforderungen aus den unterschiedlichen Perspektiven gemäß unterschiedlichen Verständnissen der Kooperation heraus zu ermöglichen, sowie eine gemeinsame Sprache für die Kommunikation zwischen den Beteiligten mit unterschiedlichen Interessen an der Kooperation zu finden.

7.4.2 Kooperationsaspekte: Kollaboration & Koordination & Kommunikation

Zusätzlich zu den Perspektiven Organisation, Mensch und System der Beteiligten können die Kooperationsaspekte Kollaboration, Koordination und Kommunikation die Arbeitsteilung erkennbar machen.

Das in Kapitel 2 vorgestellte Modell der Drei-K (Ellis & Wainer 1994a; Ellis et al. 1991) - Kollaboration (gemeinsame Objekte), Koordination (Ordnung der Aktivitäten in einem Prozess), und Kommunikation (Informationsaustausch) - erlaubt, die drei Kategorien strukturierter, semi-strukturierter und unstrukturierter Prozessen zu umfassen und zu beschreiben. Die Kategorisierung der Kooperation in drei Kooperationssichten ermöglicht die Analyse einiger Elemente der kooperativen Arbeit bezüglich Sichten.

Die unterschiedlichen Kategorien ermöglichen, eine klare Sicht über das zu lösende Problem zu schaffen. So lässt sich z.B. eine strukturierte Arbeit durch den Koordinationsaspekt und eine unstrukturierte Arbeit durch den Kommunikationsaspekt beschreiben, um weiter mit den geeigneten Technologien unterstützt zu werden.

Kollaboration, Koordination und Kommunikation werden als Kooperationsmodellierungsaspekte in dieser Arbeit betrachtet, um die Arbeitsformen Strukturiert, Semi-strukturiert und Unstrukturiert zu unterstützen.

7.5 Ein integratives konzeptuelles Rahmenwerk

Auf dieser Stelle muss an die Zielsetzung der vorliegenden Arbeit erinnert werden; dabei ist die Ausarbeitung der geeigneten Kooperationssichten angestrebt, welche das Verstehen der aktuellen kooperativen Arbeit sowie das Design des zukünftigen Systems gleichzeitig unterstützen.

Im nächsten Schritt interessiert uns: Lassen sich die unterschiedlichen Kooperationssichten aus der Organisations- sowie aus der Softwareentwicklungssicht zusammenführen?

Bei der im Kapitel 2 und 3 ausgeführten Gestaltung von Informatik-Systeme können sowohl der organisationalen Lernzyklus als auch die spezifischen Instrumente zur Unterstützung des individuellen Lernens in vielerlei Hinsicht relevant sein. Zuerst wird gezeigt, wie Lernen als Anknüpfungsfaktor betrachtet werden kann, um die hier betrachteten Kooperationssichten zusammenzubringen.

Eine ausgewählte Terminologiebildung für die unterschiedlichen Kooperationsverständnisse gemäß der betrachteten Kooperationssichten wird sorgfältig ausgearbeitet und in einem konzeptuellen Rahmenwerk zusammengeführt.

Die Unterstützung der Lernzyklen, die als parallel laufende Stränge in verschiedenen Disziplinen der oben betrachten Kooperationssichten laufen, scheint für uns der Anknüpfungsfaktor für die Integration der unterschiedlichen Kooperationssichten zu sein. Dies wird auch nötig für die Bewertung der vorgestellten Sichten.

Als Lösung für diese Herausforderung in dieser Dissertation habe ich zuerst die betrachteten Kooperationssichten hinsichtlich der Organisations-, sowie der Systementwicklung klar unterschieden. Auf der einen Seite sind die Kooperationssichten hinsichtlich der Organisationsentwicklung zu erkennen, die im Mittelpunkt des Interesses und der Bedürfnisse der Anwender stehen. Sie zeichnen sowohl die Organisationsprozesse als auch die Arbeitspraxis in der Organisation aus.

Bei der Modellierung werden die organisationsorientierten Prozesse beschrieben, aber auch die soziale Aspekte der Arbeit, die auf die Interessen und Wünsche der Menschen fokussieren. Auf der anderen Seite werden hinsichtlich der Softwareentwicklung Sichten der Kooperation betrachtet, die im Mittelpunkt des Interesses und der

Bedürfnisse der Softwareentwickler stehen, insbesondere sind die Anforderungen der Organisationsentwicklung zu berücksichtigen.

Aus dem Blickwinkel der Organisationsentwicklung interessieren sich die Anwender für die Möglichkeiten der Erkennung der Arbeitsteilung anhand der unterschiedlichen Arbeitsformen (strukturiert, semi-strukturiert und unstrukturiert) und für die Erkennung der immer aktuellen zuständigen Beteiligten in Form von Granularität (Individuum, Gruppe, Organisation).

Aus dem Blickwinkel der Softwareentwicklung kann die Erkennung der Arbeitsteilung bei der Kooperation anhand der bekannten Kooperationsaspekte (Kollaboration, Koordination und Kommunikation) berücksichtigt werden. Die Granularität (Individuum, Gruppe, Organisation) kann durch die Perspektivität der Beteiligten (Organisation, Mensch und System) mit unterschiedlichen Verständnissen der Kooperation gemäß vielfältigen Beteiligten explizit berücksichtigt werden.

Die Abbildung 7.5-1 fasst die betrachteten Sichten zusammen. Die Software- und Organisationsentwicklung wird anhand verbreiteter Lernzyklen vergegenständlicht. Die Lernzyklen werden als breiter betrachtet, weil sie Kooperationssichten aus dem Kontext der Verstehens-Aktivität sowie aus dem Kontext der Design-Aktivität umfassen.

Kapitel 7: Grundlegendes konzeptuelles Rahmenwerk

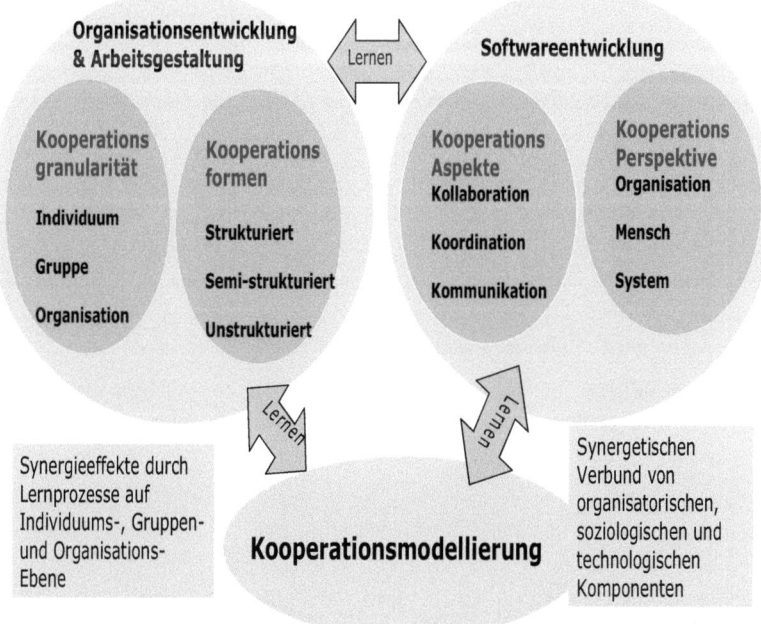

Abbildung 7.5-1: Kooperationssichten bei Softwareentwicklung für Kooperationsunterstützung

Die Abbildung soll nicht für die Abgrenzung der Softwareentwicklung von Organisationsentwicklung verstanden werden, weil Softwareentwicklung für Kooperationsunterstützung auch zur Organisationsentwicklung beiträgt. Der Fokus in der Abbildung soll nur auf die klare Unterscheidung der Sichten aus dem Hinblick der Softwareentwickler und aus dem Hinblick der Benutzer sein.

Die Klassifikation der Kooperationssichten hat Abgrenzungen und implizite Annahmen transparent gemacht. Durch die verschiedenen betrachteten Aspekte dieses Problems fließen Ansätze aus verschiedenen Disziplinen wie Wirtschaftswissenschaften, Arbeitspsychologie, Soziologie und Informatik ein. Dabei werden entweder die Softwareentwicklung, die Organisationsentwicklung oder die Arbeitsgestaltung in den Vordergrund bei der Modellierung gestellt.

Die Betrachtung der Kooperationssichten bei der Modellierung helfen den SoftwareentwicklerInnen dabei, die beabsichtigte Art der Modellierung herauszuarbeiten.

Der Beitrag dieser Dissertation besteht nicht nur darin, die Sichten zu erkennen und besser zu verknüpfen, sondern auch sie nutzbar zu machen. Dadurch können geeignete Methoden für die betrachtete(n) Sichtweise(n) gezielt ausgewählt werden.

Die Bereitstellung der Nutzbarkeit der Sichten verlangt eine geeignete Terminologiebildung. Im Folgenden wird eine Terminologiebildung in einem konzeptuellen Rahmenwerk gemäß der hier betrachteten Sichten dargestellt. Diese Terminologie steht als Kern des Lösungswegs für den Kooperationsmodellierungsansatz. Nachdem die betrachteten Sichten für Kooperationsmodellierung vorgestellt wurden, wird nun eine begriffliche Grundlage gemäß der betrachteten interdisziplinären Sichten gelegt.

Verschiedene Sichten verlangen in der Regel verschiedene Modelle sowie einen konzeptuellen Modellierungsmechanismus, um die Elemente in jedem einzelnen Modell zu verbinden.

Im nächsten Kapitel werden wir ihre Nutzbarmachung im Entwicklungsprozess selbst zeigen.

7.6 Die Multisicht-Begriffsbildung

Die Begriffsbildung als einheitliche Terminologie für die Frühphasen des Entwicklungsprojekts aufzubauen, wurde schon als sehr wichtig für den Prozess und das Produkt der Softwareentwicklung erkannt (siehe Kapitel 5).

Die Zielsetzung der Terminologiebildung in der vorliegenden Arbeit strebt die Berücksichtigung der betrachteten Kooperationssichten über die Frühphasen des Projekts hinaus auch für die Design- und Einbettungsphasen an (Bendoukha 2008).

Die Terminologiebildung besteht darin, Konzepte und grundlegende Terminologie unterschiedlicher Disziplinen zusammenzubringen, ohne die entsprechenden Weltsichten zu vermischen. Es geht hier um die Beschreibung der Integration, sowie die Wechselwirkung zwischen den hier ausgearbeiteten Kooperationssichten. Es wird dadurch nicht nur möglich, die fachlichen und technischen Welten zu betrachten, sondern auch konzeptuell in den Entwicklungsprozess explizit einzubringen (Bendoukha 2007a).

Wichtig ist, dass dabei der Ertrag für Akteure und Organisationen deutlich gemacht und auf die Rückkopplung und Vernetzung mehr Rücksicht genommen wird. Die

Kooperationsaspekte Kollaboration, Koordination und Kommunikation werden bezüglich der Kooperationsperspektiven Organisation, Mensch und System beschrieben.

7.6.1 Basisbegriffe

Unsere Vorschläge, geeignete Kooperationssichten mit entsprechender begrifflicher Terminologie einzuführen, beruhen zuerst auf den langen Erfahrungen aus den Forschungsprojekten der partizipativen und evolutionären Systementwicklungsansätze an der Universität Hamburg. Sie basieren auf einer Terminologiebildung nach Floyd & Züllighoven (2002), die die soziale Welt der situierten Aktivitäten und die technische Welt der Computer-Artefakte verbindet, und für die Verknüpfung der Anforderungsermittlung mit dem Design von Softwaresystemen notwendig ist.

An dieser Terminologiebildung werden einige Erweiterungen vorgenommen, damit sie über die Anforderungsermittlung hinaus für den gesamten Systementwicklungs- und – Einbettungszyklus verwenden werden können.

Die Notwendigkeit der Verbindung der Informationssysteme mit der Organisation sei hier betont und kann durch die Verbindung der Computerfunktionen mit menschlichen Aktivitäten geschafft werden. Organisation, Mensch und Computer sind Instanzen in Interaktion, die zu verbinden sind (siehe Abbildung 7.6-1):

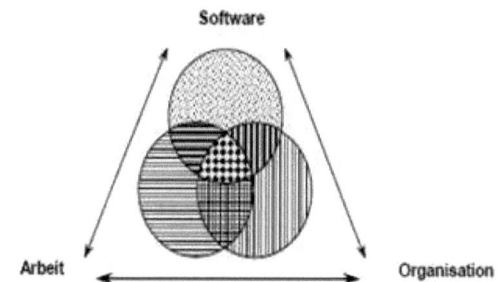

Abbildung 7.6-1: Software im Kontext von Arbeit und Organisation
(Floyd 1994b)

- Organisation (im Sinne von Aufgaben und funktioneller Rolle),
- Menschen (im Sinne ihrer Aktivitäten),
- Computer (im Sinne ihrer Funktionen).

Organisation, Mensch und System werden als analytische Begriffe betrachtet, die zur Einordnung fachlicher Begriffe im Anwendungsbereich dienen. (Arbeit stellt in dieser Abbildung die menschliche Sicht dar).

Sie helfen, den betrachteten Anwendungsbereich im Hinblick auf die zu leistende Softwaregestaltung adäquat zu beschreiben. Eine Terminologie ist notwendig, um zwischen den drei Welten zu vermitteln, ohne ihre Unterscheidung zu vermischen.

Relevante Begriffe, z.B. funktionelle Rolle, Tätigkeit oder Aufgabe, orientieren sich an den drei Sichten und werden in einem Begriffsgebäude graphisch in Beziehung zueinander dargestellt (vgl. Floyd & Oberquelle 2004). Sie dienen als Hilfsmittel für die Analyse. Sie werden weiter unterteilt und stehen in vielfachen Wechselbeziehungen zueinander. Sie sind in den Methoden STEPS (vgl. z.B. Floyd 1986; Floyd et al. 1989) und WAM (Züllighoven 1998) zu finden.

Für diese Arbeit ist die Unterscheidung zwischen Aufgaben, Aktivitäten und Operationen von großer Bedeutung. Sie werden als Basisbegriffe in dem vorgeschlagenen Rahmenwerk dargestellt. Andere Konzepte sind nötig, um eine Multisichtbegriffsbildung zu schaffen. In dieser Arbeit wird die semantische Beziehung zwischen „Aufgabe", „Aktivität" und „Funktion" verwendet, wie es im Begriffsgebäude (Goeble & Schulz 1997) definiert ist. Der Begriff „Funktion" wird hier durch den Begriff „Operation" ersetzt. Es geht hier um die Beschreibung der Funktion und nicht um die Funktion selbst.

7.6.2 Erweiterte Begriffsbildung

Die Erweiterung der Basisbegriffe zu einer Multisichtbegriffsbildung berücksichtigt die schon ausgearbeiteten Kooperationssichten: Kooperationsaspekte (Kollaboration, Koordination und Kommunikation) sowie –perspektiven (Organisation, Mensch und System).

Da die Begriffe „Aufgabe", „Aktivität" und „Operation" ein Verhältnis beschreiben „was gemacht wird", wird damit nur die Beschreibung des Koordinationsaspektes ermöglicht.

Andere Begriffe sollen eingeführt werden, um die Kollaboration und Kommunikation auch explizit zu beschreiben. Für diesen Zweck sind die Begriffe „Ressource" und „Rolle" als weitere Basisbegriffe ausgewählt und für jeden einzelnen, entsprechenden Begriff in den drei Perspektiven Organisation, Mensch und System vorgeschlagen worden.(siehe Abbildung 7.6-2)

Kapitel 7: Grundlegendes konzeptuelles Rahmenwerk

Jeder Begriff in dieser Überschneidung wird in der Literatur als alleiniger Forschungsschwerpunkt betrachtet. Eine Vielzahl von Theorien und Modellen haben sich mit solchen Begriffsaufstellungen beschäftigt (siehe Kapitel 2 und 3).

Da unser Ziel nicht darin besteht, eine einzige Theorie und ein einziges Modell für alle kooperativen Prozesse auf allen Ebenen und Sichten zu finden, beschränken wir unser Verständnis von Kooperation zuerst auf die Ebene der:

- Kommunikation zwischen „Akteuren" (aus den menschenbezogenen Sicht)
- Koordination zwischen den „Aufgaben" (aus der organisationsbezogenen Sicht)
- und Kollaboration für gemeinsame „Objekte" (aus der systembezogenen Sicht)

Der Auswahl der Begriffe Aufgabe, Akteur und Objekt wurde an die in der Literatur genannten Modellierungsansätze angelehnt.

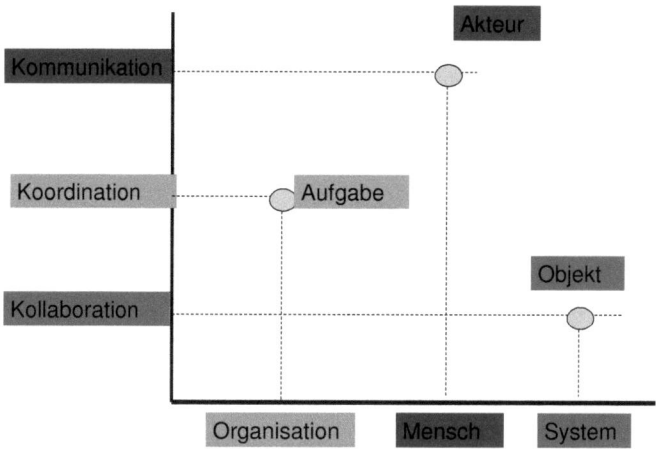

Abbildung 7.6-2: Repräsentative Begriffe für die betrachteten Sichten

So wird meistens über die Kommunikation zwischen Akteuren, wie z.B. in der Akteur-Theorie, über die Koordination der Aufgaben, wie z.B. in der Organisationstheorie und WFMC (Workflow-Management Systeme) und über das Teilen der Objekte, wie z.B. bei Hypertext und *shared- Editoring* in der Literatur gesprochen.

Im Abschnitt 3.1.4 wurden einige Kooperationsmodellierungsansätze dargestellt, die sich mit der Darstellung der strukturierten sowie unstrukturierten Prozesse beschäftigt haben.

Eine Untersuchung dieser Ansätze hat gezeigt, wie mehrdeutig die verwendete begriffliche Grundlage ist. Die explizite Unterscheidung der Sichten erlaubt eine klare Klassifizierung der verwendenden Begriffe.

Die Erweiterung und die Integration der anderen betrachteten Sichten führt zum Aufbau des in der Abbildung 7.6-3 dargestellten konzeptuellen Rahmenwerks. Diese Abbildung zeigt die Terminologieerweiterung um die repräsentativen Begriffe Aufgabe, Akteur und Objekt mit den anderen Kooperationsaspekten und Perspektiven semantisch zu verbinden.

Das konzeptuelle Rahmenwerk bietet nicht nur die Möglichkeit, die betrachteten Sichten zu erkennen und zu unterscheiden, sondern auch eine gewählte entsprechende Terminologiebildung zu erstellen.

Diese Terminologiebildung wird eine Grundlage für ein gemeinsames Lexikon anbieten, welches von allen betroffenen Beteiligten (zumindest von Anwendern und Entwicklern) verwenden werden wird, um über die Arbeitspraxis und ihre Unterstützung kommunizieren zu können.

Die Wechselwirkung der betrachteten Sichten in der Abbildung 7.6-3 zeigt die wesentlichen „Welten" der verschiedenen Beteiligten (z.B. Anwender, Softwareentwickler und Manager); wo sie aufeinander stoßen können und wo Verständigungsprobleme eher die Regel als die Ausnahme sind. Die Notwendigkeit für eine Begriffsklärung ist hier besonders groß.

Kapitel 7: Grundlegendes konzeptuelles Rahmenwerk

Abbildung 7.6-3: Integratives konzeptuelles Rahmenwerk für Kooperationsmodellierung

Die Abbildung macht das komplexe Netzwerk an Abhängigkeiten deutlich. Unterschiedliche fachliche Sichtweisen und eine entsprechende fachübergreifende Sprache können dabei berücksichtigt werden.

Die verwendende Begrifflichkeit wird hier anhand der Ausdifferenzierung der Kooperationssichten klar klassifiziert. Jede Sichtweise kann eine eigene Disziplin kennzeichnen.

Eine erwartete Flexibilität im Softwareentwicklungsprozess bei der Kooperationsunterstützung wird darin bestehen, die unterschiedlichen Kooperationsperspektiven unabhängig voneinander zu betrachten, sowie ebenfalls deren Wechselwirkungen zu berücksichtigen. Hierbei steht die Reihenfolge, in der die Perspektiven im Entwicklungsprozess eingenommen werden, nicht im Vordergrund. Die Reihenfolge kann nicht linear sein und soll pragmatisch von den Beteiligten im Modellierungsprozess festgelegt werden.

Wir werden diesen Beitrag noch detaillierter im Kapitel 8 angehen.

Die vorgeschlagene erweiterte Begriffsbildung sowie die semantischen Beziehungen zwischen den betrachteten Begriffen werden im Folgenden einzeln definiert. Die folgende Begriffsbildung soll als Vorschlag für Orientierung betrachtet, die beliebig davon abweichen werden lässt.

7.6.2.1 Organisationsbezogene Sicht

In dieser Sicht wird die Organisationsstruktur beschrieben. Sie berücksichtigt die Ansätze der Softwaretechnik, die die Wirtschaftsinformatik favorisiert. Dabei wird primär die Struktur der Gesamtorganisation betrachtet und davon ausgegangen, dass sie durch Gesetzmäßigkeiten geprägt ist und den Individuen ihre Handlungen vorgibt.

Die Begriffe „Aufgabe", „Rolle" und „Ressource" charakterisieren diese Sicht:

Aufgabe

Aufgabe kann als Zielsetzung zweckbezogener menschlicher Handlungen betrachtet werden. In diesem Fall wird sie als Aufforderung, als verantwortlich zu erfüllender Anspruch an Menschen gerichtet (Koziol 1969 in Krabbel 2000). Die Zielgerichtetheit der Aufgabe wird in dieser Definition betont. Aufgaben tragen durch ihr Ergebnis, ihr formuliertes Ziel zur Leistungserstellung bei.

Aufgabe wird auch als „Verantwortung des Menschen" betont, weil sie die Verbindung zwischen den Organisationszielen und dem menschlichen Arbeitshandeln darstellt. In diesem Sinn wird der Mensch als Aufgabenträger betrachtet, der für die Erfüllung der Aufgabe verantwortlich ist. „Patientenaufnahme" aus dem Forschungsprojekt Krankenhaus (Wetzel 2000) ist ein Beispiel einer Aufgabe.

Rolle

Rollen ermitteln eine organisationelle Struktur. Sie erlauben die Charakterisierung der Tätigkeit von Personen anhand ihrer Aufgaben. Die Rolle wird von einer Person verantwortlich wahrgenommen. Eine Person kann mehrere Rollen wahrnehmen und mehrere Personen können dieselbe Rolle wahrnehmen.

Die Wahrnehmung von Rollen kann sich im Lauf der Zeit ändern. Individuelle Rollen sowie Gruppenrollen sind ebenfalls zu betrachten. Eine individuelle Rolle kann von einer Person wahrgenommen werden, z.B. „Arzt" im Krankenhaus, „Kunde" in einer Bank oder auch „Projektmanager" in einer Designanwendung.

Die Gruppenrolle bezeichnet eine gemeinsame Rolle eines Teams, wie z.B. ein Arbeitsbereich an der Universität. Ein Arbeitsbereich ist z.B. durch das Fachgebiet, die aktuellen Forschungsschwerpunkte und die Projekte kennzeichnet. Eine Gruppenrolle kann andere individuelle Rollen enthalten, z.B. enthält ein Arbeitsbereich selbst einen Arbeitsleiter, eine Sekretärin, Lehrer, Studenten, usw. Eine Gruppenrolle kann von mehreren Teams wahrgenommen werden und ein Team kann mehr als eine Gruppenrolle wahrnehmen.

Ressource

Ressourcen werden für die Erledigung der Aufgaben gebraucht, z.B. Dokumente. Sie können neu erzeugt oder verändert werden. Es kann aber auch unverändert nur für Informationszwecke darauf zugegriffen werden. Ressourcen können einfach sein, z.b. Antrag, Vertrag oder Kontobank. Sie können aber auch komplex sein, z.b. ein Produktionsplan oder ein Softwareprodukt (Spezifikation, Prototyp, Dokumentation, usw.).

7.6.2.2 Menschbezogene Sicht

Es ist wichtig, diese Sicht explizit zu unterscheiden, weil Informatiksysteme ein Produkt menschlichen Handels sind. Die arbeitenden Akteure haben unterschiedliche Bedürfnisse und Qualifikationen und werden deshalb als Benutzer von Softwaresystemen auch mit unterschiedlichen Problemen konfrontiert. Diese Sicht beschreibt das situierte Handeln der Menschen, wobei Softwaresysteme als Werkzeuge verwendet werden können.

„Akteur", „Aktivität" und „Artefakt" Begriffe charakterisieren diese Sicht:

Akteur

Laut Pape & Rolf (2002) werden die sozialen Strukturen einer Organisation durch die Handlungen einzelner Akteure erklärt. Der Akteur nimmt eine Rolle in einer bestimmten Weise wahr. Auf der Ebene der Anwendungs- und Softwareentwicklung in Organisationen können die Akteure Einzelpersonen oder eine soziale Gruppe sein, die zusammen handeln, z.B. ein Team.

Akteure haben erkennbare Abgrenzungen und Beziehungen zu anderen Akteuren. Diese Sicht ist wichtig für die evolutionäre Softwareentwicklung, die ihren Blick auf die Handlungen einzelner Akteure und ihre Interaktionen richtet. Die strukturellen Aspekte der Gesamtorganisation treten in den Hintergrund.

Aktivität

Aus Sicht der Arbeitswissenschaft werden als Arbeitstätigkeit Elemente von Arbeitsprozessen bezeichnet, die von einer Person, einem Organisationsbereich oder einer Organisation durchzuführen sind. Tätigkeiten lassen sich dadurch charakterisieren, dass sie bewusst zielgerichtet sind, gerichtet auf ein in der Vorstellung vorweggenommenes Resultat (Produkt, Dienstleistung).

Wichtig aus dieser Sicht ist, das menschliche Arbeitshandeln zu unterscheiden. Die Handlungen bezeichnen im Sinne von Weber (1919) und Parsons et al. (1953) in

Zacklad (2003) (siehe Kapitel 2) einen in sich geschlossenen Bestandteil der Tätigkeit. Handlungen werden durch das mit ihnen verbundene Ziel voneinander abgegrenzt. Die menschenbezogene Tätigkeit existiert nicht anders als in Form einer Handlung oder einer Kette von Handlungen. Tätigkeiten werden durch eine Gesamtheit von Handlungen verwirklicht, die Teilzielen untergeordnet sind, welche aus einem gemeinsamen Ziel abgeleitet werden können. Tätigkeiten realisieren sich also in Handlungen, dieselbe Handlung kann jedoch verschiedenen Tätigkeiten zugeordnet sein.

Es wird zwischen individuellen und konversationellen menschlichen Aktivitäten unterscheidet. Individuelle Aktivitäten führen Transformationen durch, welche den Zustand eines Artefakts verändern. Konversationelle Aktivitäten befassen sich mit Informationsaustausch, wie z.b. Entscheidungen treffen. Sie treten somit in einem Team auf. Aktivitäten können ebenfalls einfach oder komplex sein.

Artefakt

Der Begriff „Artefakt" ist in Designanwendungen als eine Modellierung bekannt, welche den Verlauf (Geschichte) eines (Design-)Prozesses von vorläufigen Entitäten zum endgültigen Produkt beschreibt. Artefakte werden dann als Vergegenständlichungsbeschreibungen des Softwaredesigns betrachtet.

Sie können neu erzeugt, verändert oder gelöscht werden als Ergebnis der Erledigung einer Aktivität, oder als Mittel für seine Erledigung. Sie dienen somit der Beschreibung der progressiven Erreichung der Organisationsziele durch menschenbezogene Aktivitäten.

Die Definition von individuellen und konversationellen Aktivitäten entspricht dann der Existenz von materiellen und informationellen Artefakten. Materielle Artefakte stellen physische Entitäten dar, z.B. Kugelschreiber, Auto, usw., während informationelle Artefakte Entscheidungen, Anträge, Fragen, allgemeine Information, usw. beschreiben.

Materielle Artefakte können einfach, aber auch komplex sein, d.h. aus anderen Artefakten bestehend. Es wird auch zwischen Computerartefakten (*computerized artifacts*) und andere Artefakten unterschieden. Das Computerartefakt kann ein Softwareartefakt sein

7.6.2.3 Systembezogene Sicht

Aus dieser Sicht können die Automatisierungen als zu Operationen gewordene Handlungen beschrieben werden. Die Routinetätigkeiten könnten weitgehend aus ihren Kontexten herausgelöst und automatisiert werden. Viele Routinetätigkeiten werden durch die Software abgewickelt.

Die Begriffe „Operation", „Objekt" und „Agent" charakterisieren diese Sicht:

Operation

Der Begriff „Operation" wird hier für die Beschreibung einer rechnergestützten Aktivität verwendet, die der Erledigung einer bestimmten Aufgabe dient und die als Systemfunktion weiter implementiert werden kann. Operationen lassen isoliert für sich betrachtet kein bewusstes Ziel mehr erkennen (Krabbel 2000). Laut Floyd (2004) findet eine Handlung in einem Kontext einmalig statt, Operationen dagegen bilden sich durch wiederholtes, zur Routine gewordenes Handeln heraus. Operationen werden durch Beschreibungen definiert. Beim Einsatz von Computern wird die Ausführung von Operationen an den Rechner delegiert.

Operationen können einfach oder auch komplex sein. Eine komplexe Operation ist mit einfachen Operationen durch temporale, logische und kausale Beziehungen verbunden.

Das Ziel einer expliziten Unterscheidung zwischen Aufgabe (aus der Organisationssicht), Aktivität (aus der menschenbezogenen Sicht) und Operation (aus der systemsicht) besteht in der Möglichkeit, sowohl die rechnergestützten als auch die nicht-rechnergestützten Aktivitäten zu berücksichtigen. Dies wird den Kern des Aufbaus der Ontologien im Kapitel 8 sein.

Objekt

Im Sinne von Floyd (2004) gehört es zum Wesen von Operationen, dass sie auf Gegenstände bzw. Objekte einwirken, sie also z.B. manipulieren oder erzeugen. Ein Objekt ist ein (informationstragender) Gegenstand der Anwendungswelt, wenn die Operation ausgeführt wird, oder sein am Rechner modelliertes Äquivalent. Objekte werden verwendet, um Computer-modellierte Artefakte darzustellen. Die Objekte werden durch Attribute und Operationen charakterisiert.

Anschließend an die Definition von individuellen und konversationellen Aktivitäten können Objekte als entweder materielle rechnergestützte Artefakte verwendet werden oder „Nachricht" für informationelle Computer-Artefakte. Objekte können ebenfalls einfach oder komplex sein.

Agent

Die „Agent"-Metapher wird für die automatisierten Entitäten verwendet, welche autonom in Bezug auf die Veränderungen ihrer Umgebung agieren und reagieren können, um bestimmte Zustände zu erreichen und einige Regeln zu erfüllen. Ein Softwaresystem, das bei der Entwicklung als Computerartefakt betrachtet wird, wird beim Einsatz selbst als Agent betrachtet. Es kann selbst Funktionen ausführen und weitere Computerartefakte produzieren.

Objekte werden von Agenten durch die Ausführungen der Operationen erzeugt, geändert und/ oder gelöscht.

7.7 Zusammenfassung

Der erste Teil eines integrativen Kooperationsmodellierungsansatzes wurde in diesem Kapitel vorgeschlagen. Die wesentlichen Grundannahmen der Kooperationsmodellierung bei partizipativen und evolutionären Systementwicklungsansätzen, die aus verschiedenen Sichten von unterschiedlichen Disziplinen ausgearbeitet wurden, werden klar unterschieden, zusammengeführt und eine geeignete Begriffsbildung gemäß der betrachteten Sichten in einem konzeptuellen Rahmenwerk wurde gelegt.

Da die Wechselwirkung zwischen Verstehens- und Design-Aktivitäten schon im Kern eines partizipativen und evolutionären Softwareentwicklungsprozesses steht, und schon lange als Tradition des STEPS-Ansatzes anhand von Lern- und Kommunikationsprozessen durchgeführt worden ist, wird dieser Ansatz als Ausgangspunkt für den in dieser Arbeit vorgestellten Kooperationsmodellierungsansatz genutzt. Der Ansatz scheint prädestiniert für Kooperationsunterstützung zu sein.

Leider können die aktuellen Dokumente, die die Lern- und Kommunikationsprozesse durchführen, das organisationale Lernen nur betonen oder teilweise unterstützen. Es geht darum, eine Reihe von Erweiterungen durchzuführen, um die betrachteten Kooperationssichten, die sowohl die Organisations- als auch die Softwareentwicklung berücksichtigen, explizit zu unterstützen.

Als erster Schritt zu einem neuen Kooperationsmodellierungsansatz werden grundlegende Annahmen im Bezug auf partizipative und evolutionäre Systementwicklung ausgearbeitet und begründet. Zuerst sollten die Partizipation und die Evolutions-Prinzipien über das Einzelprojekt hinaus erweitert werden. Die erweiterte Sicht der Partizipation erlaubt eine kontinuierliche Einbindung weiterer Benutzer zu führen. Die erweiterte Sicht der Evolution erlaubt die kontinuierliche Änderungsverfolgung über Versionen/Etappen der Kooperation hinaus zu ermöglichen.

Aus der erweiterten Sichten der Partizipation und der Evolution ergeben sich neue Anforderungen für die Kooperationsmodellierung aus Sicht der Organisationsentwicklung, sowie aus Sicht der Softwareentwicklung. Aus Sicht der Organisationsentwicklung steht für die Anwender die Möglichkeit der Erkennung der Arbeitsteilung (strukturiert, semi-strukturiert und unstrukturiert) sowie der Erkennung der zuständigen Beteiligten (Individuum, Gruppe und Organisation) im Fokus. Aus

Sicht der Softwareentwicklung müssen für die Entwickler zusätzlich diese Anforderungen berücksichtigt werden.

Das Modell der Drei-Ks Koordination, Kollaboration und Kommunikation wurde angepasst, um die Kooperationsformen bezüglich der Arbeitsteilung beschreiben zu können. Die Erkennung der Beteiligten ist nur möglich durch ihre Perspektivität. Dafür werden Organisation, Mensch und System als wichtige Kooperationsperspektiven in der vorliegenden Arbeit betrachtet.

Da die Softwareentwicklung als Semantikerstellung betrachtet werden soll, geht es im zweiten Schritt um die Integration der Sichten und darum, eine ausgewählte Terminologiebildung für die unterschiedlichen Kooperationsverständnisse gemäß den betrachteten Kooperationssichten in einem konzeptuellen Rahmenwerk zusammenzuführen.

Das in diesem Kapitel vorgeschlagene konzeptuelle Rahmenwerk orientiert sich an der Terminologiebildung von Christiane Floyd, die die menschlichen Aktivitäten mit Computerfunktionen verbindet. Die Erweiterung zielt auf die Berücksichtigung der anderen betrachteten Sichten für die Kooperationsmodellierung in dieser Arbeit ab.

Lernen ist der Anknüpfungsfaktor, um die betrachten Sichten zusammenzuführen. Die Zusammenführung der Begriffsbildung in einem konzeptuellen Rahmenwerk kann nur eine statische Darstellung einer gemeinsamen Sprache für unterschiedliche Beteiligte sein. Die Syntax allein reicht nicht, um Lernprozesse zu unterstützen. Die gewählten Begriffe müssen auch semantisch verbunden werden. Lernen selbst wird hier als Wissenserzeugung betrachtet.

Der fortwährende Lernprozess muss so ausgestaltet werden, dass der Austausch von Wissen mittels Dokumenten und Kommunikation möglichst optimal geschaffen wird. Hierbei könnte auf Erkenntnisse der Ontologien als interdisziplinäre Forschung zurückgegriffen werden. Dies begründet die Wahl eines ontologiebasierten Kooperationsmodellierungsansatzes in dieser Dissertation. Diesen Teil werden wir im nächsten Kapitel vorschlagen.

Es wurde grundsätzlich in diesem Kapitel betont, dass die Kategorisierung der Begriffe gemäß Sichten erlaubt, gleichzeitig Modelle bezüglich der Sichten zu etablieren, auch wenn sich diese nicht immer klar erkennen und trennen lassen. Insofern dienen die gewählten Terminologiebildungen des konzeptuellen Rahmenwerkes nicht als absolut zu verwendende Begriffe, sondern als Beweis der Nutzbarmachung der expliziten Betrachtung der Wechselwirkung zwischen Verstehens- und Design- Aktivitäten bei partizipativer und evolutionärer Softwareentwicklung.

Wie lassen sich diese Ergebnisse in Bezug auf Systemarchitektur und Rahmenwerk im Systementwicklungsprozess selbst verwirklichen? Der dritte Schritt in der Präsentation des in dieser Arbeit vorliegenden Kooperationsmodellierungsansatzes beschäftigt sich mit dem im Kapitel 8 vorgestellten ontologischen Rahmenwerk, dem das hier in diesem Kapitel vorgeschlagene konzeptuelle Rahmenwerk zugrunde gelegt ist. Dadurch können die Vorgänge des Explizierens des Lernens in und zwischen den Sichten unterstützt werden.

8 Das ontologische Rahmenwerk ORKU

In den vorherigen Kapiteln haben wir die Multi-Sicht des Kooperationsmodellierungsprozesses gezeigt. Wir haben insbesondere betont, dass eine wesentliche Anforderung für die Softwareentwicklung für Kooperationsunterstützung in der Betrachtung der Kooperationsaspekte Kollaboration, Koordination und Kommunikation der kooperativen Arbeit unter den Perspektiven Organisation, Mensch und System besteht. Dabei wurde insbesondere betont, dass die Wechselwirkung zwischen den verschiedenen Sichten den Zusammenhang zwischen Verstehen und Design explizit machen und somit der Ausrichtung der System- und Organisationsentwicklung dienen soll.

Das im Kapitel 7 vorgeschlagene konzeptuelle Rahmenwerk bietet eine ausgewählte Terminologiebildung an, die zuerst die unterschiedliche Semantik der Kooperation in den Sichten unterscheidet. Das konzeptuelle Rahmenwerk selbst dient als ein Orientierungsmittel, um gemeinsame Sprachen bei Projekten bilden zu können. Kommunikationsprozesse können somit unterstützt werden. Damit auch Lernprozesse unterstützt werden können, wird ein ontologisches Rahmenwerk benötigt, dem das im Kapitel 7 vorgeschlagene konzeptuelle Rahmenwerk zugrunde gelegt ist.

Wie wird dieses konzeptuelle Rahmenwerk in einem partizipativen und evolutionären Systementwicklungsprozess wirken und wie lassen sich die bisherige Ergebnisse in Bezug auf Systemarchitektur und Rahmenwerk im Systementwicklungsprozess selbst verwenden?

Genau diese Fragestellungen sind die Ausgangspunkte für die Erarbeitung des hier in diesem Kapitel vorgeschlagenen ontologischen Rahmenwerks ORKU (Ontologisches Rahmenwerk für Kooperationsunterstützung).

In diesem Kapitel wird ORKU vorgestellt. Dabei wird der Beitrag eines ontologiebasierten Modellierungsansatzes gezeigt. Im Fokus steht die Möglichkeit, die für die Durchführung der Lernprozesse notwendigen Dokumente semantisch anzureichern, d.h. ihre Inhalte besser zu strukturieren, um über die hier in der vorliegenden Arbeit betrachteten Kooperationssichten explizit zu informieren.

Danach wird ORKU in den Entwicklungsprozess selbst eingebettet. ORKU wird dabei eine große Rolle spielen, um die Lernprozesse bei der Software- sowie die Organisationsentwicklung zusammenzubringen.

8.1 Semantik-Anreicherung der Dokumente

Die Lern- und Kommunikationsprozesse werden anhand von Dokumenten durchgeführt (siehe Kapitel 4). Die Beschreibungen von Operationen in den Dokumenten bedürfen es eines „Beobachters" (vgl. Floyd & Klaeren 1999). Rolf (2002) erklärt, dass dabei beim Einsatz von Computern die Ausführung von Operationen an den Rechner delegiert wird. Die Beschreibung von Operationen aus der Perspektive eines Beobachters ist die Grundlage für die Ersetzung von menschlichen Routinehandlungen durch technische Instanzen. Die Dekontextualisierung erlaubt, die Operationen vom Kontext abzulösen, um effektive Berechnungen auf den Computer überführen zu können. Die Rekontextualisierung betrifft die Rückführung in den Kontext nach der Ausführung auf einem Rechner. Es bilden sich neue Kontexte. Die Akteure interpretieren die neue Situation, versuchen sich anzupassen, bilden neue Operationen und Handlungen heraus.

Auch im Entwicklungsprozess wird der „Beobachter" nicht neutral sein. In der Anforderungsanalyse wird die Gewährleistung der Modelle von den Kompetenzen der Analysten abhängig sein. Wie wenig zwangsläufig jedoch die Art und Weise einer Abbildung und einer künftigen Nutzung der technischen Systeme sind, wird von Seiten der Softwaretechnik – trotz vielfältiger empirischer Befunde – übersehen (Hammel 2002). Durch die starke Betonung der Rolle des „Beobachters" werden soziale Eigenschaften nur vermittelt über das Individuum thematisiert. In der Spezifikation wird die Sicht der System-Analysten beschrieben (siehe Abbildung 8.1-1).

Dadurch wird dem „Beobachter" die Verantwortung auferlegt, die transportierten Werte und Interessen, d.h. die Semantik des Inhaltes zu reflektieren und sich gleichermaßen den Konsequenzen seines Tuns, seines Eingreifens in den Nutzungskontext zu stellen. Vom Analysten wird das technische Artefakt geprägt, d.h. es lassen sich die Rückkopplungszyklen nur von diesem „Beobachter" kritisieren und diskutieren.

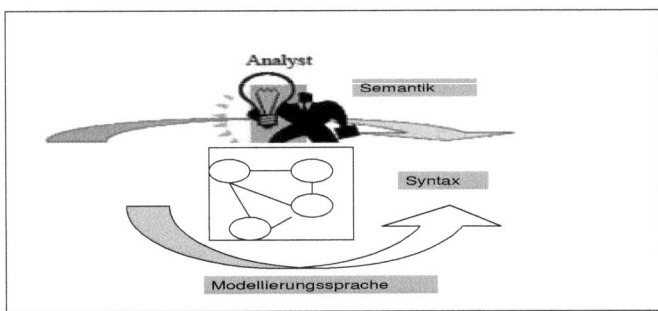

Abbildung 8.1-1: Monosicht der Analysten

Für die Berücksichtigung der im Kapitel 7 dargestellten Kooperationssichten wird diese Monosicht jedoch nicht ausreichend sein.

Um die gleichzeitige Betrachtung der drei Organisations-, Menschen- und Systemsichten im Softwareentwicklungsprozess zu gewährleisten, müssen verschiedene Beteiligte mit ihren eigenen Interpretationen in den Lernprozessen explizit berücksichtigt werden. Das Gelernte wird im Lernprozess weitergegeben Eine Multisicht der Beobachtung wird benötigt.

Aus dieser Forderung folgt, dass man sich weitergehende Gedanken über die Konzepte machen muss, wie die verwendeten Dokumente in der Vorgehensweise und in den Begriffsgerüsten aufgebaut werden müssen, um die Multisicht der Beobachtung zu unterstützen. Benennt man diese Konzepte, so beschreibt man eine meta-analytische Ebene für die Beschreibung der Dokumenteninhalte.

Mehrere Lösungen können diesem Ziel dienen. Eine von denen, die wir in der vorliegenden Arbeit adaptiert haben, besteht in der Semantik-Anreicherung der Dokumente anhand von Ontologien.

Die Dokumente spielen eine wesentliche Rolle in der anwendungsorientierten Softwareentwicklung, die nicht als eine vorrangig technische oder formale Aufgabe gelten sollte, sondern als ein Lern- und Kommunikationsprozess betrachtet werden muss (siehe Kapitel 4 und Kapitel 5). Daher ist die Projektarbeit so auszurichten, dass Lernen und Kommunikation durch ständige Rückkopplung zwischen den Beteiligten gefördert werden. Im zyklischen Wechsel zwischen Analysieren, Modellieren und Bewerten (siehe Abbildung 8.1-2) kann zudem sichergestellt werden, dass sich Anforderungen an ein System und dessen Realisierung nicht zu weit von einander entfernen.

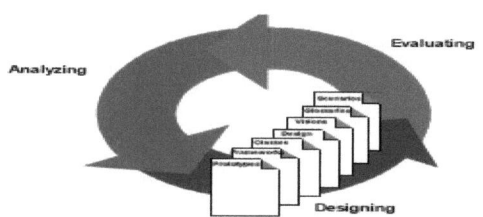

Abbildung 8.1-2: Ideale Vorgehensweise nach Züllighoven (1998)

Durch die Arbeit mit anwendungsorientierten Dokumenttypen haben die Beteiligten eine Kommunikationsgrundlage, auf der ein gegenseitiges Verständnis für den Anwendungsbereich und die Möglichkeiten seiner softwaretechnischen Unterstützung entsteht. Der Begriff „Dokumenttyp" wird hier statt „Dokument" verwendet, weil damit eine Menge gleichartiger Dokumente gemeint ist, und nicht nur ein einziges.

Die Semantik-Anreicherung besteht darin, die Dokumente so zu annotieren, dass die Betrachtung sowie die Wechselwirkung der Sichten explizit in den Strukturen der Inhalte dargestellt werden kann (siehe Abbildung 8.1-3).

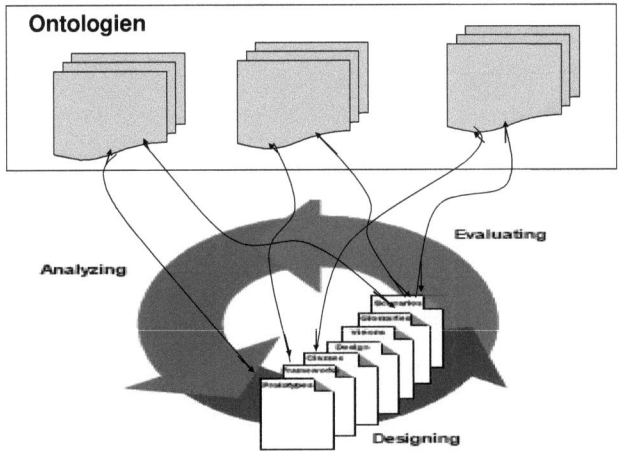

Abbildung 8.1-3: Semantik-Anreicherung der Dokumenttypen anhand von Ontologien

Die Semantik-Anreicherung unterstützt die Softwareentwicklung, diese als Semantikerstellung zu betrachten. Die anhand von Ontologien mögliche Meta-analytische-Ebene bietet:

- die Einigung auf die Entwicklung einer Sprache, die eine solche Semantik unterstützen soll,
- die Wahl einer geeigneten Begrifflichkeit, die von allen Beteiligten verstanden und verwendet wird,
- den Aufbau einer Semantik, die die unterschiedliche Kooperationssemantiken im Anwendungs- sowie im Entwicklungskontext explizit darstellen kann.

In (8.3.4) und (8.3.5) wird ein Beispiel präsentiert, wie ein Kooperationsbild (siehe Kapitel 4 Abschnitt 4.3) semantisch angereichert werden kann.

Das vorgeschlagene ontologische Rahmenwerk (engl. *Framework*) ORKU im nächsten Abschnitt soll ein Hilfsmittel sein, um solche Semantikerstellung explizit zu unterstützen.

8.2 Das ontologische Rahmenwerk ORKU

Nun kommt die Frage, die sich zwangsläufig stellt: Welche Ontologien sind für die Kooperationsmodellierung geeignet? Im Kapitel 6 wurde das kritische Thema der Verwendung von Ontologien für Informationssysteme diskutiert, mit dem Ergebnis, dass weder formale noch situierte Ontologien allein ausreichend für die Kooperationsmodellierung sind.

Eines der wesentlichen Ergebnisse der vorliegenden Dissertation besteht darin, *foundational ontologies*, deren abstrakte Ebene zwischen den formalen und situierten Ontologien liegt, zu verwenden und für die Kooperationsmodellierung anzupassen.

Zu diesem Zweck besteht das vorgeschlagene ontologische Rahmenwerk ORKU aus einer *top-level* und drei *foundational ontologies*. Rahmenwerk wird hier als Zusammenbringen der Beschreibung der unterschiedlichen Kooperationsverständnisse von unterschiedlichen Beteiligten aus der Organisations-, Mensch- und System-Sicht verstanden.

Die Ontologien in ORKU werden im Folgenden einzeln präsentiert.

8.2.1 Top-level ontology

Die *top-level ontology* beinhaltet allgemeine Begriffe und ihre Beziehungen, die als Grundlage für die Beschreibung eines typischen kooperativen Prozess betrachtet werden können (Siehe Abbildung 8.2-1).

Am Anfang habe ich in der Literatur eine vorhandene *top-level ontology* gesucht, die diese Voraussetzung zum Teil erfüllen kann. Es gibt mehrere sogenannte Kooperationsontologien, die frei aus dem Netz heruntergeladen werden können. Leider sind diese Ontologien entweder zu speziell oder zu allgemein und deshalb beantworten sie nicht die Fragestellungen dieser Dissertation.

Ein ontologisches Rahmenwerk für Kooperationsunterstützung

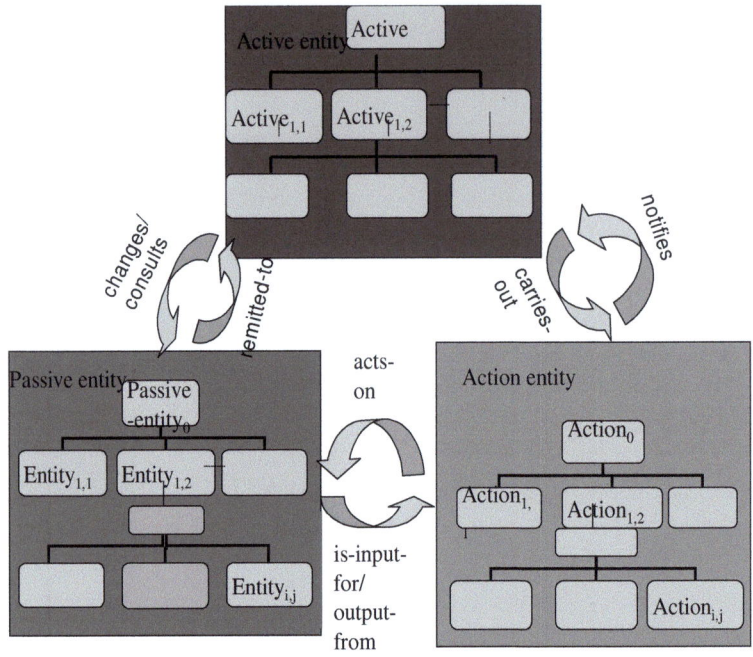

Abbildung 8.2-1: *Top-level ontology* **von ORKU**

In Anlehnung an die soziologische Sichtweise der Kooperationskonstituenten (siehe Kapitel 2 Abschnitt 2.2.2) und an die bekannten W-Fragen: „Wer macht was wozu womit" in Forschungsprojekten, z.B. im Krankenhaus (siehe Abschnitt 4.3), haben wir die wesentlichen Entitäten, aus denen die *top-level ontology* bestehen soll, ausgearbeitet.

Die Ontologien in ORKU bestehen aus Entitäten und Relationen.

Drei Wissensbereiche (engl. *knowledge areas*) „aktive", „passive" und „Aktions-„ Entitäten werden benötigt. Das Modell stellt die Arbeitspraxis in der Organisation als Netzwerk von Beziehungen zwischen „aktiven", „passiven", und „Aktions-Entitäten" dar.

Die Abbildung 8.2-1 stellt ein typisches Kooperationsszenario dar, wenn eine aktive Entität eine Aktion ausführt, um den Zustand einer passiven Entität zu ändern. Dieselbe passive Entität kann weiter zu einer anderen aktive Entität gegeben und/oder für die Ausführung einer anderen Aktion benötigt werden; die aktive Entität kann über den Zustand der Erledigung der Aktion zurück informiert werden.

Diese ausgesuchten Elemente sollten so allgemein sein, um die Kooperationsfaktoren bezüglich der betrachteten unterschiedlichen Kooperationssichten berücksichtigen zu können:

„**Aktive Entitäten**": beschreiben Elemente, die den Zustand einer aktuellen Situation von selbst ändern können. Sie können menschlicher Natur sein - wie z.b. Mitarbeiter, Arzt, Team, usw. -, oder auch künstlicher Natur – z.b. ein Computer-Artefakt, Agent, usw. -. Eine aktive Entität kann auch komplex sein- wie die Organisation, Department, usw. –.

Aktive Entitäten haben eine wesentliche Rolle in der Informationssystementwicklung für die Identifikation der unterschiedlichen Kategorien der Nutzer mit ihren Verantwortungen, Vorteilen und Zugriffsrechten. Uns interessiert nicht nur die Unterscheidung zwischen den verschiedenen Terminologien für diese Konstituenten zu untersuchen, sondern die verschiedenen zugrunde liegenden Bedeutungen für die Kooperation.

In diesem Zusammenhang werden wir die Kommunikation zwischen (Software) Agenten (vgl. Ritter 1997), die Kommunikation zwischen Menschen und die Kommunikation zwischen Rollen, die als abstrakte Entitäten zu betrachten sind, unterscheiden.

„**Passive Entitäten**": beschreiben Elemente, die in den Ergebnissen und Zuständen einer Aktion einbezogen sind. Sie können erzeugt, geändert, gelöscht werden oder auf die für Informationszwecke zugegriffen werden kann.

In der Regel können Informationen oder Dokumente als passive Entitäten herangezogen werden, wie. z.B. „Patientenakte" im Krankenhaus. Dieser kann auch als „Artefakt" verstanden werden, welches im Team kommuniziert wird bzw. über dessen Wertebelegung ein Teamkonsens hergestellt werden muss. Passive Entitäten können einfach, aber auch komplex sein - wie ein Hypertext -.

„**Aktions-Entitäten**": sie beschreiben Elemente, die erlauben, die Organisation im Betrieb für die Erreichung ihre Ziele zu halten. Es sind damit jegliche Arten von Prozessen in Zeit und Raum gemeint. In der vorliegenden Arbeit kann eine Aktion eine menschliche Handlung oder eine Rechner-Operation bezeichnen.

Aktionen sind wichtig im allgemein für die Modellierung, wenn das Ziel der Kooperation weniger als vielmehr der Weg im Vordergrund steht. Deshalb können Aufgaben, menschliche Aktivitäten, aber auch Operationen als Aktionen auf unterschiedliche Sichten und auf unterschiedlichen Abstraktionsebenen betrachtet werden.

Aktionen beschreiben in einer bestimmten Weise das Verhältnis einer aktiven Entität, d.h. die Art und Weise wie die aktive Entität auf die Ereignisse reagiert, um den Zustand der Situation der Kooperation zu ändern.

Die folgenden Beispiele beschreiben die so genannten „W-Fragen" - Wer macht was wozu- in den „Wozu-Tabellen", die für die Beschreibung eines typischen Kooperationsszenarios grundlegend sind:

- **Aktive Entität** führt eine Aktion aus und die gleiche Aktion wird von einer anderen aktiven Entität weitergeführt (Koordination)
- **Aktive Entität** ist für eine passive Entität verantwortlich und die gleiche passive Entität wird einer anderen aktiven Entität weitergegeben (Kommunikation)
- **Aktion** agiert auf einer passiven Entität und die gleiche passive Entität kann durch die Ausführung einer anderen Aktion geändert werden (Kollaboration)

Dabei kann eine aktive Entität mit einer anderen aktiven Entität Informationen gemeinsam nutzen (Kollaboration), eine Aktion von einer anderen aktiven Entität weitergeführt (Koordination) und eine passive Entität zu einer anderen aktiven Entität weitergegeben werden (Kommunikation).

Eine *consults*-Beziehung ändert nicht den Inhalt der betroffenen passiven Entität, während eine *changes*-Beziehung aus *create*, *update*, und *delete* Transformationen besteht.

Aktion agiert auf einer passiven Entität. Mehrere Formen der Kooperation können beschrieben werden; von einer aktiven Entität kann eine "Nachricht" zu einer anderen Entität abgehen; eine gemeinsame passive Entität kann während der Erledigung einer Aktion erzeugt werden, welche wieder zu einer anderen Aktion weitergegeben wird.

Die Abstraktion in typischen Klassen von Entitäten erlaubt die Wiederverwendung von Modellierungsmustern, die die Modellierung der komplexen kooperativen Arbeit vereinfachen.

Alle Entitäten können durch Aggregations-, Klassifikations-, Generalisierungs-, Assoziations- und Versionierungsbeziehungen organisiert werden. Dies wird die Identifizierung von *feingranularen* gemeinsamen Entitäten in der Kooperation ermöglichen, und ein hohes Niveau der Modellierung (nicht zu detailliert) sowie detaillierte Modellierung (nicht zu undeutlich) schaffen. Individuelle und kooperative Entitäten werden unterschieden. Individuelle Entität z.B. individuelle Aktion kann von einer einzelnen Person ausgeführt werden, während kooperative Aktion die Beteiligung von einer Gruppe verlangt.

Auf die konzeptuelle Ebene (siehe die Modellierung anhand von Protégé-2000) wird diese Unterscheidung eine wichtige Rolle spielen, um das Problem der Redundanz in der umfangreichen Darstellung der Ontologien zu vermeiden. Wir werden diesen Punkt noch einmal angehen (siehe Abbildung 8.2-2 und Abbildung 8.2-6).

Zusätzlich zu diesen Beziehungen werden andere Verbindungen zwischen den Entitäten definiert, um die Generierung der Meta-Modelle, die die Kommunikation, Kollaboration und Koordination kennzeichnen, zu ermöglichen. So können, z.b. die Beziehungen „weitergeben", „bekommen", „schreiben", „lesen", usw. die „Kommunikation" zwischen einer aktiven Entität und einer passiven Entität kennzeichnen.

Die Aggregation von mehreren Teilen in einer komplexen, passiven Entität informiert, welche Elemente geteilt werden oder nicht und beschreibt somit die „Kollaboration", die geschieht, wenn unterschiedliche aktive Entitäten dieselbe passive Entität (oder Teile dieser Entität) gemeinsam nutzen.

Die passive Entität im Kontext der Kollaboration könnte von den unterschiedlichen Aktionen geändert werden. Die Aggregation zeigt die Wechselwirkung zwischen der Kollaboration und der Koordination, weil die Reihenfolge der Erledigung der Aktionen wichtig ist. Dieses im Sinne, dass die gesamte Entität nur zur Verfügung gestellt werden kann, wenn alle Teile fertig produziert sind.

Dies wird anhand Beispiele aus dem Krankenhaus-Projekt im Abschnitt 8.3.4 konkret illustriert.

8.2.2 Foundational ontologies

Unter Rückgriff auf die Unterscheidung der Kooperationssichten im Kapitel 7 und das darauf aufgebaute konzeptuelle Rahmenwerk werden *foundational ontologies* (FO) bezüglich der betrachteten Sichten definiert.

Weil die Kooperation nur aus einer bestimmten Perspektive erkannt und beschrieben werden kann und weil für jede Perspektive spezielle Begriffe für ein bestimmtes Verständnis der Kooperation von bestimmten Beteiligten verwendet werden können, werden *foundational ontologies* (siehe Abschnitt 6.5.3) benötigt. Drei FO gemäß bezüglich Organisations-, Mensch- und System-Sichten werden definiert: *organizational foundational ontology* (OFO), *human foundational ontology* (HFO) und *system foundational ontology* (SFO) (siehe Abbildung 8.2-2).

Foundational ontologies sind etwas konkreter als die *Top-level ontology*, aber immer noch unabhängig von der Anwendungsdomäne. Die Konkretisierung der *top-level*

Ein ontologisches Rahmenwerk für Kooperationsunterstützung

ontology zu einer *foundational ontology* wird auf der Grundlage des konzeptuellen Rahmenwerks (siehe Kapitel 7) gebaut.

Das Rahmenwerk unterscheidet die wesentlichen Ebenen der Erledigung der vielfältigen Aktionen in einer Organisation bezüglich der betrachteten Kooperationssichten. Es beleuchtet die Betrachtung einer Organisation als ein Netzwerk von Entitäten und Beziehungen zwischen diesen Entitäten, wobei die menschenbezogene Aktivität als zentral erscheint in der Abbildung, um die organisationellen Ziele für ihre Operationalisierung zusammenzubringen.

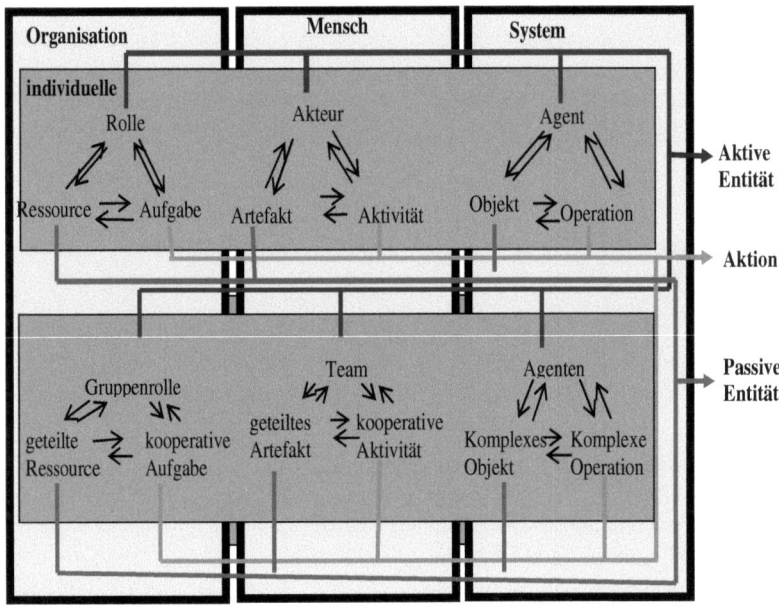

Abbildung 8.2-2: Foundational ontologies bezüglich Oragnisations-, Mensch- und System-Sichten

Insofern wird **Aufgabe** aus der Organisationssicht als abstrakte Beschreibung von "was soll gemacht werden", um Ziele zu erreichen. Die **Aufgabe** wird durch menschenbezogene **Aktivitäten** ausgeführt, welche weiter durch **Operationen** implementiert werden können.

Analog wird **Rolle** als Beschreibung einer aktiven Entität aus der Organisationssicht betrachtet, welche zum **Akteur** aus sozialer und zum **Agent** aus System-Sicht konkretisiert werden kann. Eine Gruppenrolle bezeichnet z.B. eine Abteilung in einer Organisation, die selber aus mehreren Rollen bestehen kann. Ein Arbeitsbereich in der Universität wird als Gruppenrolle betrachtet, der aus u.a. Arbeitsbereich-Leiter, Mitarbeiter und Sekretärin besteht.

Anschließend wird **Ressource** als passive Entität aus Organisationssicht betrachtet, welche dem **Artefakt** aus der menschenbezogenen Sicht und **Objekt** aus der System-Sicht entsprechen.

Zusätzlich zu der Kategorisierung der Begriffe gemäß den unterschiedlichen Perspektiven werden die Entitäten auch klassifiziert, je nachdem, ob sie individuell oder kooperativ sind, so dass verschiedene Beteiligte adäquate Terminologien gemäß ihrem Kontext in dem ontologischen Rahmenwerk „zoomen" können. Zoomen bedeutet hier auf eine bestimmte Entität fokussieren, um ausführliche Informationen über die sämtlichen Entitäten sowie ihre Beziehungen, die in Verbindung mit der betrachteten Entität stehen, zu erfahren.

Die **organizationsbezogene** *foundational ontology* (OFO) stellt die strategische Sichtweise einer Organisation dar. Rollen führen Aufgaben aus, und dadurch ändern sich Ressourcen, um bestimmte (Organisations-) Ziele zu erreichen. Die Elemente Aufgaben, Rollen, Ressourcen gehören zur Terminologie aus der Sicht der Organisation.

Die **menschenbezogene** *foundational ontology* (HFO) stellt die soziale Sichtweise in der Organisation dar. Akteure erledigen Aktivitäten und ändern dabei auch Artefakte. Diese betroffenen Akteure sollen Rollen spielen, die in der organisationsbezogenen FO (komplett oder teilweise) definiert wurden. Mit dieser Darstellung wird es immer möglich zu überprüfen, ob sich die Gruppen in der Organisation so gut in ihrer Arbeit organisieren, um den Zielen und weiteren strategischen Bedingungen aus der Organisationssicht zu entsprechen.

Die **systembezogene** *foundational ontology* (SFO) entspricht der System-Sicht. Aus dieser technischen Sicht werden lediglich formalisierbare Informationsaspekte des Einsatzkontextes betrachtet. Sie soll eine Spezifikation der menschenbezogenen Aktivitäten, die sich automatisieren lassen, ermöglichen. Operationen beschreiben dann die rechnergestützten Aktivitäten. Agenten führen Operationen aus und ändern dadurch Objektszustände unter Berücksichtigung bestimmter Regeln.

Die Terminologie kann nicht vorgegeben werden, sondern man muss sich darauf einigen und sie dann weiter erarbeiten. An dieser Stelle soll der Beitrag des in der vorliegenden Arbeit vorgeschlagenen Rahmenwerks verortet werden, um die Einigung sowie die Erarbeitung solcher Terminologien zwischen Beteiligten unterschiedlicher Perspektiven zu vereinfachen.

Mit einer reichen Begrifflichkeit gemäß der Perspektiven Organisation, Mensch und Technologie auf unterschiedlich abstrakten Ebenen dient sie nicht nur als eine erste Orientierungshilfe, sondern während des gesamten Projekt-Lebenszyklus und darüber hinaus.

Die ausgearbeiteten Begriffe dienen als Schlüsselwörter für die unterschiedlichen Verständnisse von Kooperation. Vielfältige Beteiligte werden eine geeignete Terminologie für ihren Kontext und Situation finden.

8.2.3 Überbrückung der foundational ontologies

Welche Aktivitäten sind von den Mitarbeitern für welche Aufgabe (aus der Sicht der Organisation) auszuführen, und welche Operationen können welche Aktivität implementieren? sind Beispiele für Anfragen, die durch semantische Beziehungen zwischen den Ontologien beantwortet werden können.

Die zusätzlichen Begriffe, wie Organisationsziele, die menschenbezogenen Intentionen und die operationalen Regeln, werden kognitiv benötigt, um die drei *foundational ontologies* semantisch verbinden zu können.

„Ziele" beschreiben die wesentlichen Erwartungen einer Organisation auf einer strategischen Ebene. Dadurch werden stabile Merkmale des Unternehmens definiert. Ziele bezeichnen die Frage „Wozu" während Aufgaben die Frage „Wie" bezeichnen. Diese Unterscheidung ermöglicht die Untersuchung und Betrachtung der Alternativen der aktuellen Aufgaben und andere neue Entscheidungen für die gewünschten Ziele. Sie erlauben den Ausdruck, dass die Welt anders sein kann, als sie jetzt ist.

Die Unterscheidung der Ziele nach ihrer Ausführung anhand der Aufgaben erlaubt die Spezifikation der Ziele, ohne genauer zu präzisieren, wie sie erreicht werden können, z.B. von den Managern auf der strategischen Ebene. Von daher werden Ziele eher der Beschreibung der wesentlichen Phasen der Ausführung einer Aufgabe als der Aufgabe selbst dienen.

„Intention" stellt eine mögliche Bereitschaft von Akteuren dar, ein bestimmtes Ziel zu erreichen (siehe Abbildung 8.2-3). Mehrere Intentionen eines Akteurs können sich der Erreichung eines Zieles widmen. Eine Intention beschreibt dann was ein Akteur für die Erledigung eines Zieles vorhat. Die tatsächlichen Aktivitäten, die der Akteur wirklich erledigt hat, können davon mehr oder weniger abweichen.

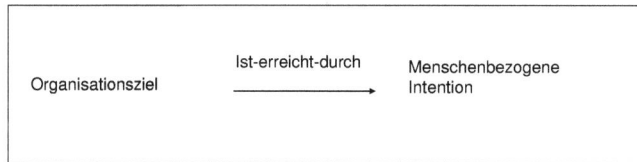

Abbildung 8.2-3: Konkretisierung des Zieles durch Menschen

Aus operationaler Sicht müssen bestimmte „Regeln" erfüllt werden, um eine bestimmte Aktivität zu unterstützen und auszuführen. „Daten visualisieren" ist ein Beispiel eines Ziels in einer graphischen Anwendung, während "das System soll ein Display-Screen haben" die Regel bezeichnet, das heißt die Weise, wie das Ziel erreicht werden kann, aber nicht selbst das Ziel ist. Die Abbildung 8.2-4 zeigt den Zusammenhang zwischen den drei Begriffen.

Abbildung 8.2-4: Operationalisierung der Organisationsziele

In ORKU wird die Betrachtung der unterschiedlichen Ebenen „Aufgabe", „Aktivität" und „Operation" (siehe Kapitel 7) die Zusammenhänge zwischen „Ziel", „Intention" und „Regel" aufzeigen und vergegenständlichen. Die Ausführung einer „Operation" dient der Erledigung einer „Aktivität" und die Erledigung einer „Aktivität" dient der Erledigung einer „Aufgabe" (siehe Abbildung 8.2-5).

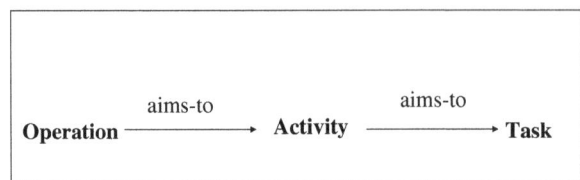

Abbildung 8.2-5: Der Zusammenhang zwischen Operation, Aktivität und Aufgabe

Dies wird explizit in der konzeptuellen Sicht von ORKU dargestellt.

8.2.4 Überblick über die konzeptuelle Sicht von ORKU

Die folgende Abbildung 8.2-6 zeigt einen Überblick über eine konzeptuelle Sicht von ORKU. Die *top-level ontology*, die drei *foundational ontologies* sowie die unterschiedlichen Beziehungen zwischen den sämtlichen Ontologien in ORKU sind dargestellt.

Kapitel 8: Das ontologische Rahmenwerk ORKU

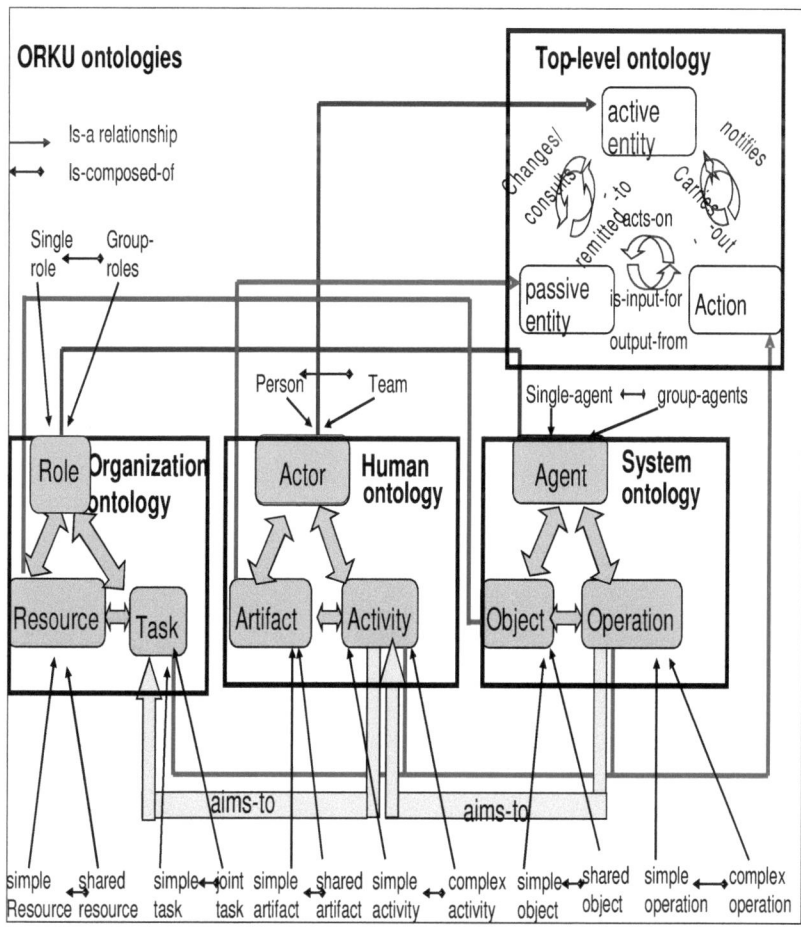

Abbildung 8.2-6: Überblick über die konzeptuelle Sicht von ORKU

Die *top-level ontology* (siehe Abbildung 8.2-1), die *foundational ontologies* (siehe Abbildung 8.2-2) sowie die Überbrückung der *foundational ontologies* (siehe Abbildung 8.2-4) werden hier konzeptuell zusammengeführt.

Das hier vorgeschlagene ontologische Rahmenwerk ORKU wird auf dem im Kapitel 7 vorgeschlagenen grundlegenden konzeptuellen Rahmenwerk aufgebaut.

Jede Ontologie in ORKU soll die Begriffe sowie ihre Beziehungen bezüglich einer Kooperationsperspektive (Organisation, Mensch und System) so definieren, dass ein Verständnis über die kooperativen Prozesse bezüglich dieser Perspektive explizit beschrieben werden kann.

Wenigstens drei Communities von Beteiligten sind zu erkennen – wie z.B. Manager aus der Organisationssicht, Softwareentwickler aus der System-Sicht und die künftigen Benutzer aus der Menschen-Sicht –.

Die Zusammenarbeit zwischen den verschiedenen Beteiligten ändert sich ständig während der gesamten Softwareentwicklungs- und Einbettungsprozesse.

Die verschiedenen Beteiligten können drei Typen von Anforderungen an die Softwareentwicklung für Kooperationsunterstützung aus ihrer eigenen Sicht formulieren. Die drei Typen von Anforderungen entsprechen den unterschiedlichen Interessen an der Kooperation. Im Rahmen einer bestimmten Anwendungsdomäne werden die Anforderungen in drei konzeptuellen Modellen erfolgen.

8.2.5 Kooperationsmodellierungsebenen anhand von ORKU

Im Kapitel 7 haben wir gesehen, dass bei der Herausarbeitung der wichtigen Kooperationssichten für den Zusammenhang zwischen Verstehens- und Design-Aktivitäten die Abstraktionsebene der Kooperationsmodellierung selbst ein wesentlicher Faktor ist. Die Kooperationsmodellierungsebenen sind:

- Meta-Ebene (unabhängig vom Anwendungsbereich),
- intensionelle Ebene (für einen bestimmten Anwendungsbereich)
- extensionelle Ebene (für konkrete Instanzen in dem betrachteten Anwendungsbereich)

Das ontologische Rahmenwerk ORKU ist in zwei Dimensionen angelegt.

Die Aufstellung der Kooperationsperspektiven anhand von Ontologien zeigt eine horizontale Dimension, um die Entwickler bei der Berücksichtigung anderer Beteiligten mit unterschiedlichen Interessen, Kooperationsverständnissen und Terminologien über die Kooperation zu unterstützen.

Die vertikale Dimension kommt durch die Kooperationsmodellierungsebenen zustande und zeigt, wie die Entwickler selbst bei ihren Aufgaben unterstützt werden können, d.h. bei der Analyse sowie der Generierung der kontextuellen kooperativen Meta-Modelle, die für den Anwendungsbereich geeignet sind (siehe Abbildung 8.2-7).

Diese vertikale Darstellung zeigt auch die Wechselwirkung zwischen den Verstehens- und Design-Prozessen, die der Analyse sowie den Operationalisierungsprozessen entsprechen.

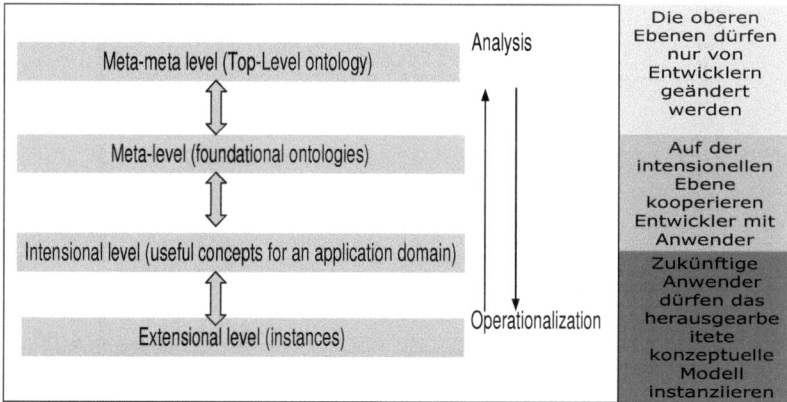

Abbildung 8.2-7: Kooperationsmodellierungsebenen anhand von ORKU

Die oberen Ebenen dürfen nur von Entwicklern geändert werden.

Auf der intensionellen Ebene kooperieren Entwickler mit Anwender, um geeignetes konzeptuelles Modell für den bestimmten Anwendungsbereich auszuarbeiten. Zukünftige Benutzer dürfen auf der tiefsten Ebene das herausgearbeitete konzeptuelle Modell instanziieren. Ein Beispiel wird in der Abbildung 8.2-8 gezeigt.

Ein ontologisches Rahmenwerk für Kooperationsunterstützung

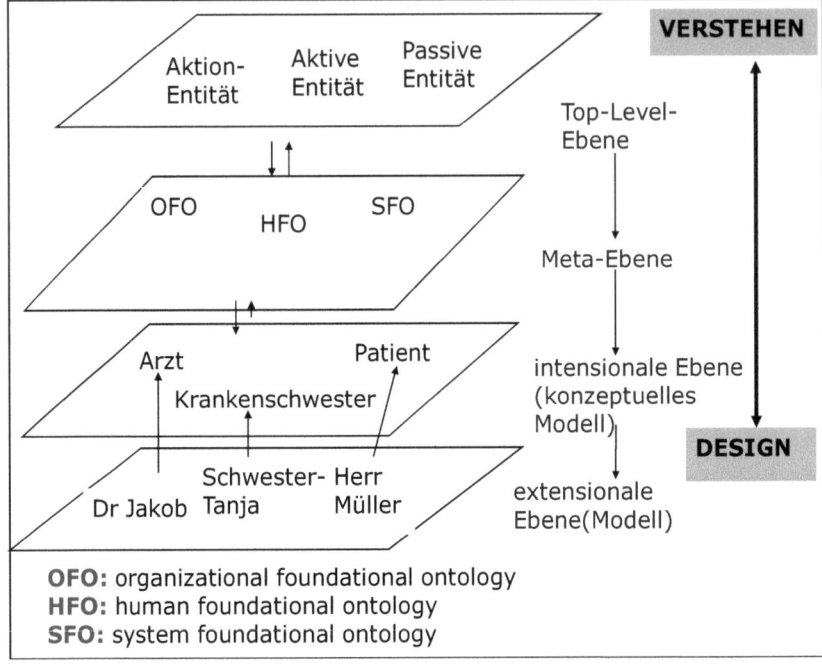

Abbildung 8.2-8: Wechselwirkung der Verstehens- und Design-Aktivitäten anhand von ORKU

Top-Level-Ebene: Die höchste Ebene beinhaltet generische Begriffe der *top-level ontology*, die von der Anwendungsdomäne sowie von den verwendeten Methoden unabhängig sind. Der Zweck ist die Kontrolle der semantischen Beziehungen auf den unteren Ebenen.

Meta-Ebene: Auf dieser Ebene werden die *foundational ontologies* definiert. Sie sind konkreter als die Top-Level-Ontologie, aber immer noch unabhängig von der Anwendungsdomäne. Sie können für beliebige weitere Anwendungen wiederverwendet werden.

Intensionale Ebene: In dieser Ebene wird ein Kooperationsmodell für eine bestimmte spezifische Domäne z.B. Krankenhaus beschrieben. Diese Ebene kann auch „Anwendungsebene" genannt werden.

Extensionale Ebene: Die tiefste Ebene beschreibt einen spezifischen Prozess in dem resultierenden Modell auf der intensionalen Ebene. Das Modell wird durch eine

Instanziierung des vorherigen Modells entstehen. Deshalb wird es auch „Instanz-Ebene" genannt.

Durch die in der Abbildung 8.2-7 dargestellte Hierarchie können mindestens (System-) Analysten, Designer und zukünftige Benutzer zusammenarbeiten.

Diese Ebenen erlauben die unterschiedlichen Zugriffsrechte auf die Kooperationsdarstellung zwischen Entwicklern, Anwendern und zukünftigen Benutzern zu erkennen. Z.B. dürfen die zukünftigen Benutzer auf der extensionellen Ebene Veränderungen beibringen, wie im Rahmen einer Konfiguration, aber sie dürfen nicht die Strukturen verändern, die auf der Meta-Ebene schon von der Entwicklern definiert wurden.

Die zwei höheren Ebenen werden von unserem ontologischen Rahmenwerks ORKU geleistet. Die zwei unteren gehören zu den Aufgaben der Entwickler und Anwender, die aus ORKU ihre eigene (situierte) Ontologie aufbauen können, um ein konzeptuelles Modell für ihre Anwendung abzuleiten (Bendoukha 2008).

Die Ebene des Zugriffs auf ORKU, insbesondere zu solcher Terminologie und ihre Sichtbarkeit wird von Kooperationsperspektiven (Organisation, Mensch und System), vom Kooperationsaspekt (Kollaboration, Koordination und Kommunikation) und von der Kooperationsmodellierungsebene (Top-Level, Meta-Ebene, intensionale und extensionale) abhängig sein. Jeder Nutzer wird in der Lage sein, in den betroffenen Teilen zu „zoomen", welche seinem Fokus in dem Rahmenwerk entsprechen können.

Dies werden wir konkreter in der Fallstudie Krankenhaus illustrieren (siehe Abschnitt 8.4.5), nachdem wir zuerst den Aufbau anhand Protégé-2000 präsentieren.

8.3 Aufbau des ontologischen Rahmenwerk ORKU

Es gibt eine Reihe von Werkzeugen zur Unterstützung der verschiedenen Wissensprozesse. Im Prozess der Entwicklung werden häufig Ontologie-Editoren eingesetzt, die die Erstellung einer Ontologie unterstützen. In der Literatur wird hier vor allem der frei verfügbare Editor Protégé-2000 der Universität Stanford genannt, auf dessen Daten außerdem über eine Java-Schnittstelle zugegriffen werden kann.

Im Folgenden werden nicht nur englischsprachige Wörter kursiv geschrieben, sondern auch solche, die dem Protégé-Modell angehören.

8.3.1 Protégé-2000

Protégé-2000 ist ein *open-source frame-based ontology editor*, der im Department für medizinische Informatik an der Universität Stanford entwickelt wurde. Es bietet die folgenden Funktionalitäten:

- baut und importiert interaktiv Ontologien,
- stellt eine vorhandene Bibliothek von Ontologien zur Verfügung,
- unterstützt und bettet *Plugins* ein,
- exportiert Ergebnisse an andere Ontologiebeschreibungsformate,
- verfügt über eine OKBC (Open Knowledge Base Connectivity),
- ist in Java geschrieben

Protégé-2000 kann verwendet werden, um eine Hierarchie von Klassen und ihre Instanzen zu bauen. Die Benutzer-Schnittstelle ist in mehrere *Tabs* unterteilt, welche die verschiedenen Sichten des aktuellen Modells zeigen, z.B.:

- *Class-browser tab* für die Erzeugung und die Darstellung der Eigenschaften der Klassen,
- *Instance tab* für die Erzeugung und Darstellung der Instanzen.

Neue *Tabs* können zusätzlich via Plug-in Mechanismen eingeführt werden.

Frames bezeichnen *"first-class"* Objekte von Protégé-2000. Die am meisten verwendeten *frames* sind *class*, *instance*, und *slot*. Zwei andere Typen von *frames* sind *"metaclass"* und *"metaslot"*, die als spezielle Typen von Klassen und *slot* betrachtet werden.

Eine wichtige Abhängigkeit zwischen den Entitäten in jedem Protégé-Modell ist die Beziehung *instance-of*, die die Eigenschaften eines *frame* definiert. Zwei *frames* können durch die *instance-of* Beziehung in Verbindung setzen, d.h. die Eigenschaften eines *frames* werden mit dem anderen *frame* ermittelt. Für die Entscheidung zwischen den beiden *frames* ist es geraten, die *frames* gemäß der Rolle, die sie in der Beziehung spielen, zu benennen: das *frame*, das die Eigenschaften ermittelt, wird *schema-frame* heißen; während das *frame*, dessen Eigenschaften ermittelt werden, *object-frame* heißt.

Die meisten *frames* können eine der Rollen spielen: *class* ermittelt die Eigenschaften einer *instance*, während die Eigenschaften einer Klasse von einer *metaclass* ermittelt werden. In der ersten Rolle wird die Klasse als *schema-frame* betrachtet während in der zweiten Rolle als *object-frame* betrachtet.

Instance- und *slots-frames* werden auf die *object-frame* Rolle beschränkt, d.h. sie können nicht Eigenschaften von einem anderen *frame* ermitteln. Das *metaclass frame* dient als *schema-frame* für *class*, *metaslot* und sie selbst. Somit ist *metaclass* das einzige *frame*, das seine eigenen Eigenschaften selbst ermittelt kann.

Klassen sind in einer Hierarchie von Super- und Subklassen geordnet. Klassen, Metaklassen und m*eta-Slot* sind alle Teile dieser einzigen Hierarchie, bis auf die Standard-Wurzel-Klasse *THING*; eine Klasse kann eine oder mehrere direkte Super-Klassen sowie Sub-Klassen haben. Jede Instanz gehört zu einer einzigen Klasse und ihren Super-Klassen.

Slots sind *first-class* Objekte in Protégé, d.h. sie können unabhängig von anderen Elementen existieren. Ein s*lot* kann mit einem *frame* auf zwei Weisen verbunden sein: *own slot* oder *template slot*. Ein *own slot* stellt eine Eigenschaft seines *frames* dar, während ein *template slot* die s*lots* die Instanzen des *frames* ermittelt.

Das Klassensystem in Protégé-2000 kann individuell zu einem Protégé-Modell angepasst werden, z.B. kann man anstatt der Verwendung der Meta-Klasse *STANDARD-CLASS* ein Metaklasse durch Sub-Klassenbildung ausgehend von *CLASS* oder *STANDARD_CLASS* erzeugen. Das Standard-Klassensystem in Protégé-2000 selbst kann nicht geändert werden. Eine Liste der wichtigen Klassen ist in der Tabelle 8.3-1 zu finden.

Im allgemein ermittelt ein *template slot* des *schema-frames* das *own slot* von allen *object-slots* des Schemas. *Own slots* einer Instanz sind dann durch die Verbindung von *template slots* zu ihrer Klassen ermittelt. *Own slots* einer Klasse sind durch die Verbindung des *template slots* zu seiner Meta-Klasse ermittelt. Schließlich werden *own slots* einer Meta-Klasse durch ihre Meta-Klasse definiert (siehe Tabelle 8.3-1).

Name of System Class	Description
THING	The root class of any Protégé model. The only class that does not have a superclass.
SYSTEM-CLASS	The superclass of all special system classes (except THING).
CLASS	The superclass of all *metaclasses*.
STANDARD-CLASS	The default *metaclass*.
SLOT	The superclass of all *metaslots*.

Tabelle 8.3-1: Die Hierarchie der wichtigen Systemklassen

Klassen mit Slots zusammen werden in Protégé-2000 *ontology* genannt, während Ontologie und Instanzen zusammen die Wissensbasis (engl. *knowledge base*) bilden.

8.3.2 Darstellung der top-level ontology in Protégé-2000

Die *top-level ontology* soll ein einfaches gemeinsames Modell für die Beschreibung der Kooperation anbieten. Dadurch, dass die gewählten Entitäten in der *top-level ontology* als Schlüsselbegriffe für den Zugriff auf die Ontologien dienen, werden die Abhängigkeiten und die Beziehungen zwischen Entitäten aus unterschiedlichen Wissensbereichen definiert. Die individuellen und kooperativen Entitäten in ORKU werden als einfache und komplexe Entitäten betrachtet werden.

Kapitel 8: Das ontologische Rahmenwerk ORKU

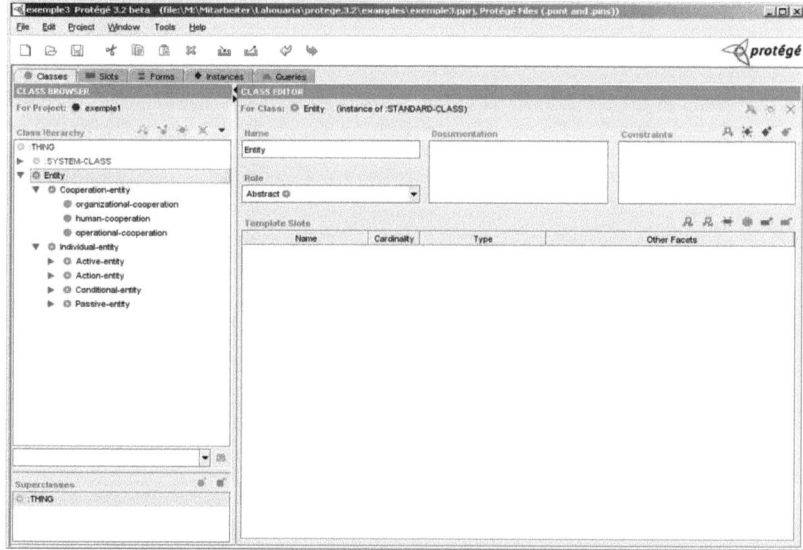

Abbildung 8.3-1: Auszug aus der Darstellung der individuellen und kooperativen Entitäten

Die Abbildung 8.3-1 stellt in Protégé-2000 die Klassifizierung der Entitäten in individuelle und kooperative Entitäten dar. Im *CLASS BROWSER* ist die Klasse *Entity* direkt von der Superklasse *Thing* abgeleitet.

Die folgende Abbildung 8.3-2 stellt das Protégé-Modell für die „aktive Entität" in der *top-level ontology*.

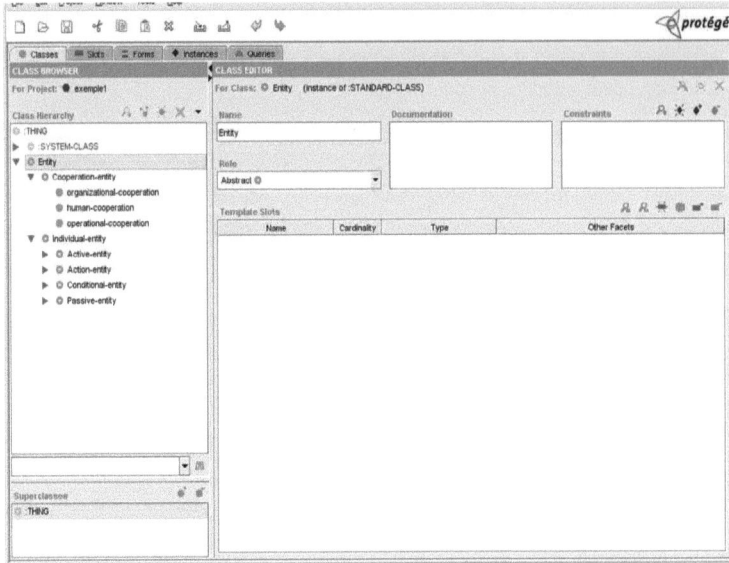

Abbildung 8.3-2: Auszug aus der Hierarchie der Klassen von ORKU

Auf der linken Seite ist die Klasse Active ausgewählt. Auf der rechten Seite sind die Beziehungen *carry-out* und *is-responsible-for* definiert. Active ist hier als abstrakt definiert, weil diese Klasse der *top-level ontology* gehört. Sie besitzt keine direkten Instanzen.

8.3.3 Darstellung der foundational ontologies in Protégé-2000

Die Hierarchie der Klassen zusammen mit den entsprechenden *slots* werden in Protégé-2000 ontology genannt. Für ORKU werden *Organisational, Human und System* als Meta-Klassen für die entsprechenden *foundational ontologies* definiert. Sie sind als abstrakt bezeichnet, weil sie keine konkreten Instanzen enthalten werden. Die Entitäten, die in dem grundlegenden konzeptuellen Rahmenwerk (siehe Abbildung 7.6-3) zusammen integriert sind, werden in ORKU als Sub-Klasses von ihren entsprechenden Meta-Klassen *Organizational, Human und System* definiert werden. Für diesen Zweck sind z.B. *actor, activity* und *artifact* als Sub-Klasses von der Meta-Klasse *Human* definiert (siehe linke Seite in der Abbildung 8.3-3).

Die Abbildung 8.3-3 stellt einen Auszug der Ontologien mit dem Fokus auf die Organisationssicht dar.

Kapitel 8: Das ontologische Rahmenwerk ORKU

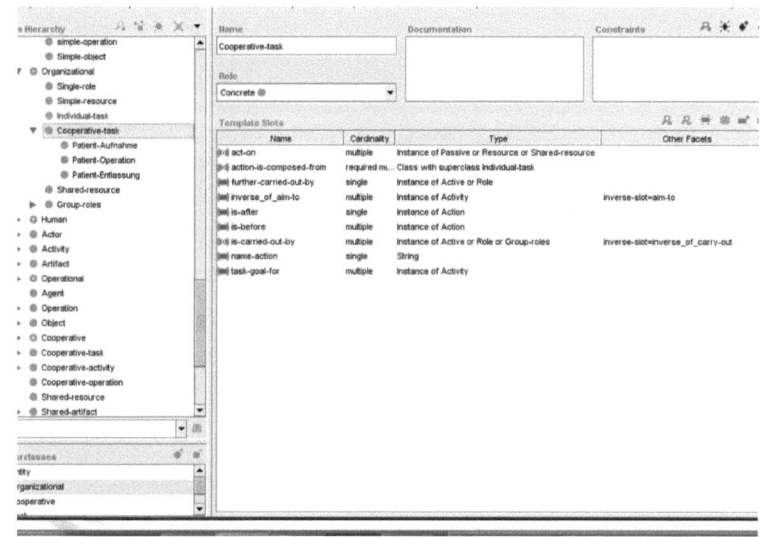

Abbildung 8.3-3: Darstellung der Entität übergreifende Aufgabe aus der Organisationssicht

Alle Entitäten in ORKU sind anhand von Protégé-2000 auf der gleichen Ebene dargestellt. Die linke Seite der Abbildung zeigt den Fokus auf die Organisationssicht, insbesondere auf die Entität „übergreifende Aufgabe". Die rechte Seite zeigt die Eigenschaften dieser Entität durch die *acts-on-, is-carried-out-by-, is-after-, is-bevore-, is-further-carried-out-by-* Beziehungen. Die Slots definieren auch den Bezug zu den *top-level ontology*. So wird z.B. die *acts-on* Beziehung (siehe erste Zeile in der rechten Seite der Abbildung 8.3-4) eine Information liefern, die selber als „passive Entität" in der *top-level ontology* bezeichnet ist.

Es wird dabei auch gezeigt, wie die menschenbezogene Ontologie auf der gleichen Ebene wie die organisationsbezogene Ontologie dargestellt werden kann.

Ein ontologisches Rahmenwerk für Kooperationsunterstützung

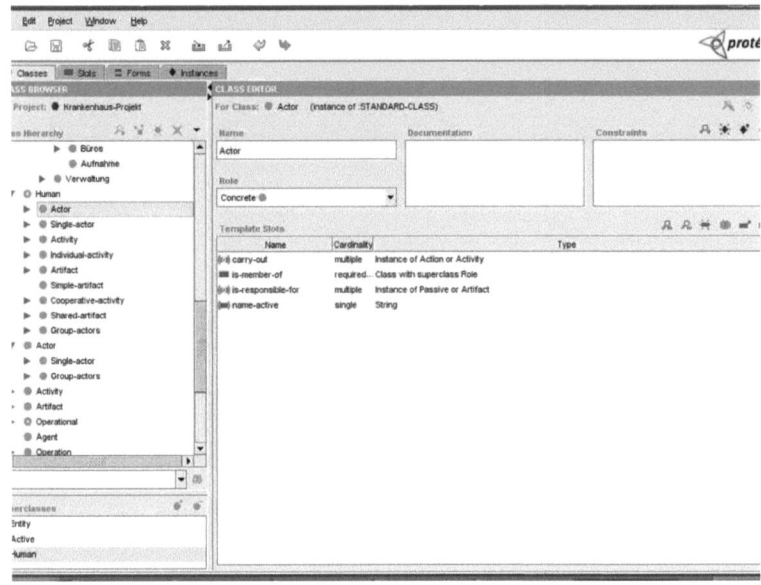

Abbildung 8.3-4: Darstellung der Entität „Akteur" aus der menschenbezogenen Sicht

Auf der linken Seite im *CLASS BROWSER* werden alle betrachteten Entitäten als Klassen gezeigt. Auf der rechten Seite im *CLASS EDITOR* wird die Klasse *Actor* gewählt, um ihre Eigenschaften durch die *Slots* zu zeigen. *Actor* ist als konkrete Klasse definiert, d.h. sie ist keine abstrakte Klasse, sondern sie kann instanziiert werden. Der Bereich *Superclasses* auf der linken Seite unten zeigt, dass die Klasse *Actor* von der Klasse *Active-entity* abgeleitet wurde.

Die *template slots* zeigen die verschiedenen Beziehungen der Entität *Actor*, z.B.:

- *carries-out* soll auf eine *Aktivität* verweisen
- *is-responsible-for* soll auf ein Artefakt verweisen
- die Beziehung *play* soll auf eine Rolle verweisen und wird in der *Superclass Active-entity* definiert.

Im Gegensatz zu *Actor* (in der Abbildung 8.3-4) ist *Active-entity* (in der Abbildung 8.3-2) als abstrakte Klasse definiert, d.h. sie kann nicht direkt instanziiert werden, sondern sie muss vorher spezialisiert werden. Meistens ist hier die Spezialisierung gemeint, die in einer bestimmten *foundational ontology* konkretisiert wird.

Das Modell liefert trotzdem die Ergebnisse über die abstrakte Entität *active-entity*, ohne sich darum zu kümmern, wie diese Entität in den *foundational ontologies* spezialisiert wird. Das Modell zeigt die Beziehungen, die wir bis jetzt für diese Entität editiert haben, z.B.:

- *acts-on* soll eine *passive-entity* ergeben
- *is-carried-from* soll eine *active-entity* ergeben.

Im Folgendem werden wir zeigen, wie ORKU konkret für den Krankenhaus-Bereich verwenden werden kann.

8.3.4 Verwendung von ORKU auf der Anwendungsebene: Fallstudie Krankenhaus

Das Kooperationsbild für die übergreifende Aufgabe „Patientenaufnahme" (siehe Abbildung 4.3-4) wird als Beispiel genommen, um seine Dokumentation anhand von ORKU zu zeigen. Das Ziel besteht darin, eine detaillierte Beschreibung des Kooperationsbildes, das den komplexen Ablauf während der Aufnahme eines Patienten visualisiert, zu schaffen. Es wird insbesondere untersucht, in wieweit das aufgebaute Protégé-Modell von ORKU die Semantik-Anreicherung des Kooperationsbildes ermöglicht.

Die in Protégé-2000 definierten Meta-Klassen für die *foundational ontologies* (OFO, HFO und SFO) lassen sich ganz einfach für die Umsetzung in einem bestimmten Anwendungsbereich ableiten.

Tatsächlich sind Klassen, Metaklassen und *Meta-slots* in Protégé Teile einer einzigen Hierarchie. Eine Klasse kann eine oder mehrere direkte Super-Klassen sowie Sub-Klassen haben.

So können die in der Ontologien von ORKU definierten Entitäten, die selber als Klassen definiert sind (siehe 8.3.2), auch weiter abgeleitet werden und spezifische Sub-Klassen für den Krankenhausbereich enthalten (siehe Abbildung 8.3-5). In der folgenden Abbildung ist „Patientenaufnahme" als konkrete übergreifende Aufgabe (in der Abbildung als *cooperative task* bezeichnet) ausgewählt.

Ein ontologisches Rahmenwerk für Kooperationsunterstützung

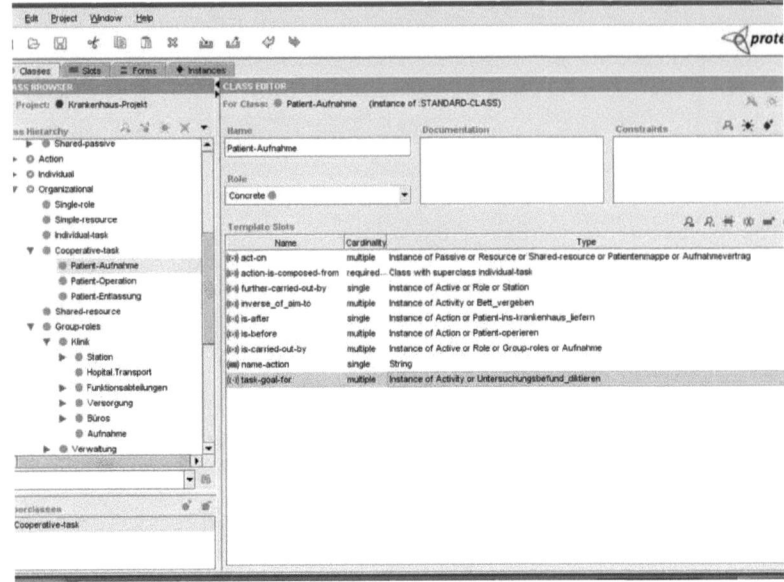

Abbildung 8.3-5: Bezug zum Krankenhausanwendung

Auf der linken Seite sind die Klassen vom Krankenhausbereich abgeleitet. Die rechte Seite stellt Informationen über die ausgewählte übergreifende Aufgabe „Patientenaufnahme".

Die Slots auf die rechte Seite zeigen die Beziehungen, die mit der „Patientenaufnahme" verbunden sind. Die *acts-on* Beziehung liefert als gemeinsame Ressource „Patientenmappe" und „Aufnahme-Vertrag".

Diese Dokumente werden in der regel für jeden Patient gebraucht. Von daher können auf die Ebene der Anwendung schon definiert werden. Analog werden die anderen Slots auch fast für alle Patienten die gleichen Informationen enthalten, z.B.:

- *is-carried-out-by* Beziehung enthält „Aufnahme"
- *is-after* Beziehung enthält „Patient-ins-Krankenhaus-liefern"
- *is-before* Beziehung enthält „Patient-operieren".

Protégé-2000 erlaubt eine kontinuierliche Erweiterung des Modells. Weil der Ablauf der Aufnahme für jeden Patient anders sein kann, werden andere Informationen in der

Ontologie inkrementell eingeführt. ORKU sorgt dafür, dabei die Konsistenz der unterschiedlichen Slots zu gewährleisten.

Der Auszug vom Protégé-Modell in der Abbildung 8.3-5 zeigt, dass z.b. für die *acts-on* Beziehung (der erste Slot in der Abbildung) die gelieferte Information vom Typ *shared resource* gemäß OFO und *passive entity* gemäß der *top-level ontology* sein soll.

Andere übergreifende Aufgaben neben der „Patientenaufnahme", wie z.B. „Patientenoperation" und „Patientenentlassung", sind in der gleichen Darstellung in der Abbildung 8.3-5 zu sehen.

Die „Patientenaufnahme" wurde als „Aufgabe" aus der Organisationssicht dargestellt. Im Folgenden wird eine bestimmte Aktivität aus der menschenbezogenen Sicht ausgewählt, die auch für die Erledigung der „Patientenaufnahme" dient (siehe Abbildung 8.3-6).

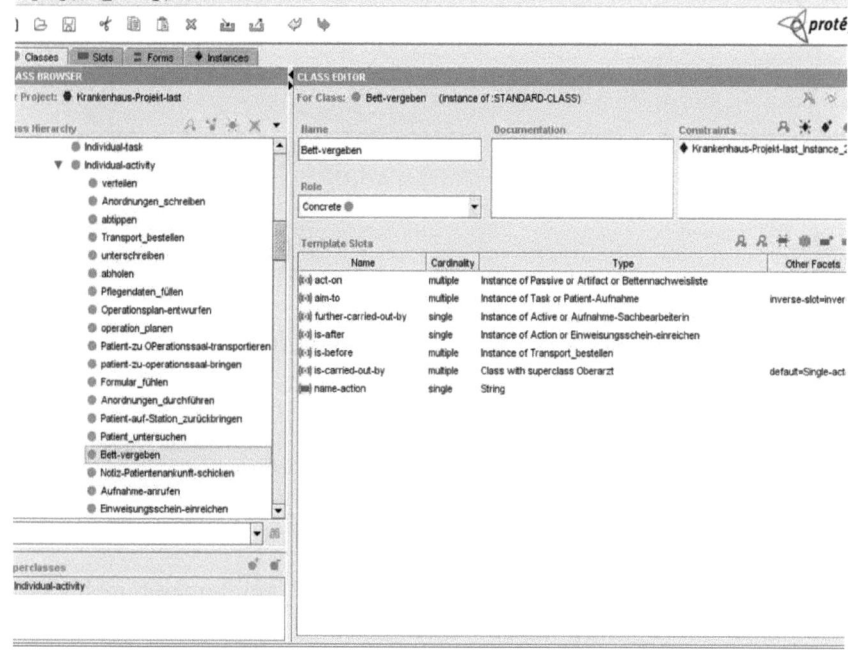

Abbildung 8.3-6: Darstellung der ausgewählten Aktivität „Bett-Vergeben"

Durch die *template slots* auf der rechten Seite im Klass Editor werden die verschiedenen Beziehungen der Aktivität „Bett-Vergeben" dargestellt, z.B.:

- *acts-on* verweist auf das Artefakt „Bettennachweisliste",
- *is-carried-out-by* verweist auf den Akteur „Oberarzt",
- *is-further-carried-out-by* verweist auf den Akteur „Aufnahme-Sachbearbeiterin",
- *is-after* verweist auf die Aktivität „Einweisungsschein-einreichen"
- *is-before* verweist auf die Aktivität „Transport-bestellen"
- *aims-to* „Patient-Lemke aufnehmen"

8.3.5 Semantik-Anreicherung des Kooperationsbildes anhand von ORKU

Jede dargestellte Entität im Kooperationsbild wird einen Bezug in ORKU finden (siehe Abbildung 8.3-7).

Kapitel 8: Das ontologische Rahmenwerk ORKU

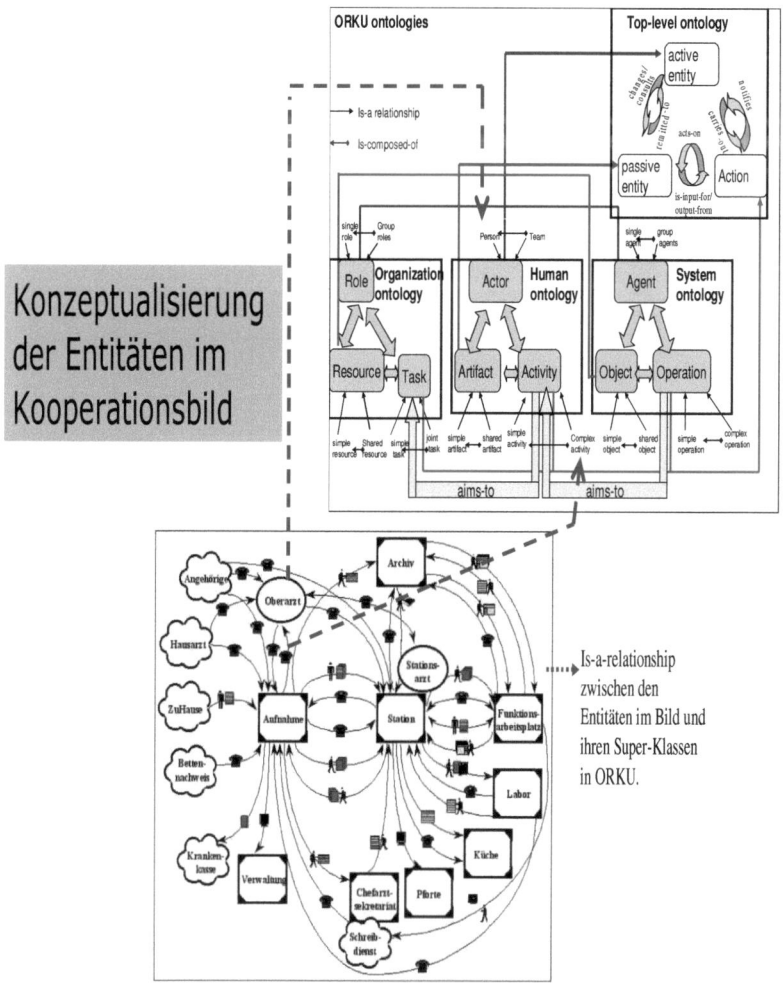

Abbildung 8.3-7: Konzeptualisierung der Entitäten im Kooperationsbild

Die Abbildung 8.3-7 zeigt, dass z.B. „Oberarzt" eine Person ist, und dass die Pfeile zwischen „Oberarzt" und „Aufnahme" eine komplexe Aktivität darstellen (in diesem Fall „Bett-Vergabe").

Für mehr Details über die tatsächlichen Aufgaben des Oberarztes bietet das Protégé-Modell Informationen auf feingranularen Ebenen an.

Die Darstellung der ausgewählten Aufgabe „Bett-vergeben" kann weiter auf die Instanz-Ebene mehr Informationen über die dargestellten Pfeile in dem Kooperationsbild zwischen dem „Oberarzt" und die „Aufnahme" für einen bestimmten Patienten zeigen (siehe Abbildung 8.3-8).

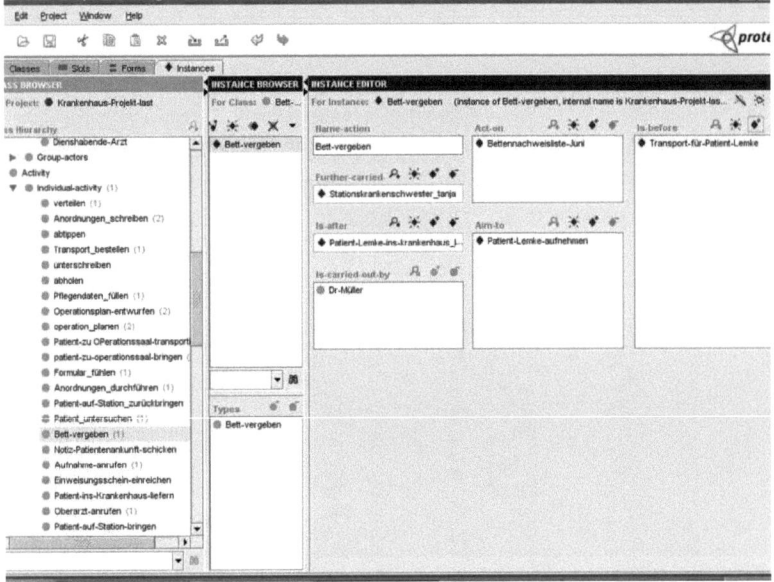

Abbildung 8.3-8: Darstellung der Aktivität „Bett-Vergeben" auf der Instanz-Ebene

Auf der linken Seite im *Class Browser* ist die Aktivität „Bett-Vergeben" ausgewählt. Auf der rechten Seite im *Instance Editor* sind die Eigenschaften durch die Slots dargestellt. In der Mitte bei *instance browser* ist die Instanz „Bett-Vergabe" die einzige Aktivität, die bis jetzt in der Ontologie erfasst wurde.

ORKU unterstützt Entwickler und Anwender bei der Analyse sowie bei der Einbettung. Eine spezielle Datenbank für einen Einzelfall wird von den Ontologien aus ORKU abgeleitet und erstellt. Dabei wird am Anfang auf nur einen bestimmten Ausschnitt von ORKU gemäß der betrachteten Kooperationssichten in dem Anwendungsbereich fokussiert. Anhand von der in Protégé-2000 erstellten Datenbank können die sämtlichen

Pfeile und Knoten in dem Kooperationsbild in allen Richtungen „verstanden" werden (siehe Abbildung 8.3-9):

- Oberarzt Dr. Müller *acts-on* "die Bettennachweis-Juni"
- "Bett-Vergabe" *is-carried-out-by* "Oberarzt Dr. Müller"
- "Bett-Vergabe" is- *further-carried-out-by* "Stationskrankenschwester Tanja"
- "Bett-Vergabe" *is-after* "Patient Lemke ins Krankenhaus liefern "
- "Bett-Vergabe" *is-before* „Transport für Patient Lemke bestellen"

Beliebige Anfragen können an das Protégé-Modell gestellt werden (siehe folgende Abbildungen), die alle erfolgreich beantwortet werden. Sie befassen sich mit allen Entitäten, die mindestens eine Beziehung zu der Aufgabe „Patientenaufnahme" haben können, wie z.B.:

- Welche Aktivitäten sind für die Aufnahme notwendig? (siehe Abbildung 8.3-6 der „Bett-Vergabe")
- Welche Dokumente sind für welche Aktivität notwendig? (siehe folgende Abbildung 8.3-10, die *„availible-beds-list"* als Ergebnis liefert)
- Welche Akteure sind für welche Aktivitäten oder Dokumente verantwortlich? (siehe Abbildung 8.3-8)
- Welche Krankenschwester ist für welchen Patienten verantwortlich? (siehe Abbildung 8.3-8)
- Von welchem Arzt wurde der Patient „Herr Müller" bisher untersucht? (siehe Abbildung 8.3-8)
- Wer ist zuständig für die Patientenmappe von Patient „Herr Müller"?
- usw....

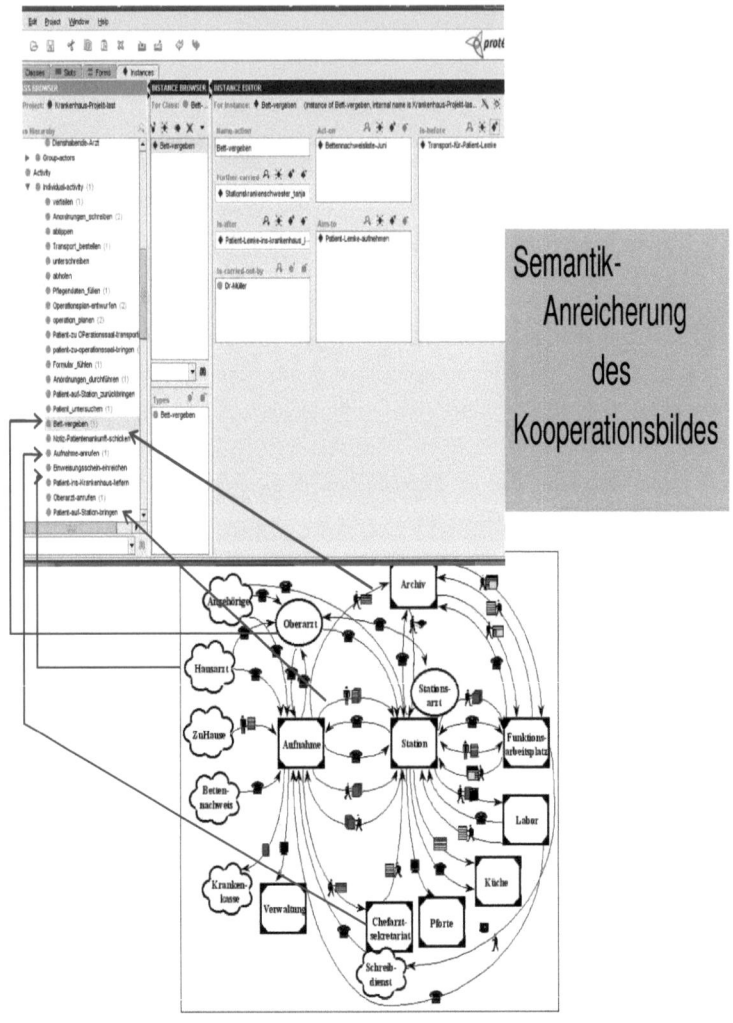

Abbildung 8.3-9: Zusammenbringen des Kooperationsbilds mit seiner Dokumentation in ORKU

Die Abbildung 8.3-10 stellt die Ergebnisse der Anfrage auf die Instanz-Ebene: Welche Dokumente sind für die Aktivität „Bett-Vergabe" verwendet? Die Anfrage liefert die Instanz „*availible-beds-list*".

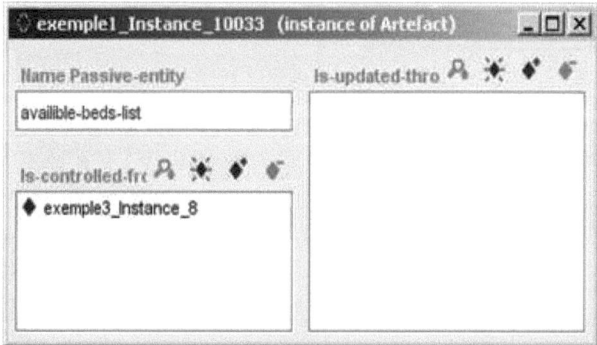

Abbildung 8.3-10: Auszug der Ergebnisse der Anfrage an verwendete Dokumente

Hier wurde nach allen Dokumenten gefragt, für die eine bestimmte Krankenschwester zuständig ist. Das Ergebnis der Anfrage hat die Instanz *availible-beds-list* geliefert.

Beliebige andere Anfragen wurden untersucht und beurteilt. Das Protégé-Modell von ORKU kann auch Anfragen über Beziehungen zwischen zwei unterschiedlichen Bereichen im Krankenhaus beantworten, z.B. dem klinischen und administrativen Bereich.

Innerhalb der administrativen Aktivitäten können wichtige Informationen, z.B. über die Krankenkasse, wo der Patient versichert ist, die Abrechnungen ganz einfach dargestellt werden. Auf welcher Ebene die administrativen mit den klinischen

Dienstleistungen kooperieren müssen, werden im Allgemeinen sehr einfach und schnell anhand Protégé-2000 dargestellt.

Das Modell lässt einfach und klar erkennen, dass das Protégé-Modell ein gemeinsames und wieder verwendbares Werkzeug für mehrere Beteiligte auf verschiedenen Ebenen und aus verschiedenen Sichten ist.

8.4 Einbettung von ORKU in den Systementwicklungsprozess

In den vorherigen Kapiteln wurde festgestellt, dass Verstehens- und Design-Aktivitäten nur konzeptuell zusammengebracht werden können, wenn ihr Zusammenhang im Entwicklungsprozess eingebracht ist.

Da ORKU diesen Zusammenhang darstellt, ist die Frage, wie kann ORKU in einem partizipativen und evolutionären Systementwicklungsprozess wirken und wie lässt es sich verwenden?

Die Schlüssel-Idee in dieser Arbeit besteht darin, den Lebenszyklus des Systementwicklungsprozesses zu erweitern, um den Organisationsentwicklungszyklus explizit einzubeziehen.

Das ORKU ontologische Rahmenwerk wird terminologische und konzeptuelle Referenzen anbieten, welche für die Kommunikation, Analyse und Design der Kooperation benötigt werden können.

ORKU stellt vielfältige Sichten der Kooperation für die Beschreibung des Kooperationsszenarios dar.

Die klare Klassifikation der benötigten Entitäten und die explizite Konzeptualisierung gemäß den unterschiedlichen Sichten wird den unterschiedlichen Beteiligten, bei der Beschreibung der aktuellen sowie der zukünftigen Kooperation in dem Anwendungsbereich, unterstützen.

Die Vorteile der Einbettung des ORKU Rahmenwerks sind vielfältig. Für partizipative und evolutionäre Softwareentwicklung wird der wesentliche Beitrag darin bestehen, dass ORKU als gemeinsames „Gedächtnis" für die Organisation sein wird. In der Wirtschaftsinformatik wird „Organisationsgedächtnis" (siehe Kapitel 6) als eine explizite und persistente Darstellung des Wissens in einer Organisation betrachtet.

Der Aufbau eines gemeinsamen Gedächtnisses in einer Organisation erfolgt aus der Bewahrung für die Wiederverwendung von Wissen (auch widersprüchlich und in all seiner Vielfältigkeit).

Als gemeinsames Gedächtnis wird ORKU zwei wichtige Rollen zum Kommunikations-, Lern- und Designartefakt beitragen.

Dies erlaubt den *foundational ontologie*s zwei wesentliche Rollen spielen zu können, als Designartefakt, und als Kommunikations- und Lern-Artefakt.

8.4.1 Das ontologische Rahmenwerk als Designartefakt

Die Abbildung 8.4-1 zeigt die Einbettung des ontologischen Rahmenwerks ORKU in dem Entwicklungsprozess.

Kapitel 8: Das ontologische Rahmenwerk ORKU

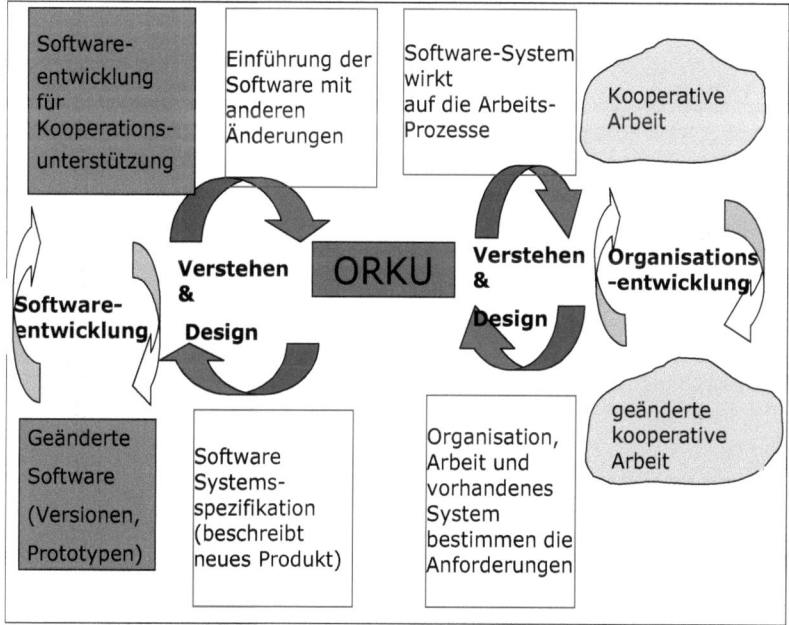

Abbildung 8.4-1: Zusammenbringen der Verstehens- und Design-Aktivitäten anhand vom ORKU

In der Abbildung wird klar bemerkt, dass das Zusammenbringen von Entwicklungs- und Benutzungskontexten in der „Designebene" für Software-Prototyping ausreichend ist, während die Organisationsentwicklung in der „Verstehensebene" anhand von ORKU unterstützt werden kann (Bendoukha 2007).

Auf der „Design-Ebene" wird die Interoperabilität zwischen Software-Systemen betont, während auf der „Verstehensebene" eher die Kommunikation zwischen den Beteiligten betont wird.

Ontologien erlauben eine explizite Darstellung der Kooperationsmodellierungsebenen in dem gesamten Organisationsentwicklungsprozess. Die Ontologien bilden das gemeinsame „Gedächtnis" der Organisation.

Der Beitrag der Ontologien hat große Bedeutung in dem Sinn, dass die bisherigen Erfahrungen der entwickelten Projekte und die dafür verwendeten fachlichen sowie technischen Begriffe in den Ontologien beschrieben werden.

Bei der Analyse haben die Systementwickler bzw. die Analysten eine konzeptuelle Grundlage über die vorhandene Situation in der Organisation als Ausgangspunkt, so dass die Ableitung eines geeigneten konzeptuellen Modells für eine bestimmte Anwendung einfacher wird.

Die Verwendung des ORKU während der ersten Phasen der Analyse wird Entwickler und Benutzer schon bei der Führung der Interviews sehr unterstützen. Das bedeutet, dass es sich bei komplexeren Problemstellungen empfiehlt, nur das bisher erarbeitete ontologische Rahmenwerk auf die betroffenen Perspektiven, Aspekte und Ebenen hin zu untersuchen; es erleichtert das Verständnis und dient als Bezugspunkt in den weiteren Entwicklungsschritten.

Auf der Grundlage der Ontologien können die Arbeitsplätze genauer untersucht und Anforderungen bestimmt werden.

Wiederum wird die Software mit anderen Änderungen in der Organisation eingeführt und gleichzeitig in dem ontologischen Rahmenwerk dokumentiert. Die gesamten Wirkungen des Software-Systems auf die Arbeitsprozesse werden dabei in ORKU eingetragen.

Partizipative und evolutionäre Ansätze beschäftigen sich in der Regel mit heterogenen Benutzergruppen unterschiedlicher professioneller Zugehörigkeit. Dabei soll die Entwicklung der Software sowie ihre Einbettung in die Arbeitspraxis nicht nur als die Konstruktion eines technischen Produktes betrachtet werden. Benutzeraufgaben werden durch die Einführung der Anwendungssoftware geändert. ORKU bietet die Möglichkeit, dass Benutzer aus unterschiedlichen Gruppen als Spezialisten ihrer Arbeit an dem Entwicklungs- sowie Einbettungsprozess teilnehmen.

Die Wechselwirkung zwischen Entwicklungs- und Benutzungskontexten auf der Design-Ebene beschreibt eine zyklische Entwicklungsvorgehensweise, wie z.B. beim STEPS-Modell (siehe Abschnitt 4.2.3). Diese Ebene zeigt besonders die Wechselwirkung der prototypischen Versionen und ihrer Evaluation in dem Benutzungskontext. Dabei sollen die Benutzer nicht nur Informationen liefern und Prototypen bewerten und anerkennen, sondern sie müssen aktiv mit den Entwicklern kooperieren. Das Ziel der Kooperation besteht darin, eine gemeinsame Antizipation des zukünftigen Anwendungssystems und dadurch eine geänderte Arbeitspraxis systematisch zu schaffen.

Der Aufbau von ORKU anhand von Protégé-2000 (siehe Abschnitt 8.3), erlaubt die Beschreibung der *foundational ontologies* als Meta-Modelle; daraus können anwendungsgemäß Datenmodelle konkretisiert werden.

8.4.2 Unterstützung von Wechselseitigem Lernen

Wenn ORKU in den Entwicklungsprozess eingebettet wird (siehe Abbildung 8.4-1), wird es als gemeinsamer Wissensraum betrachtet, um die Kommunikations- und Lernprozesse zwischen Entwicklungs- und Benutzungskontexten zusammenzubringen. Es stellt den mit den Entwicklungs- und Benutzungskontexten verbundenen kognitiven Kontext dar.

Die Standardisierung von Wissensstrukturen durch Ontologien erlaubt es, eine gemeinsame Kommunikationssprache zu schaffen, welche die unterschiedlichen Verständnisse der Kooperationsaspekte Koordination, Kollaboration und Kommunikation gemäß der drei Perspektiven Organisation, Mensch und System berücksichtigt.

Ontologien bilden das gemeinsame Gedächtnis (Eng. *corporate memory*) einer Organisation, welches alle bisherigen rechnergestützten sowie nicht rechnergestützten Kooperationsaktivitäten repräsentiert. In dem gemeinsamen Gedächtnis wird die ganze Verfolgbarkeit der früheren, aktuellen sowie zukünftigen Alternativen der Kooperationsunterstützung dargestellt. Eine höhere Flexibilität bei der Wiederverwendung des Wissens ist gewährleistet.

Die Akteure werden die Möglichkeit haben, bei ihrem Handeln Vergangenes, Gegenwärtiges, Zukünftiges und die Regeln und Strukturen des jeweiligen Handlungsfeldes mit einzubeziehen. Ohne die Ontologien wird die Entwicklung der Projektsprache nur durch Gespräche, Interviews und/oder Arbeitsplatzbeschreibungen geschehen. Die Interviews mit den zukünftigen Benutzern ergeben nicht immer vollständige Antworten, da sie selber manchmal nicht in der Lage sind, ihre tägliche Arbeit zu beschreiben, und sie haben keine Vorstellung über die anderen Arbeitsplätze.

In diesem Sinne kann ORKU als ein gemeinsames Kommunikation- und Lern-Artefakt für verschiedene Beteiligte in der gesamten System- und Organisationsentwicklung betrachtet werden.

8.5 Erweiterung der Vorgehensweise

Die Anforderungsermittlung ist als kontinuierlicher Lernprozess zu verstehen, bei dem die Berücksichtigung aller notwendigen Sichten der verschiedenen Beteiligten notwendig ist. Die bisherigen Untersuchungen in der vorliegenden Arbeit lassen erklären, dass das breite Spektrum der Arbeit gemäß der Sichten verschiedenen Beteiligten (Entwickler, Benutzer, Manager, usw.) anerkannt werden soll.

Aus diesem Grund sollte ein Kooperationsmodellierungsansatz anstreben, die Software- mit der Organisationsentwicklung auszurichten. ORKU erlaubt die Betrachtung der

Wechselwirkung zwischen den Komponenten Organisation, Mensch und System explizit in die Systementwicklung selbst einzubringen (Bendoukha 2007a, Bendoukha 2007b, Bendoukha 2008). Der resultierende integrierte Kooperationsmodellierungsansatz wird sicherlich die Vorgehensweise insbesondere der Anforderungsanalyse in vieler Hinsicht erweitern und vervollständigen, sodass die erweiterte Partizipation und Evolution (siehe Abschnitt 7.2) besser unterstützt werden können.

Tatsächlich wird bei einer zyklischen Vorgehensweise benötigt, dass keine strikte Trennung zwischen Analyse-, Modellierungs-, Bewertungs-, Design-, und Einbettungsaktivitäten gezogen wird. Der Prozess der Herausbildung einer konventionalen Semantik der Kooperation kann nicht linear, sondern durch ständige Lernzyklen auf unterschiedlichen Ebenen durchlaufen werden. Eine Flexibilität der Anforderungsermittlung wird gewährleistet sowie eine explizite Verbindung der Ist-Analyse mit dem Soll-Konzept.

8.5.1 Flexibilität der Anforderungsermittlung

Die Erweiterung der Partizipations- und Evolutionstechnik wird sicherlich die Vorgehensweise der Anforderungsanalyse bereichern und flexibler machen. Das ontologische Rahmenwerk ORKU wurde speziell erarbeitet, um die erweiterte Partizipations- und Evolutionstechnik zu berücksichtigen (siehe Kapitel 7).

Die explizite Darstellung in den Ontologien der betrachteten Organisations-, Mensch- und System-Kooperationssichten sowie die Kooperationsaspekte Kollaboration, Koordination und Kommunikation bietet eine breite konzeptuelle Grundlage für unterschiedliche Beteiligte mit ihrem eigenen Verständnis der Kooperation.

Eine meta-analytische Ebene für die Beschreibung der Kooperation wird anhand von Ontologien beschrieben, wobei unterschiedliche Kontexte angepasst werden können.

Die Begriffe und ihre Beziehungen anhand von Ontologien in ORKU werden Orientierungen geben, wie ein projektbezogenes Begriffsgebäude für eine bestimmte Anwendungsdomäne aufgestellt werden kann. Die Begriffe der meta-analytischen Ebene werden den Entwicklern das Muster geben, das sie auf ihren Kontext und ihre Methodensprachen übertragen können, um ihr eigenes Begriffsgebäude zu bauen.

Der Ausschnitt der konzeptuellen Sicht von ORKU (siehe Abbildung 8.2-6) zeigt, dass es den *top-level* sowie den *foundational ontologies* in ORKU gelungen ist, die Begriffe einer meta-analytischen Ebene zu formulieren. Somit könnte man sich ein neues (Meta-) Werkzeug vorstellen, mit dem ein projektbezogenes Begriffsgebäude erstellt und graphisch dargestellt werden kann.

Das „intelligente" Glossar wird dann dieses Begriffsgebäude zur Grundlage nehmen, um sich den spezifisch in einem Projekt verwendeten analytischen Begriffen anzupassen.

Die Entitäten in dem Rahmenwerk sind einzeln aber auch in Beziehung miteinander definiert. Dies wird mehr Flexibilität für den Anforderungsanalyse-Prozess ermöglichen. Tatsächlich können zusätzlich neben einer „aufgabenorientierten" Anforderungsanalyse, auch andere Beschreibungen der Kooperation anhand eines Netzwerks von Abhängigkeiten zwischen Entitäten, die durch diese Begriffe annotiert sind, ermöglicht werden. So wird auch eine objektorientierte, akteurorientierte, ressourcenorientierte, usw. Anforderungsanalyse begründet.

Die Erfahrungen aus dem Krankenhaus-Projekt (siehe Abschnitt 4.3) zeigen, dass eine aufgabenorientierte Anforderungsanalyse nur beschränkt Kooperationsaspekte darstellen kann, wenn der Fokus auf der Koordination der Aufgaben steht. Eine aufgabenorientierte Analyse hilft dabei, übergreifende Aufgaben besser zu erkennen und darzustellen.

Die expliziten semantischen Beziehungen mit dem Begriff „Aufgabe" in dem ontologischen Rahmenwerk, z.B. die Beziehung zu „Rolle" und „Ressource" werden sicherlich den Prozess der Analyse so erweitern, dass auch eine rollenorientierte (bzw. ressourcenorientierte) Anforderungsanalyse ermöglicht wird.

Diese Erweiterung befasst sich mit der Berücksichtigung anderer Kooperationsaspekte; Kommunikation (Informationsaustausch zwischen den Rollen) und Kollaboration (gemeinsames Nutzen der Ressourcen). Gerade in den Krankenhaus-Anwendungen ist es notwendig - neben der Notwendigkeit Aufgaben zu restrukturieren -, Personen zu betrachten und wie sie miteinander kommunizieren und was sie austauschen müssen. Gleichzeitig werden vielfältige Dokumente, entweder von einer Person oder mehreren, mit zahlreichen Versionen verwendet oder produziert.

Der Fokus in diesem Fall läge nicht nur auf der Koordination der Aufgaben, sondern auch auf der Kollaboration, d.h. wie diese Dokumente auf mehrere (Gruppen von) Personen aufgeteilt werden, und auf die Möglichkeit, wie nur die betroffenen Personen über die Veränderungen informiert werden.

Die Analysten werden in der Lage sein, bei der Identifikation der einschlägigen Ressourcen und ihrer Abhängigkeiten anzufangen, sowie bei den betroffenen Personen und ihren Kontexten. Dies betrifft die Flexibilität der Anforderungsanalyse, um alle Kooperationsaspekte und nicht nur die Koordination zu berücksichtigen.

Eine weitere wichtige Erweiterung betrifft die Wechselwirkung zwischen Organisations-, Mensch- und System-Sichten. In der Abbildung 8-8 haben wir den

Zusammenhang zwischen „Operation", „Aktivität" und „Aufgabe" dargestellt, der zur Überbrückung der Ontologien in ORKU dient.

Die „Aufgabe" aus der Organisationssicht wird durch „Aktivität" aus der menschenbezogenen Sicht erledigt, die selber durch „Operation" aus der System-Sicht weiter erledigt werden kann. Die semantischen Beziehungen zwischen „Aufgabe", „Aktivität" und „Operation" erlauben die Beschreibung der in der *Top-level ontology* definierten „Aktionen" aus den unterschiedlichen Perspektiven zu erkennen.

Dies ist explizit in der konzeptuellen Sicht von ORKU (siehe Abbildung 8.2-6) gezeigt. Somit können die Analysten die Analyse nicht nur mit den „Aufgaben" beginnen, sondern auch mit den „Aktivitäten" oder auch den „Operationen", je nach Fokus bei der Anwendungsdomäne. Diese Analogie kann auf die anderen Begriffe (Rolle, Akteur und Agent sowie Ressource, Artefakt und Objekt) erweitert werden. Jede Entität zeigt in sich eine Sicht der Kooperationsmodellierung.

Dadurch, dass „Aufgabe" und „Ziel" unterschieden werden, wird es möglich, nicht nur aufgabenbezogene Anforderungsermittlung durchzuführen, sondern auch eine zielorientierte Analyse. Einerseits wird das (Organisations-) Ziel als statisch (mehr oder weniger stabil) betrachtet und somit einen zu erreichenden Zustand darstellen. Andererseits wird die Aufgabe mit einem Prozess (einer Aktion) gekennzeichnet, um das Ziel zu erreichen.

Die Aufgabe stellt hier eine Etappe und Leistung in einem Prozess dar, um ein bestimmtes Ziel zu erfüllen. Der Begriff „Ziel" gehört zu den intentionellen Konzepten, die eine explizite Beschreibung ermöglichen, dass die Welt anders sein könnte, als sie aktuell ist. Sie führen somit zu alternativen Visionen der Welt, wie man sie sich wünscht. Organisationswandel ist der Übergang von einer unbefriedigten Situation zu einer gewünschten anderen Situation

Die zukünftige Situation sowie die möglichen Wege, die zu dieser Situation führen können, müssen spezifiziert werden.

Eine solche Spezifikation benötigt die Entwicklung von Hypothesen über die Natur der Lösung. Die Formulierung der Hypothese basiert auf den Zielen, die die Beteiligten für die gewünschten Änderungen und die möglichen Auswirkungen dieser Ziele auf die aktuellen Organisationsstrukturen und Arbeitspraxis anstreben. Die Identifizierung sowie die Darstellung der Organisationsziele sind dann sehr entscheidend.

Das zu entwickelnde System muss die Ziele der Organisation erreichen. Im *requirements engineering* werden zielbezogene Ansätze entwickelt, um die Organisationsziele zu modellieren und mit den Funktionssystemen zu verbinden. Diese

Ansätze fokussieren auf die semiotischen und die sozialen Beziehungen zwischen Benutzer- und System-Welt.

Zielorientierung der Anforderungsanalyse unterstützt die projektübergreifende Pflege und Verwaltung von Anforderungen sowie die kontinuierliche Verbesserung der Anforderungsqualität.

Die Abgrenzung des Begriffes „Ziel" vom Begriff „Aufgabe" erlaubt dem Modell mehr als die Reihenfolge der Prozesse zu beschreiben. Dies erscheint uns notwendig, um Alternativen (der Aufgaben) für die Erreichung eines bestimmten Zieles konzipieren zu können.

8.5.2 Verbindung von Ist-Zustand und Soll-Konzept

Die Teilschritte der Anforderungsermittlung sind Ist-Analyse und Soll-Konzept. Die Ist–Analyse beschreibt den Zustand zu Beginn der Systementwicklung. Meist sind schon Softwaresysteme vorhanden. Das Soll–Konzept antizipiert die Einbettung des zu entwickelnden Systems. Es kann um neu zu entwickelnde Software gehen, aber auch um die Erweiterung existierender Software oder Anpassung von Standardsoftware.

Wenn für die Beschreibung des Ist-Modells und des Soll-Konzepts ein und dieselbe Darstellungstechnik verwendet wird, kann eine zyklische Vorgehensweise begünstigt werden. Damit wird die Überbrückung (der Wechsel) zwischen Domänen- und Systemmodellen explizit unterstützt und dadurch eine Flexibilität gewährleistet, dass die betrachteten Sichten auf einer gleichen Ebene berücksichtigt werden.

Eine Strukturierung der Dokumente im Rahmen des ontologischen Rahmenwerks ORKU (siehe z.B. Abbildung 8.3-7) erlaubt eine gleiche einheitliche Darstellungstechnik sowohl für die Ist-Analyse als auch für die Soll-Konzept-Dokumente.

Dadurch, dass die drei Organisations-, Mensch- und System-Sichten in den Ontologien betrachtet werden, bieten das im Kapitel 7 grundlegende konzeptuelle Rahmenwerk und die darauf in diesem Kapitel aufgebauten Ontologien eine konzeptuelle Grundlage an, die die Wechselwirkung zwischen Ist-Analyse und Soll-Konzept unterstützt.

Bei der Ist-Analyse werden Dokumente, aus den vorhandenen Ontologien (Organisationsgedächtnis) generiert und archiviert. Sie sind deskriptiv, z.B. Glossar, Szenarien, usw., d.h. es wird damit versucht, den modellierten Weltausschnitt möglichst unter allen Umständen perfekt darzustellen.

Dokumente, die als Vorgaben Information darüber liefern, wie ein Artefakt beschaffen sein soll, sind präskriptiv, z. B. eine Spezifikation, ein Entwicklungsplan, ein Prototyp, usw., sie dienen somit dem Soll-Konzept.

Die Einbettung von ORKU in dem Systementwicklungsprozess erlaubt einheitlich beide Typen von Modellierung: Ist-Analyse und Soll-Konzept. Dies kann die von Krabbel & Wetzel (1997) (siehe Abbildung 8.5-1) vorgestellte Vorgehensweise bei der Aufgabenanalyse im Rahmen der Anforderungsermittlung weiter unterstützen und erweitern.

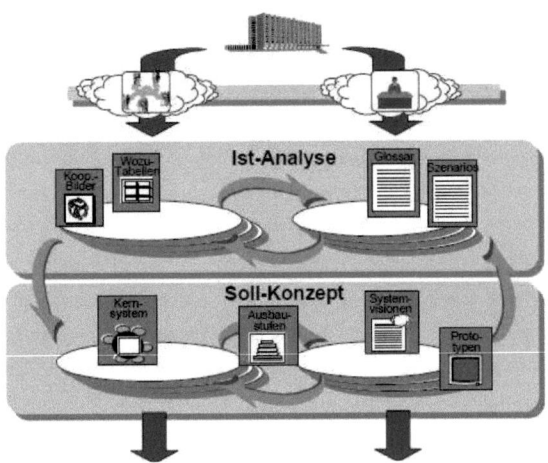

Abbildung 8.5-1: Vorgehensweise und Dokumenttypen bei der Aufgabenanalyse im Rahmen der Anforderungsermittlung (vgl. Krabbel & Wetzel 1997)

Die Abbildung 8.5-1 zeigt einen zusammenfassenden Überblick über die im Rahmen der Ist-Analyse sowie des Soll-Konzepts eingeführten Dokumenttypen. Sie deutet die Wechselwirkung zwischen der Organisationssicht und der Arbeitsplatzsicht an.

Glossar und Szenarios bei der Ist-Analyse und System-Visionen und Prototypen bei dem Soll-Konzept stellen die Aufgaben am Arbeitsplatz dar, während Kooperationsbilder und Wozu-Tabellen bei der Ist-Analyse und das Kern-System bei dem Soll-Konzept die übergreifenden Aufgaben darstellen.

Die semantische Anreicherung sämtlicher Dokumente am Arbeitsplatz anhand von ORKU, sowie bei den übergreifenden Aufgaben, wird wertvolle Leistungen für die Vorgehensweise geben. Die wesentlichen Beiträge bestehen darin, dass:

- nicht nur die Kommunikationsprozesse, sondern auch die Lernprozesse explizit unterstützt werden,

- die Berücksichtigung nicht nur des Zusammenbringens von Organisations- und Arbeitsplatz-Sicht, sondern auch der Einbeziehung der Individuums-Ebene.

Mit dem „Akteur" in der menschenbezogenen Ontologie wird dafür gesorgt, dass Akteur als Einzelner sowie als Team bezeichnet. Mit der „Rolle" in der organisationsbezogenen Ontologie werden Arbeitsplätze sowie Institutionen aus der Organisationssicht als Gruppenrolle bezeichnet.

Aus Sicht des organisationalen Lernens werden verschiedene Lernprozesse unterstützt. Das individuelle Lernen der Beteiligten kann durch die Kooperationsaspekte Kollaboration, Koordination und Kommunikation gefördert werden. Die explizite Betrachtung der Individuums-Ebene ist wichtig (wie in den Protégé-Modellen durch die unterschiedlichen Ebenen der Meta-Klassen, Klassen und Slots dargestellt ist). Dies kann als Erweiterung der Vorgehensweise von Krabbel & Wetzel (1997) betrachtet werden, wobei der Gestaltungsaspekt vor allem auf der Ebene des Arbeitsplatzes und der Gruppenaufgaben bzw. übergreifenden Aufgaben angesiedelt ist. Bei dieser Vorgehensweise steht der einzelne Akteur, der die Lernprozesse fördert, nicht im Zentrum der Betrachtung.

Dem handelnden Menschen wird unterstellt, dass er die aktuelle Situation wahrnimmt, dass er die alternativen Handlungsmöglichkeiten kennt, dass er die Wirkungen dieser Handlungsmöglichkeiten kennt, dass er den Nutzen der Wirkungen anhand der Ziele bewertet, und dass er sich schließlich für die Handlung mit der größten Nutzenerwartung entscheidet.

8.6 Zusammenfassung

In dem vorherigen Kapitel haben wir die relevanten Kooperationssichten, die sich zur gleichzeitigen Betrachtung der Verstehens- und Design-Aktivitäten aus der Sicht der Software- sowie Organisationsentwicklung ergeben haben, herausgearbeitet und in den Kooperationsmodellierungsansatz bei evolutionärer und partizipativer Softwareentwicklung übernommen.

Neue Anforderungen zur Softwareentwicklung für Kooperationsunterstützung wurden festgestellt. Eine integrierende Betrachtungsweise wurde klar gestellt, auf der einen Seite durch einen synergetischen Verbund von organisatorischen, soziologischen und technologischen Komponenten und auf der anderen Seite durch die Synergieeffekte durch Lernprozesse auf Individuums-, Gruppen- und Organisations-Ebene. Die

Arbeitsformen strukturiert und unstrukturiert (siehe Kapitel 2) wurden berücksichtigt und anhand der Verflechtung der Kooperationsaspekte Kollaboration, Koordination und Kommunikation in der integrierenden Betrachtungsweise dargestellt.

Nach einer gezielten Identifikation und Abgrenzung der notwendigen Kooperationssichten, sowie der Ausarbeitung erweiterter Anforderungen bezüglich der betrachteten Kooperationssichten, wurde eine entsprechende interdisziplinäre Begriffsbildung in einem konzeptuellen Rahmenwerk zusammengelegt.

Lernen ist der Anknüpfungsfaktor, um die betrachteten Sichten zusammenzuführen. Die Zusammenführung der Begriffsbildung in einem konzeptuellen Rahmenwerk kann nur eine statische Darstellung einer gemeinsamen Sprache für unterschiedliche Beteiligte sein.

Die Syntax allein reicht nicht, um Lernprozesse zu unterstützen. Die gewählten Begriffe müssen auch semantisch verbunden sein. Lernen selbst wird hier als Wissenserzeugung betrachtet. Der fortwährende Lernprozess muss so ausgestaltet werden, dass der Austausch von Wissen mittels Dokumenten und Kommunikation möglichst optimal geschaffen wird.

Weil Lern- und Kommunikationsprozesse anhand von Dokumenten durchgeführt werden, besteht mein Lösungsansatz in der semantischen Anreicherung dieser Dokumente. Die Kooperation wird auch auf der Wissensebene betrachtet.

Das hier in diesem Kapitel vorgeschlagene ORKU hat gezeigt, wie sich die multidisziplinären betrachteten Kooperationssichten im Systementwicklungsprozess selbst verwirklichen lassen, d.h. wie die Vorgänge des Explizierens des Lernens in und zwischen den Sichten unterstützt werden können.

ORKU besteht aus einer *top-level ontology* und drei *foundational ontologies*, die den Organisations-, Mensch- und System-Sichten entsprechen. Die *top-level ontology* wurde in Anlehnung an die W-Fragen „wer macht was wozu" der Wozu-Tabellen erstellt, die in Forschungsprojekten (z.B. Krankenhaus-Projekt, siehe Floyd et al. 1997) verwendet werden, aber auch in Untersuchungen in der Literatur über Kooperationsfaktoren (siehe Kapitel 2). Nach einer Kritik im Kapitel 6, dass formale Ontologien zu streng und dass situierte Ontolgien zu spezifisch für einen Ansatz zur Kooperationsunterstützung sind, haben wir *foundational ontologies*, die zwischen den beiden Typen der Ontologien liegen, adaptiert.

Auch der Aufbau anhand von Protégé-2000 wurde in diesem Kapitel zusammengefasst. Da die im Rahmen dieser Arbeit angestellten Überlegungen und Untersuchungen vielfältige betrachtete Gebiete berühren, könnten wir leider keine detaillierte Beschreibung des aufgebauten Protégé-Modells in diesem Kapitel geben. Für die

Bewertung der Reife, der Praktikabilität und der Effizienz des ontologischen Rahmenwerks sollten jedoch einige wesentliche Realisierungsprinzipien deutlich gemacht werden. Wir haben sie in diesem Kapitel durch Auszüge aus Protégé-Modell dargestellt, die wir für die Fallstudie Krankenhaus, insbesondere für die Aufgabe „Patientenaufnahme" durchgeführt haben.

Schon in der ersten Phase des Aufbaus von ORKU hat die Überprüfung seiner Funktionalität ausgezeichnete Ergebnisse gezeigt. Die vorangehenden Repräsentationen mit Protégé-2000 zeigen deutlich, dass mehr Kooperationsformen sichtbar geworden sind und sich explizit beschreiben lassen, welche mit den traditionellen Kooperationsbildern nicht sichtbar oder schwer zu visualisieren waren. Mehrere Illustrationen anhand von Protégé-Modellen (siehe Abschnitt 8.3) können es beweisen.

In einer partizipativen und evolutionären Systementwicklung können Ontologien zwei wichtige Beiträge liefern. ORKU wird sowohl als Kommunikations- und Lern- als auch Designartefakt betrachtet. Die vielfältigen Vorteile der Einbettung des hier vorgeschlagenen ontologischen Rahmenwerks ORKU in den gesamten Kontext des Systementwicklungsprozesses werden hervorgehoben. Im Fokus steht die Flexibilität des Vorgehensweise dank der Unterstützung der Lern- und Kommunikationsprozesse auf unterschiedlichen Ebenen und Sichten sowie die Überbrückung der Ist-Analyse mit dem Soll-Konzept dank der Unterstützung der Design-Sicht. Nicht nur der Softwareentwicklungsprozess sondern der gesamte Organisationsentwicklungs-Lebenszyklus wird einbezogen.

9 Zusammenfassung und Ausblick

In diesem Fazit fasse ich die wesentlichen Ergebnisse zusammen und skizziere abschließend mögliche Ansatzpunkte für weiterführende Arbeiten.

9.1 Zusammenfassung

Kooperationsmodellierung steht im Zentrum meiner Arbeit. Die Motivation zur Kooperationsmodellierung im Rahmen des Softwareentwicklungsprozesses habe ich aus Missverhältnissen und Widersprüchen zwischen Erwartungen und Erfolgen bei der Verwendung dieser Softwaretechnik zur Kooperationsmodellierung gezogen. Im Fokus stehen partizipative und evolutionäre Systementwicklungsansätze, wo Probleme nicht fest vorgegeben werden können, Anforderungen veränderlich und Softwareprodukte im Einsatz eng mit den Arbeits-Kommunikationsprozessen verzahnt sind.

Laut Christiane Floyd bedeutet ein evolutionärer Entwicklungsprozess eine gleichzeitige Betrachtung des Softwareentwicklungsprozesses mit dem Wandel in der Organisation. Von daher soll Software, als Arbeits- und Kommunikationsmittel, sowohl bestehende als auch neue Handlungsweisen und Organisationsformen, d.h. die Organisationsentwicklung unterstützen.

Doch es treten häufig Probleme auf, Software anfänglich und dauerhaft so zu entwickeln und zu nutzen, dass die Ausrichtung des Software- mit dem Organisationsentwicklungsprozess gleichzeitig betrachtet werden kann. Meiner Kenntnis nach fehlt in dem Gebiet der Kooperationsunterstützung immer noch ein praktischer Ansatz für Kooperationsmodellierung, der diese Ausrichtung ermöglicht.

Mit der vorliegenden Arbeit habe ich diese Lücken geschlossen und einen Beitrag geleistet, um einen neuen geeigneten Kooperationsmodellierungsansatz im Rahmen von partizipativen und evolutionären Systementwicklungsansätzen für Kooperationsunterstützung auszuarbeiten.

Der Ansatz für Kooperationsmodellierung gründet sich auf die folgenden grundlegenden Annahmen:

- Es wurde beleuchtet, warum Verstehens- und Design-Aktivitäten zwei entscheidende Aktivitäten für Kooperationsunterstützung sind. Kooperationsunterstützung wurde in der Literatur als „schlimmes" Problem bezeichnet, weil u.a. die Verstehens- und Design-Aktivitäten zum Problem sowie zur Lösung gehören.

- Da die Kooperationsunterstützung als eingebettet in die Aufgaben betrachtet wird, sollen die Anforderungen nicht nur im Hinblick auf der Softwareentwicklung, sondern auch im Hinblick auf den gesamten Kontext der Organisationsentwicklung herausgearbeitet werden.

- Die Betrachtung des Zusammenhangs zwischen „Verstehens-„ und „Design-Aktivitäten" verlangt eine breitere Betrachtungsweise der Kooperation auf der Organisationsentwicklungsebene. Dieser Zusammenhang kann nur betrachtet werden, wenn die Ausrichtung der Software- mit der Organisationsentwicklung im Vordergrund steht.

- Die Wechselwirkung zwischen „Verstehens- und „Design-Aktivitäten" ist der Kern eines partizipativen und evolutionären Softwareentwicklungsansatzes. Die Verbindung der Softwareentwicklungs- mit den Einbettungsprozessen ist eine Konkretisierung der allgemeinen Frage der Wechselwirkung zwischen Verstehens- und Design-Aktivitäten.

- Die Beteiligten an der Kooperation können unterschiedliche Interessen und Erwartungen an die Kooperation zeigen. Der Kontext der Beteiligten ist wichtig.

- Für die Partizipation werden die Erkennung und Identifizierung der Beteiligten und ihre Perspektivität wichtig. Für die Evolution werden die Abgrenzung der Arbeit selbst und ihre Veränderungen wichtig.

- Der Zusammenhang zwischen „Verstehens-" und „Design-Aktivitäten" wird nicht als 1-1 Beziehung betrachtet, sondern in einem kontinuierlichen Lernprozess.

- Kooperationsmodellierung wird als die Gesamtheit der Aktivitäten definiert, die dazu beitragen, den Zusammenhang zwischen Verstehens- und Design-Aktivitäten darzustellen, sodass die sogenannte W-Frage „wer macht was wozu womit" in einem Softwareentwicklungs- und Arbeitsprozess stets „zugänglich" für alle Beteiligten ist.

Diese gegensätzlichen Sichtweisen auf die Kooperation habe ich in einen Zusammenhang mit unterschiedlichen Maßnahmen gebracht und damit die Grundlage eines neuen Kooperationsmodellierungsansatzes begründet.

Weil diese Sichten über ein Einzelprojekt hinausgehen und den breiten Lebenszyklus der Software- sowie Organisationsentwicklung treffen, ist es unmöglich die hier in der vorliegenden Arbeit vorgeschlagene Lösung vollständig anhand eines einzelnen

Forschungsprojektes zu bewerten. Stattdessen wurden mehrere Projekten, die von Kollegen am Arbeitsbereich Softwaretechnik durchgeführt worden, betrachtet, z.B. das Projekt vom Krankenhaus. Das Lehrplanungsprojekt sowie andere Beispiele aus der Literatur wurden auch für die Bewertung von ORKU verwendet, sind aber nicht im Rahmen dieser Dissertation erwähnt.

Empirisch hat das Forschungsprojekt des Krankenhauses an der Universität Hamburg gezeigt, wie stark sich die Realität im Krankenhaus von den Projektplanungen unterscheidet, und dadurch auch, wie der Entwicklungsprozess das Projekt überschreitet. Die Berücksichtigung solcher Veränderungen geht über das Projektmanagement hinaus. Meistens werden die Entscheidungen über die notwendigen Veränderungen von Akteuren getroffen, die außerhalb des Projekts stehen.

Meine erste Untersuchung betraf die in der Vorgehensweise verwendeten Dokumente in diesem Projekt, inwieweit sie die Partizipation und Evolution auf der Ebene unterstützen, die ihr grundlegender STEPS-Ansatz anstrebt.

Im Rahmen der Softwareentwicklung für Kooperationsunterstützung werden die softwaretechnischen Dokumente, insbesondere Kooperationsbilder und Wozu-Tabellen, meiner Meinung nach der Verbesserung der Kommunikation zwischen Anwendern und Entwicklern aber nicht der Verbesserung den Lernprozessen dienen.

Die Zielsetzung besteht darin, kontinuierlich weitere Beteiligte in den Entwicklungsprozess einzubinden, sowie eine kontinuierliche Änderungsverfolgung der kooperativen Arbeit zu betrachten. Die Ausrichtung der Softwareentwicklung am Organisationswandel wird nur ermöglicht, wenn sowohl die „erforderlichen" Veränderungen", die schon am Anfang des Projekts bekannt gegeben werden können, als auch die daraus „resultierenden Veränderungen", die sich als Konsequenzen der Systemeinbettung und ihrer Wirkungen auf die Organisation ergeben, betrachtet werden. Die Berücksichtigung der „erforderlichen" sowie der „resultierenden" Veränderungen verlangt von System-Entwicklern, dass sie nicht nur den Einblick in die aktuellen Situation haben, welche durch die ersten Benutzeranforderungen reflektiert wird, sondern einen Gesamtüberblick, der die veränderte Situation in neuen Etappen umfasst.

Die Kooperationsbilder und Wozu-Tabellen beschreiben übergreifende Aufgaben und erlauben somit eine Darstellung der Wechsels zwischen Arbeitsplatz- und Organisationssicht. Dabei wird leider das Verhältnis des Individuums zu der Gruppe sowie der weiteren Arbeitsplätze auf der Organisationsebene ignoriert. Die Wechselwirkung zwischen Technologie und Menschen wird anhand von Lernprozessen vergegenständlicht. Die Unterscheidung des individuellen, Gruppen- und organisationalen Lernens soll als Strategie für das Zusammenspiel zwischen Menschen und Organisation betrachtet werden. Individuelles Lernen wird grundsätzlich als Vorbedingung für organisationales Lernen gesehen.

Da sich die Einflussfaktoren auf die Gestaltung der Kooperationsunterstützung aus den Anforderungen der kooperativen Arbeit, sowie den technologischen Möglichkeiten, diese Arbeit zu unterstützen, ergeben, bin ich von der Annahme ausgegangen, dass die zu berücksichtigenden Einflussfaktoren aus verschiedenen Disziplinen und unterschiedlichen Sichten erarbeitet werden, und dass vielfältige Aktionen möglich und notwendig sind, um die relevanten Einflussfaktoren geeignet gleichzeitig zu berücksichtigen und zu gestalten.

Nach einer Erweiterung der Partizipation und der Evolution, sodass sie aus einem breiteren Blickwinkel über das Projekt hinaus betrachtet werden können, habe ich zwei grundlegende Annahmen für die Kooperationsmodellierung im Rahmen der partizipativer und evolutionärer Systementwicklung für Kooperationsunterstützung ausgearbeitet und begründet. Diese Annahmen werden die Ausarbeitung der Anforderungen an Kooperationsmodellierung im Hinblick auf die Softwareentwicklung sowie auf die Organisationsentwicklung ermöglichen:

Im Kontext der Organisationsentwicklung wird der Fokus auf die Anforderungen an die Kooperation aus dem Blickwinkel der Benutzer stehen. Das wesentliche Bedürfnis der Benutzer im Kontext der erweiterten Partizipation und Evolution besteht in der Möglichkeit der Begrenzung der Aufgaben, im Sinne von was kann individuell und was muss in Kooperation mit Anderen erledigt werden. Eine erste Anforderung für Kooperationsmodellierung habe ich im Rahmen der Organisationsentwicklung gesetzt, nämlich, dass die Organisationsentwicklung wesentlich durch die verschiedenen Lernzyklen in der Organisation gekennzeichnet ist. Zwei Faktoren, die „Arbeitsformen" (strukturiert, semi-strukturiert und unstrukturiert) sowie die „Kooperationsgranularität" (Individuums-, Gruppe- und Organisationsebene), erscheinen als wesentlich, um Lernzyklen auf verschiedenen Ebenen betrachten zu können.

Im Kontext der Softwareentwicklung für Kooperationsunterstützung wird die Aufgabe der Entwickler besonders komplex, weil die neuen Anforderungen aus Sicht der Organisationsentwicklung zusätzlich berücksichtigt werden müssen.

Damit die Entwickler ihre wichtige Rolle als Agenten der Veränderung in der Organisation erfüllen können, in der die Software wirksam wird, müssen sie kontinuierlich eine breite Vision über die aktuellen Anforderungen der ersten bekannten Benutzer hinaus haben.

Die Schritt-für-Schritt-Erkennung der Arbeitsformen strukturiert, semi-strukturiert und unstrukturiert sowie der Kooperationsgranularität Individuum, Gruppe und Organisation ermöglicht die Beschreibung der Kooperation aus einem breiten Blickwinkel der Organisation. Es wird dann gesucht, wie diese Anforderungen von unterschiedlichen Sichten, Disziplinen und Abstraktionsebenen im Kontext von Software-Design berücksichtigt werden können. Sie müssen von daher explizit in den Entwicklungsprozess eingebracht werden.

Meine Antwort besteht darin, dass auf der einen Seite die Perspektive der Beteiligten (Organisation, Mensch und System) für die Berücksichtigung der Kooperationsgranularität und auf der anderen Seite die Kooperationsaspekte (Kollaboration, Koordination und Kommunikation) uns für die Berücksichtigung der Arbeitsformen wichtige Lösungswege geben können.

Die Kategorisierung der Kooperation nach drei Aspekten Kollaboration, Koordination und Kommunikation hinsichtlich der drei Kooperationsperspektiven Organisation, Mensch und Software hat zu einer neuen Architektur von kooperativen Systemen geführt. Jede Kategorie ermöglicht die Analyse einiger Elemente der kooperativen Arbeit. Die unterschiedlichen Kategorien ermöglichen, eine klare Sicht über das zu lösende Problem zu schaffen. So können z.B. eine strukturierte Arbeit durch den Koordinationsaspekt und eine unstrukturierte Arbeit durch den Kommunikationsaspekt beschrieben und weiter mit den geeigneten Technologien unterstützt werden.

Leider werden diese Aspekte in der Technologie nur getrennt unterstützt. Die unterstützenden Systeme bieten Services von unterschiedlichen Interessen und Ebenen von Wichtigkeit gemäß jedem Kooperationsaspekt. So fokussieren z.B. Workflow-Systeme auf die Koordination, Multimedia auf die Kommunikation und Hypertext auf die Kollaboration. Nach unserer Kenntnis gibt es aber vielfältige reale Anwendungen, die durch komplexe Kooperation kennzeichnet sind, bei der alle drei Kooperationsaspekte rechtzeitig in den kooperativen Prozessen stattfinden.

Die Untersuchung der aktuellen Modellierungsansätze für Kooperationsunterstützung, z.B. der verwendeten Kooperationsbilder, zeigt, dass die oben betrachteten Kooperationssichten nicht alle gleichzeitig dargestellt können. Insofern können, unserer Meinung nach, die grundlegenden aktuellen Methoden und Techniken die Partizipation und Evolution nur schwer und mit viel Aufwand unterstützen (Bendoukha 2007).

Die wesentlichen Grundannahmen der Kooperationsmodellierung bei partizipativen und evolutionären Systementwicklungsansätzen, die aus verschiedenen Sichten von unterschiedlichen Disziplinen ausgearbeitet wurden, werden klar unterschieden, zusammengeführt und eine geeignete Begriffsbildung gemäß der betrachteten Sichten in einem konzeptuellen Rahmenwerk gelegt.

Lernen ist der Anknüpfungsfaktor, um die betrachten Sichten zusammenzuführen. Die Zusammenführung der Begriffsbildung in einem konzeptuellen Rahmenwerk kann nur eine statische Darstellung einer gemeinsamen Sprache für unterschiedliche Beteiligte sein.

Die Syntax allein reicht nicht, um Lernprozesse zu unterstützen. Die gewählten Begriffe müssen auch semantisch verbunden werden. Lernen selbst wird hier als Wissenserzeugung betrachtet. Der fortwährende Lernprozess muss so ausgestaltet werden, dass der Austausch von Wissen mittels Dokumenten und Kommunikation möglichst optimal geschaffen wird.

Weil Lern- und Kommunikationsprozesse anhand von Dokumenten durchgeführt werden, besteht mein Lösungsansatz in der semantischen Anreicherung dieser Dokumente, um ihre Inhalte besser zu strukturieren und die betrachteten Kooperationssichten explizit darzustellen. Die W-Fragen „wer macht was womit und wozu" können besser informiert werden. Die Kooperation wird auf der Wissensebene betrachtet.

Weil Ontologien - die neue Generation der konzeptuellen Modellierung -, eine wichtige Rolle in den Sprachen und der Kognition spielen und somit die Lernprozesse besser unterstützen können, haben wir uns für einen ontologiebasierten Kooperationsmodellierungsansatz entschieden. Das hier in dieser Arbeit vorgeschlagene ORKU (ontologisches Rahmenwerk für Kooperationsunterstützung) hat gezeigt, wie sich die multidisziplinären betrachteten Kooperationssichten im Systementwicklungsprozess selbst verwirklichen lassen, d.h. wie die Vorgänge des Explizierens des Lernens in und zwischen den Sichten unterstützt werden können.

ORKU besteht aus einer *Top-Level ontology* und drei *foundational ontologies*, die den Organisations-, Mensch- und System-Sichten entsprechen. Der Aufbau anhand Protégé-2000 wurde zusammengefasst sowie die Darstellung einiger Auszüge aus dem Protégé-Modell, die wir für die Fallstudie Krankenhaus, insbesondere für die Aufgabe „Patientenaufnahme" durchgeführt wurden. Schon in der ersten Phase des Aufbaus von ORKU hat die Überprüfung seiner Funktionalität ausgezeichnete Ergebnisse gezeigt.

Die vorangehenden Repräsentationen mit Protégé-2000 zeigen deutlich, dass mehr Kooperationsformen sichtbar geworden sind und sich explizit beschreiben lassen, welche mit den traditionellen Kooperationsbildern nicht sichtbar oder schwer zu visualisieren waren.

In einer partizipativen und evolutionären Systementwicklung können Ontologien zwei wichtige Beiträge liefern:

Als Kommunikationsartefakt: Die Standardisierung von Wissensstrukturen durch Ontologien bietet eine gemeinsame Kommunikationssprache an, welche die unterschiedlichen Verständnisse von Kooperationsaspekten (Koordination, Kollaboration und Kommunikation) gemäß der drei Perspektiven Organisation, Mensch und System berücksichtigt.

Als Lern- und Designartefakt: Ontologien bilden das gemeinsame Gedächtnis einer Organisation, welche alle rechnergestützten sowie nicht rechnergestützten Kooperationsaktivitäten repräsentiert. Somit dient das Organisationsgedächtnis als ein gemeinsames Lernartefakt für die verschiedenen Beteiligten in der gesamten System- und der Organisationsentwicklung.

Die vielfältigen Vorteile der Einbettung des hier vorgeschlagenen ontologischen Rahmenwerks ORKU in den gesamten Kontext des Systementwicklungsprozesses werden hervorgehoben. Im Fokus steht die Flexibilität der Vorgehensweise dank der Unterstützung der Lern- und Kommunikationsprozesse auf unterschiedlichen Ebenen und Sichten und die Überbrückung der Ist-Analyse mit dem Soll-Konzept dank der Unterstützung der Design-Sicht. Nicht nur der Softwareentwicklungsprozess sondern der gesamte Organisationsentwicklungs-Lebenszyklus wird einbezogen.

Schließlich lassen sich meine Erläuterungen für die Kooperationsmodellierung bei partizipativer und evolutionärer Systementwicklung, zum einen als Grundlage für die Ergänzung von Forschungsprojekte in der Softwaretechnik begreifen, um die wichtigen Äußerungen von Christiane Floyd in diesem Bereich explizit zu unterstützten. Zum anderen verstehen sich diese Erläuterungen als Grundlage, um die Prinzipien der Partizipation und Evolution bei Softwareentwicklung wieder etwas konkreter auf die aktuellen wissenschaftlichen Forschungsfragen zu beziehen. Dadurch habe ich einen wichtigen Beitrag für die Forschungsprojekte in der Softwaretechnik durch das ontologische Rahmenwerk ORKU geleistet, um die Einbeziehung der Partizipations- und Evolutionsanforderungen im Softwareentwicklungsprozess explizit darzustellen und somit konstruktiv nutzbar zu machen.

9.2 Ausblick

Der Ontologieansatz wurde in letzter Zeit wegen seiner Nähe zu den konzeptuellen Modellierungsbereichen sehr viel diskutiert. Im Moment ist er in der Softwaretechnik in den Bereichen der Software-Komponenten-Wiederverwendung und Integration auch ein sehr aktuelles wissenschaftliches Thema.

Das in der vorliegenden Dissertation vorgeschlagene ontologische Rahmenwerk für Kooperationsunterstützung bei Systementwicklung hat mehrere Ausgangspunkte für Verwendungsweisen der Ontologien im Bereich Softwaretechnik gezeigt. Ich betrachte die Ergebnisse als einen ersten Schritt und Grundlage dafür, die Machbarkeit der Verwendung der Ontologien zu beweisen, um komplexe Problemen der Softwaretechnik zu lösen und umgekehrt, dass die Modellierungscommunity mit solchen praktischen Problemen einen Anwendungsbereich für ihre theoretischen Ergebnisse findet.

Ontologien allein haben keinen Zweck. Sie brauchen einen Kontext für die Semantikerstellung. Von daher wird sicherlich eine weitere Bearbeitung und Vervollständigung des Aufbaus des ORKU auch in Zukunft ein interessantes Thema für die konzeptuelle Modellierungs- sowie Softwaretechnik-Community darstellen.

Ein weiterer Ausblick bezieht sich auf die Ebene verwendeten Technologien. Auch wenn Ontologie-Sprachen und Model-Driven Architekturen (MDA) als zwei unterschiedliche Technologien betrachtet werden, die parallel von unterschiedlichen Communities entwickelt werden, können sich Gemeinsamkeiten erweisen und sie daher zusammengebracht werden.

ORKU wird als Ausgangpunkt für Selbsthilfe betrachtet, um wiederzuverwendende Architektur abändern zu können. Beliebige weitere Modelle und Architekturen lassen sich davon ableiten.

Da Protégé-2000 das XML-Format generiert, das sich sehr einfach zu anderen Modellierungssprachen anhand verschiedener vorhandener Technologien umwandeln lässt, könnte MDA diese Technologien sein. Eine weitere wissenschaftliche Fragestellung wäre, die Verbindungen zwischen ORKU und MDA-Technologie zu untersuchen und eine adäquate „Mappingstechnick" zu erarbeiten. Kurzfristig würden adäquate grafische Werkzeuge anhand der unterschiedlichen vorhandenen *Plug-ins* in Protégé-2000 einen wertvollen Beitrag dazu leisten, um die semantisch Anreicherung der Kooperationsbilder anhand von ORKU besser zu visualisieren. Hoffentlich wird diese Arbeit weiter geführt, um die erweiterte Leistung zu erreichen, dass die Systementwicklung als soziale Aktivität die Konstruktion der Realität weiter konkretisiert und aktualisiert wird.

Literatur

Alin et al. 1997
F. Alin, D. Lafont, J.F. Macary: Le projet intranet, Eyrolles, Paris, 1997

Alonso et al. 1997
G. Alonso, D. Agrawal, A. El Abbadi, C. Mohan: Functionalitiy and Limitations of Current Workflow Management Systems. IEEE-Expert (Spezialausgabe über kooperative Systeme), 1997

Argyris, 1996
C. Argyris: Defensive Routinen und eingeübte Inkompetenz, in: Fatzer, Gerhard (Hrsg.): Organisationsentwicklung und Supervision: Erfolgsfaktoren bei Veränderungsprozessen, Köln: Ed. Humanistische Psychologie 1996

Argyle 1991
M. Argyle: Cooperation- The Basis of Sociability, Routledge, 1991

Axelrod 1984
R. Axelrod: The Complexity of Cooperation: Agent-Based Models of Competition and Collaboration, Princeton, New Jersey: Princeton University Press 1997

Bair 1989
J. H. Bair: Supporting Cooperative Work with Computers: Addressing Meeting Mania; IEEE Computer, 4, 1989

Bendoukha 2007a
L. Bendoukha: Cooperation Modelling for Integrating Organizational Change into the System Development Process. In Proceeding of the 2007 SAIS "Southern Association for Information Systems Conference", PP: 228-232, March 9-10, Jacksonville, Florida USA, 2007

Bendoukha 2007b
L. Bendoukha: Eine ontologiebasierte Kooperationsmodellierung für die Verbindung der Systementwicklung mit dem Organisationswandel. In: Wolf-Gideon Bleek, Henning Schwentner, Heinz Züllighoven (Hrsg.): Lecture Notes in Informatics (LNI) - Proceedings, Series of the Gesellschaft für Informatik e.V. (GI), Software Engineering 2007 Beiträge zu den Workshops, Hamburg, März 26-30, S. 301-304, 2007

Bendoukha 2007c
L. Bendoukha: An Ontological Framework for Modelling Complex Cooperation Contexts in Organizations. Proceeding of the 17th European-Japanese Conference on Information Modelling and Knowledge Bases, June 4-8, Pori Finland, 2007

Bendoukha 2008
L. Bendoukha: An Ontological Framework for Modelling Complex Cooperation Contexts in Organizations. In: Frontiers in Artificial Intelligence and Applications, IOS Press Ohmsha, Information Modelling and Knowledge Bases XIX, edited by Hannu

Jaakkola, Yasushi Kiyoki and Takehiro Tokuda, Volume 166, P. 379-383, Amsterdam, 2008

Bødker 1991
S. Bodker: Through the interface- A human activity approach to user interface design. Lawrence Erlbaum Associates, Hillsdale, N.J., 1991

Booch 1994
G. Booch: Object-Oriented Analysis and Design with Applications, 2nd ed. 1994

Borghoff & Schlichter 1995
U. M. Borghoff, J. H. Schlichter: Rechnergestützte Gruppenarbeit. Springer-Verlag, Berlin, 1995

Borghoff & Schlichter 1998
U. M. Borghoff, J. H. Schlichter: Rechnergestützte Gruppenarbeit – Eine Einführung in verteilte Anwendungen. Springer-Verlag, Berlin Heidelberg

Bowker & Star 1999
G. C. Bowker & S. L. Star, S. L.: Sorting Things Out: Classification and Its Consequences. Parts II and III. MIT Press: Cambridge, MA, 1999

Bubenko 1977
J. A. Bubenko: An Inferential Abstract Modeling Approach to Design of Conceptual Schema. SIGMOD Conference 1977: 62-74

Bubenko 2007
J. A. Bubenko: From Information Algebra to Enterprise Modelling and Ontologies – a Historical Perspective on Modelling for Information Systems. In Proceeding Conceptual Modelling in Information Systems Engineering. J. Krogstie, A. L. Opdahl, Sjaak Brinkkemper (Eds.), 2007

Budde & Züllighoven 1990
R. Budde, H. Züllighoven: Software-Werkzeuge in einer Programmierwerkstatt – Ansätze eines hermeneutisch fundierten Werkzeug- und Maschinenbegriffs. GMD-Bericht Nr. 182, Oldenburg, 1990

Budde et al. 1992
R.Budde, K. Kautz, K. Kuhlenkamp, H. Züllighoven: Prototyping – An Approach to Evolutionary System Development. Springer Verlag, 1992

Coleman et al. 1992
D. Coleman, R. Shapiro: Defining Groupware. Special Advertising Section to Network World, Juni 1992

Chen 1976
P. Chen: The entity-relationship model- toward a unified view of data. ACM Transactions on Database Systems (TODS), Volume 1, Issue 1, 1976

Curtis et al. 1992
B. Curtis, M. I. Kellner, J. Over: Process modelling. In Communications of the ACM, Vol. 35, Issue 9, September 1992

Literatur

Deitters et al. 1996
W. Deitters, T. Herrmann, T. Löffeler, R. Striemer: Identifikation und Unterstützung semi-strukturierter Prozesse in Prozessorientierten Telekooperationssystemen. In Krcmar H., Schwabe H. (Hrsg.): Herausforderung Telekooperation- Einsatzerfahrungen und Lösungsänsatze für ökonomische und ökologische, technische und soziale Fragen unserer Gesellschaft; Fachtagung DCSCW" 96 Stuttgart, Springer-Verlag, Berlin 1996

De Michelis 1996
G. De Michelis: Computer Supported Cooperative Work: Computers between Users and Social Complexity. In S. Bagnara, C. Zucchermaglio, S. Stucky (eds.). Organizational Learning and Technological Change, Springer, Berlin: forthcoming 1996

Derboven et al. 1999
W. Derboven & M. Dick & T. Wehner: Erfahrungsorientierte Partizipation und Wissensentwicklung. Die Anwendung von Zirkeln im Rahmen von Wissensmanagementkonzepten. In Harburger Beiträge zur Soziologie und Psychologie der Arbeit

Deutsch 1949
M. Deutsch: A theory of cooperation and competition. Human Relations, 2, 2, 129-152, 1949

Dick 2005
M. Dick: Organisationales Lernen. In F. Rauner (Hrsg.), Handbuch Berufsbildungsforschung , S. 299-307. Bielefeld: Bertelsmann, 2005

Dick & Wehner 1999
Dick, M. & Wehner Theo, (2001). Wissensmanagement: Der Stand der Diskussion. In J. Hennig & M. Tjarks-Sobhani (Hrsg.), Informations- und Wissensmanagement für technische Dokumentation (S. 11-32). Lübeck: Schmidt-Römhild

Dittrich 1998
Y. Dittrich: Developing a Language for Participation, Project Language as a Meeting Place for Users and Developers in Participatory Software Development, Research Report, 18/ 98

Döhring 2000
C. Döhring: Vorgangsorientierte Systementwicklung für kooperative Anwendungen: Der Weg vom ARIS-Prozeßmodell zum COSA-Workflow, Diplomarbeit, Fachbereich Informatik, Universität Hamburg, 2000

Drews & Schirmer 2007
Drews & I. Schirmer: Folien der Vorlesung IGMO, Universität Hamburg, Fachbereich Informatik 2007

Dubois 1989
E. Dubois: A Logic of Action for Supporting Goal-Oriented Elaborations of Requirements. Proceedings of the Fifth International Workshop on Software Specification and Design (IWSSD'89), CS Press, 1989, 160-168

Dumas & Charbonnel 1990
P. Dumas, G. Charbonnel: La méthode OSSAD –Pour maîtriser les technologies de l'information Tome 1: Principes, Les Editions d'Organisation, Paris, 1990

Ellis 1979
C. Ellis: Information Control Nets, A Mathematical Model of Office Information Flow; In Proceedings of the ACM conference on Simulation, Measurement and Modelling of Computer Systems, p.225-240, 1979

Ellis & Wainer 1994a
C. Skip Ellis, J. Wainer: A conceptual Model of Groupware. ACM CSCW Conference on Computer Supported Cooperative Work, Chapel Hill, North Carolina, USA, S. 79-88, 1994

Ellis & Wainer 1994b
C. Skip Ellis, J. Wainer: Goal-based models of collaboration, Collaborative Computing, Volume 1, Number 1, p.61-86, March, 1994

Ellis et al. 1991
C. Ellis, S.J. Gibbs, G.L. Rein: Groupware some issues and experiences, in Baecker, R.M. (Ed.) Readings in Groupware and Computer-Supported Cooperative Work, Morgan Kaufmann Publishers, Inc, 1991

Ellis 1995
C. Ellis: A Workflow Architecture to Support Dynamic Change. Workshop on Distributed Systems, Multimedia, and Infrastructures, March 1995, 23-30

Elschenbroich 2001
D. Elschenbroich: Das Weltwissen der Siebenjährigen. Wie Kinder die Welt entdecken können. München, 2001

Ermine 2000
J. L. Ermine: Les systèmes de connaissances: 2eme édition revue et augmentéee, Eds. Hermès, 2000

Finkelstein et al. 1990
A. Finkelstein, J. Kramer, B. Nuseibeh: A Viewpoint-based Framework for Software Development Environments. Presented at IEEE Colloquium on "Architectures for Distributed Development Support Environments", 4th November 1991, Savoy Place, London, Digest Number: 1991/162

Fischer et al. 1998
J. Fischer, U. Kern, G. Hammer, A. Rulle, M. Städler, Th. Steffen: Verbundprojekt MOVE - Modellierung einer Verteilten Architektur für die Entwicklung unternehmensübergreifender Informationssysteme und ihre Validierung im Handelsbereich. Erscheint in: Statusband des BMBF Softwaretechnologie Berlin 1998

Fitzpatrick 1998
G. A. Fitzpatrick: The Locales Framework: Understanding and Designing for Cooperative Work; a thesis submitted for Doctor of Philosophy, Nov. 1998

Fitzpatrick et al. 1998
G. Fitzpatrick, S. Parsowith, B. Segall, S. Kaplan: Tickertape: Awareness in a single line. In Human Factors in Computing Systems: CHI 98 Summary, S. 281-282, Los Angeles, ACM press, Apr. 1998

Floyd 1983
C. Floyd: A systematic look at prototyping, in: Budde et al. (Hrsg.), Approaches to prototyping, Springer Verlag, 1983

Floyd 1986
C. Floyd: STEPS - eine Orientierung der Softwaretechnik auf sozialverträgliche Technikgestaltung; In: E. Riedemann, U. von Hagen, K.-D. Heß, W. Wicke (Hrsg.): 10 Jahre Informatik und Gesellschaft - eine Herausforderung bleibt bestehen. Forschungsbericht 227 der Universität Dortmund, S. 106-136, 1986

Floyd 1987
C. Floyd: Outline of a Paradigm Change in Software Engineering. In: Gro Bjerknes, Pelle Ehn, Morten Kyng (eds.): Computers and Democracy - a Scandinavian Challenge. Dower Publishing Company, Aldershot, Hampshire, S. 192-210

Floyd et al. 1989
C. Floyd, F. Reisin, G. Schmidt: STEPS to Software Development with Users. In: C. Ghezzi, J.A. McDermid (Hrsg.): ESEC´89, Lecture Notes in Computer Science Nr. 387, Springer, Berlin, Heidelberg, New York, pp. 48-64, 1989

Floyd 1991
C. Floyd: Arbeitsunterlagen zur Lehrveranstaltung Einführung in die Softwaretechnik, Kapitel 3: Aufgabenbezogene Anforderungsermittlung, Universität Hamburg, 1991

Floyd 1992
C. Floyd: Software Development as Reality Construction. In: Floyd, C., Züllighoven, H., Budde, R., Keil-Slawik, R. (Hg.): Software Development and Reality Construction. Berlin: Springer, S. 86-100

Floyd 1994a
C. Floyd: Software-Engineering- und dann? In: Informatik Spektrum, Band 17, Heft 1, Februar , 1994, S. 29-37

Floyd 1994b
C. Floyd: Evolutionäre Systementwicklung und Wandel in Organisationen. Der GMD-Spiegel; Die Revolution in der Unternehmenskultur, Herausforderung für die Informationstechnik, September

Floyd 1995
C. Floyd: Software-Engineering: Kritik und Perspektiven. In: Friedrich u.a. 1995, S. 238-254

Floyd 1997
C. Floyd: Autooperationale Form und situiertes Handeln. In: Hubig, Ch. (Hg.): Cognitio Humana – Dynamik des Wissens und der Werte. Akademie Verlag. 1997

Floyd et al. 1997
C. Floyd, A. Krabbel, S. Ratuski, I. Wetzel: Zur Evolution der evolutionären Systementwicklung: Erfahrungen aus einem Krankenhausprojekt. In: Informatik Spektrum, Band 20, Heft 1, Februar 1997, S. 13-20

Floyd & Klichewski 1998
C. Floyd & R. Klischewski: Modellierung, ein Handgriff zur Wirklichkeit. Zur sozialen Konstruktion und Wirksamkeit von Informatik-Modellen. In: Pohl, K., Schürr, A., Vossen, G. (Hrsg.): Modellierung 98 Proceedings. Universität Münster, Bericht, 6/98-I (März 1998), S. 21-26, 1998

Floyd & Klaeren 1999
C. Floyd, H. Klaeren: Informatik als Praxis und Wissenschaft, Tübinger Studientexte Informatik und Gesellschaft 1999

Floyd & Oberquelle 2002
C. Floyd, H. Oberquelle: Anforderungsermittlung für Anwendungssoftware. Grundbegriffe und Methoden. Arbeitsunterlagen zur Lehrveranstaltung Softwaretechnik und Software-Ergonomie, Vorlesung 7, Universität Hamburg, 2001-2002

Floyd et al. 2000
Floyd et al.: Social Thinking- Software Practice: Approaches Relating Software Development, Work, and Organizational Change, Dittrich, Y., Floyd, C., Jayaratna, N., Kensing, F., Klischewski, R. (ed.), Dagstuhl- Seminar- Report 250, 1999 (99361), Wadern: IFIB, 2000

Floyd & Züllighoven 2002
C. Floyd, H. Züllighoven: Softwaretechnik. In: P. Rechenberger, G. Pomberger (Hrsg.): Informatik-Handbuch, München

Floyd & Oberquelle 2004
C. Floyd, H. Oberquelle: Arbeitsunterlagen zur Lehrveranstaltung Softwaretechnik und Software-Ergonomie, Universität Hamburg, 2003-2004

Floyd 2004
C. Floyd: Informatik – Mensch – Gesellschaft 1, Prüfungsunterlagen. Universität Hamburg, Fachbereich Informatik. Oktober 2004

Floyd & Ukena 2005
C. Floyd, S. Ukena: On Designing Situated Ontologies for Knowledge Sharing in Communities of Practice. Workshop on Philosophical Foundations of Information Systems Engineering. Proceedings of the CAISE'05 Workshops, Vol. 2, 2005

Gangemi & Guarino 2001
A. Gangemi & N. Guarino: WonderWeb Deliverable D19. Impact of foundational ontologies on standardization activities. In IST Project 2001-33052 WonderWeb: Ontology Infrastructure for the Semantic Web. 2001

Georgakopoulos et al. 1995
D. Georgakopoulos, M. Hornick, A. Sheth: An Overview of Workflow Management: From Process Modeling to Workflow Automation Infrastructure. In Distributed and Parallel Databases, 3, Kluwer Academic Publishers, Boston MA, 1995

Literatur

Glasersfeld 1992
E. Glasersfeld: Konstruktion der Wirklichkeit und des Begriffs der Objektivität. In: Förster (Hrsg.): Einführung in den Konstruktivismus, München, 1992

Glasmeier & Fuellhart 1996
A. Glasmeier, K. Fuellhart: What do we Know About Firm Learning. In: European International Business Academy (Hrsg.): Innovation and International Business. 22nd Annual Conference, Stockholm 1996

Goeble & Schulz 1997
L. Goeble & T. Schulz: Ebenen der Begriffsbildung in den Frühphasen der Softwareentwicklung. Diplomarbeit, Universität Hamburg, Fachbereich Informatik, April 1997

Greif 1988
I.Greif: Computer Supported Cooperative Work: A book Readings; Morgan Kaufmann Publishers, San Mateo, California, 1988

Gruber 1993
T. R. Gruber: Towards Principles for the Design of Ontologies Used for Knowledge Sharing. In: Guarino, N.; Poli, R. (eds.):Formal Ontology in Conceptual in Conceptual Analysis and Knowledge Representation. Kluwer Academic Publishing, Deventer, 1993

Grudin 1993
J. Grudin: Groupware and Cooperative Work: Problems and Prospects. In Baecker, R. M. (Ed.) Readings in Groupware and Computer-Supported Cooperative Work, Morgan Kaufmann Publishers, Inc. 1993

Grundstein 1996
M. Grundstein: La capitalisation des connaissances de l'entreprise, une problèmatique de management, actes des 5ème Rencontres du programme MCX, Complexité: la stratégie de la reliance, Aix-en-Provence, 4-5 juillet 1996

Gryczan 1995
G. Grycsan: Situierte Koordination computergestützter qualifizierter Tätigkeit über Prozessmuster. Dissertation, Fachbereich Informatik, Universität Hamburg 1995

Guareis de Farias et al. 2000
C.R. Guareis de Farias, L. Ferreira Pires, M. van Sinderen: A conceptual model for the development of CSCW systems. Fifth International Conference on the Design of Cooperative Systems (COOP 2000), Sophia Antipolis, pp. 189-204, 2000

Guarino 1998
N. Guarino: Formal Ontology and Information Systems. In: Formal Ontology in Information Systems. Proceeding of FOIS´ 98, Trento, Italy, 6-8 June 1998. Amsterdam, IOS Press, pp.3-15

Guarino 2006
N. Guarino: Foundational Ontologies for Humanities - the Role of Language and Cognition. In First International Workshop „Ontology based modelling in the humanities", 7-9 April 2006, University of Hamburg

Guizzardi et al. 2002
G. Guizzardi, H. Herre, G. Wagner: Towards Ontological Foundations for UML Conceptual Models, 1st International Conference on Ontologies, Databases and Application of Semantics (ODBASE'02), Irvine, USA, 2002. Springer-Verlag, Berlin, Lecture Notes in Computer Science 2519

Hammel 2002
M. Hammel: Partizipative Softwareentwicklung im Kontext der Geschlechterhierarchie. Dissertation, Universität Hamburg, Februar 2002

Harker et al. 1993
S.D.P. Harker, K.D. Eason, J.E. Dobson: The change and evolution of requirements as a challenge to the practice of software engineering. In Proceedings of the 1st Intl. Symposium on Requirements Engineering, San Diego, CA, 266-272, 1993

Hartfiel 1972
G. Hartfiel,: Wörterbuch der Soziologie. Verlag Alfred Körner, Stuttgart 1972

Hasenkamp et al. 1994
U. Hasenkamp, S. Kirn, M. Syrin (Hrsg.): CSCW-Computer Supported Cooperative Work; Addison-Wesley Gmbh, Bonn 1994

Heath & Luff 1992
C. Heath, P. Luff: Collaboration and control: Crisis management and multimedia technology in London Underground line control rooms; Computer Supported Cooperative Work, 1: 69-94, 1992

Heijl 1992
P. M. Heijl: Konstruktion der sozialen Konstruktion. In: Förster (Hrsg.): Einführung in den Konstruktivismus, München, 1992

Hensel 2000
D. Hensel: Relating Ontology Languages and Web Standards. In: J. Ebert, U. Frank (Hrsg.): Modelle und Modellierungssprachen in Informatik und Wirtschaftsinformatik. Proc. "Modellierung 2000", Fölbach-Verlag, Koblenz 2000

Hesse et al. 1994
W. Hesse, G. Barkow, H. v. Braun, H. Kittlaus, G. Scheschonk: Terminologie der Softwaretechnik – ein Begriffssystem für die Analyse und Modellierung von Anwendungssystemen. Teil 1: Begriffssystematik und Grundbegriffe. In: Informatik-Spektrum 1994 Band 17

Hesse 2005
W. Hesse: Ontologies in the Software Engineering process, in: R. Lenz et al. (Hrsg.): EAI 2005 - Tagungsband Workshop on Enterprise Application Integration, GITO-Verlag Berlin 2005

Hesse 1997a
W. Hesse: Life cycle models of object-oriented software development methodologies. In: A. Zendler et al.: Advanced concepts, life cycle models and tools for object-oriented software development. Reihe Softwaretechnik 7, Tectum Verlag Marburg 1997

Hesse 1997b
W. Hesse: Wie evolutionär sind die objektorientierten Analysemethoden? Ein kritischer Vergleich. In Informatik-Spektrum, Springer-Verlag Berlin / Heidelberg, Volume 20, Nummer 1 / Februar 1997

Högl & Gemünden 2001
M. Högl, H. G. Gemünden: Teamwork quality and the Success of Innovative Projects: A theoretical Concept and Empirical Evidence, Organization Science Jhg. 12, No.4, S.435-449, 2001

Hughes et al 1991
J. Hughes, D. Randall, and D. Shapiro: CSCW: Discipline or paradigm? In L. Bannon, M. Robinson, and K. Schmidt, editors. Proceedings of the second European conference on computer-supported cooperative work, pages 309-323, Dordrecht. Kluwer Academic Publishers, 1991

Hutchins & Klausen 1992
E. Hutchins & T. Klausen: distributed cognition in an airline cockpit. In D. Middleton and Y. Engeström (Ed.), Communication and cognition at work, Cambridge University Press, 1992

Jacobs 1994
S. Jacobs: Methodenorientierte Entwicklung von CSCW-Systemen; in: Hasenkamp (Hrsg.): Einführung von CSCW-Systemen in Organisationen. Tagungsband der D-CSCW '94, Braunschweig: Vieweg, 1994

Jarke & Pohl 1993
M. Jarke, K. Pohl: Establishing visions in context: towards a model of requirements processes. Proc. 12th Intl. Conf. Information Systems, Orlando, Fl, 1993

Jarke 1998
M. Jarke: Anforderungsmodellierung: Können wir die Brücke zwischen Anwendung und Entwicklung stabilisieren? Eingeladener Vortrag in Modellierung 98, Proceedings. Universität Münster, Bericht Nr. 6/98-I, 1998

Johanson et al. 1991
R. Johanson, D. Sibbet, S. Benson, A. Martin, R. Mittman, P. Saffo: Leading Business Teams: How Teams Can use Technology and Group Process Tools to enhance Performance; Addison-Wesley, Reading, Massachusetts, 1991

Kavakli & Loucopoulos 2003
E. Kavakli & P. Loucopoulos: Goal-Driven Requirements Engineering: Evaluation of Current Methods. In EMMSAD 2003. 2003. Velden, Austria.

Kazmeier 1998
J. Kazmeier: Modellierung soziotechischer Systeme im Requirements Engineering bei betrieblicher Software, Dissertation an der Technischen Universität München 1998

Kieser et al. 1999
Kieser, U. Koch, und M. Woywode: Wie man Bürokratien das Lernen beibringt, in: ZfO 3/1999, S. 128-133

Kilberth et al. 1993
K. Kilberth, G. Gryczan, H. Züllighoven: Objektorientierte Anwendungsentwicklung, Konzepte, Strategien, Erfahrungen, Vieweg Verlag, 1993

Khoshafian & Buckiewicz 1993
S. Khoshafian, M. Buckiewicz: Groupware & Workflow. Edition Masson, S. 297, 1993

Klimecki & Thomae 1997
R.G. Klimecki, M. Thomae: Organisationales Lernen; Eine Bestandsaufnahme der Forschung. Nr. 18, 1997

Kraak 1991
B. Kraak (1991): Der riskante Weg von der Information zum Wissen, Göttingen, Toronto, Zürich: Hogrefe 1991

Krabbel & Wetzel 1997
Krabbel & I. wetzel: Vorgehensweise bei der Auswahl eines integrierten Krankenhausinformationssystems. In: C.O. Köhler, K.-H. Ellsässer (Hrsg.): Medizinische Dokumentation und Information – Handbuch für Klinik und Praxis. Loseblattsammlung, ecomed, Landsberg, 1-5, 1997

Krabbel et al. 1997
A. Krabbel, I. Wetzel, H. Züllighoven: On the Inevitable Intertwining of Analysis and Design: Developing Systems for Complex Cooperations. In: G. van der Veer, A. Henderson, S. Coles (eds.): DIS?97 Designing Interactive Systems: Processes, Practices, Methods, and Techniques, Conference Proceedings, Amsterdam, The Netherlands, August 1997, pp.205-213, 1997

Krabbel 2000
A. Krabbel: Entwurf, Auswahl und Anpassung aufgabenbezogener Domänensoftware; Dissertation zur Erlangung des Doktorgrades am Fachbereich Informatik der Universität Hamburg, 2000

Kuutti 1996
K. Kuutti: Debates in IS and CSCW Research: Anticipating System Design for Post-Fordist Work. In Information Technology and Changes in Organizational Work, W. Orlikowski, et al., Editors. 1996, Chapman & Hall: London. p. 287-308

Leonard & Sensiper 1998
C. Leonard, S. Sensiper: The role of tacit knowledge in group innovation. California Management review, 40 (3), 112-132, 1998

Leymann 1995
F. Leymann: Workflows make Objects really Usefull. In Proceedings 6th int. Workshop on High Performance Transaction Systems (HPTS), Asilomar CA, U.S.A., 1995

Leymann 1997
F. Leymann: Tutorium: Workflow-Management und Produktionsworkflows; anlässlich der BTW'97, Ulm, 1997

Lubich 1995
   Lubich, Hannes P.: Towards a CSCW Framework for Scientific Cooperation in Europe. Springer, Heidelberg 1995. Nach: Teufel et al. 1995

Malone et al. 1990
   T.W. Malone, K. Crowston: What is Coordination Theory and how it helps design Cooperative Work Systems? In F. Halasz (Ed.) CSCW 90: Proceedings of the Conference on Computer-Supported Cooperative Work. Association for computing machinery, Los Angeles, Oct. 7-10, S. 357-370, 1990

Marshak 1992
   R. Marshak: Requirements for Workflow products. In Proceeding of the Conference Groupware, London, 1992

Masolo et al. 2001
   C.Masolo, S. Borgo, A. Gangemi, N. Guarino, A. Oltramari, L. Schneider: The WonderWeb Library of Foundational Ontologies and the DOLCE ontology. IST Project, WonderWeb: Ontology Infrastructure for the Semantic Web, 2001

Mayr & Breu 2006
   H. C. Mayr, Ruth Breu 2006: Modellierung 2006. In Lecture Notes in Informatics, 22.-24. März 2006, Innsbruck, Tirol, Austria

McCarthy & Sarin 1993
   D.R. McCarthy, S.K. Sarin: Workflow and transactions in InConcert. Bulletin of Technical Committee on Data Engineering, Vol. 16, N° 2, IEEE, June, Special Issue on Workflow and Extended Transactions Systems. p. 53-56, 1993

Minnig 1995
   C. Minnig: Mensch und Informationstechnologie, in: ZfO; S.180-185, 1995

Mumford, & Welter 1984
   E. Mumford, G.Welter: Benutzerbeteiligung bei der Entwicklung von Computersystemen, Berlin: E. Schmidt Verlag 1984

Naffah 1994
   N. Naffah: Workflow: Etat de l'art et evolution; In Proceedings of the Conference IT FORUM'94, Télécom Paris, 1994

Nagl 1997
   Nagl: Lernende Organisation, Aachen: Shaker Verlag, 1997

Necco et al. 1987
   C. R. Necco et al.: Systems Analysis and Design: Current Practices. Management Information Systems Quarterly, Vol. 11, No. 4, 1987, pp. 461- 476.

Nonaka & Takeutchi 1995
   I. Nonaka, H. Takeuchi: The Knowledge-Creating Company: How Japanes companies create the dynamics of innovation. Oxford University Press, New York 1995

Nonaka & Takeutchi 1997
   Nonaka, H. Takeuchi: Die Organisation des Wissens, Frankfurt: Campus-Verl. 1997

Nurcan & Rolland 1997
  S. Nurcan, C. Rolland: A meta-model for goal-driven cooperative work processes. Proceedings of the Workshop on the many facets of Process Engineering (MFPE'97), Gammarth, Tunis, September 22-23, 1997

Nurcan 1998
  S. Nurcan: Main concepts for cooperative workplace analysis. Proceedings of the Telecooperation Conference of the 15th IFIP World Computer Congress, Vienna Austria, 1998

Nygaard 1986
  K. Nygaard: Program Development as a Social Activity; Information Processing 86, H.-J. Kugler (ed.), Elsevier Science Publishers B.V. (North Holland), IFIP, 1986 (Proceedings from the IFIP 10th World Computer Congress, Dublin, Ireland, pp. 189-198, September 1-5, 1986

Oberquelle 1991
  H. Oberquelle: CSCW- und Groupware-Kritik. In H. Oberquelle (Hrsg.), Kooperative Arbeit und Computerunterstützung (S. 37-61). Göttingen: Verlag für Angewandte Psychologie, 1991

Ovum 1991
  Ovum: Workflow Management Software. Ovum Ltd., London, England, 1991

Pape & Rolf 2002
  B. Pape, A. Rolf: Neue Gestaltungsmöglichkeiten für die (Wirtschafts-) Informatik: wie gewonnen, so zerronnen. Organisationstheoretische Einsichten. In: Floyd, C.; Fuchs, C.; Hofkrichner, W. (Hrsg.): Stufen zur Informationsgesellschaft, Frankfurt a.M. u.a., 373-390, 2002

Parsons et al. 1953
  T. Parsons, R. Bales, E. Shils: Working Papers in the Theory of Action, New York, the Free Press, 1953

Pasch 1994
  J. Pasch: Software-Entwicklung im Team, Berlin, Heidelberg u.a.O.: Springer 1994

Petrovic 1993
  O. Petrovic: Workgroup Computing - Computergestützte Teamarbeit: Informationstechnologische Unterstützung für teambasierte Organisationsformen. Physika-Verlag, Heidelberg 1993

Piepenburg 1991
  U. Piepenburg: Ein Konzept von Kooperation und die technische Unterstützung kooperativer Prozesse in Bürobereichen. In: J. Friedrich; K.-H. Rödiger (Hrsg.): Computergestützte Gruppenarbeit (CSCW). Teubner Verlag, Stuttgart 1991, S. 79-94

Piepenburg 1994
  U. Piepenburg: Semantikerstellung in der Softwareentwicklung; Qualitätszirkel als Hilfsmittel bei der Anwendungsentwicklung, Dissertation am Fachbereich Informatik der Universität Hamburg, 1994

Pinto et al. (1993)
: M.B. Pinto, J.K. Pinto, J.E Prescott: Antecedents and consequences of project team cross-functional cooperation. Management Science, 39(10): 1281 – 1297

Pohl 1993
: K. Pohl: The three dimensions of requirements engineering. Lecture Notes Computer Sciences, Springer Berlin. 1993

Prakash & Rolland 1999
: C. Rolland & N. Prakash: from conceptual modelling to requirements engineering. In Annals of Software Engineering, Special Volume on Comparative Studies of Engineering Approaches for Software Engineering, 1999

Probst et al. 1999
: G. Probst, S. Raub, K. Romhardt: Wissen Managen: Wie Unternehmen ihre wertvollste Ressource optimal nutzen. 3. Aufl. Frankfurt/Main : Gabler, 1999

Reinhold 1992
: G. Reinhold (Hrsg.): Soziologie-Lexikon. 2. Überarbeitete Auflage; Oldenbourg, München 1992

Reisin 1992
: F. M. Reisin: Kooperative Gestaltung in partizipativen Softwareprojekten. Frankfurt am Main 1992

Rittel & Webber 1973
: H.W.J. Rittel, M.M. Webber: Dilemmas in a general theory of planning; policy Sciences, 4: 155-169, 1973

Ritter 1997
: N. Ritter: DB-gestützte Kooperationsdienste für technische Entwurfsanwendungen, (auch Dissertation), DISDBIS 33, 1997

Rodden 1991
: T. Rodden: A survey of CSCW systems. Interacting with Computers, 3(3):319 , 1991

Rolf 1998
: Rolf: Grundlagen der Organisations- und Wirtschaftsinformatik. Springer, Berlin, Heidelberg, New York, 1998

Rolf 2002
: A. Rolf: Informatiksysteme in Organisationen, 7 Beiträge von Studierenden der Informatik, uni HH, FBI-HH-M-317/2002

Rolf 2008
: A. Rolf: Mikropolis ^{2010}. Menschen, Computer, Internet in der globalen Gesellschaft. Metropolis-Verlag für Ökonomie, Gesellschaft und Politik GmbH, Marburg 2008

Rosenstiel 1997
L. Rosenstiel: Verhaltenswissenschaftliche Grundlagen von Veränderungsprozessen. In: Reiß et al. (Hrsg.): Change Management: Programme, Projekte und Prozesse, Stuttgart: Schäffer-Poeschel 1997 Schael 1997

Rumbaugh et al. 1991
J. Rumbaugh, M. Blaha, W. F. Eddy, W. Lorensen: Object-Oriented Modelling and Design. Englewood-Cliffs, New Jersey: Prentice Hall, 1991

Schael 1997
T.Schael: Théorie et pratique du workflow: des processus métier renouvelés, Edition Springer, Berlin, 1997

Schäfer 1999
A. Schäfer: CSCW. Computer Supported Cooperative Work. Computerunterstützte Kooperation im Architektur- und Planungsbüro. Hannover, Februar 1999

Scheer 1998
A.-W. Scheer: Modellierungsmethoden, Metamodelle, Anwendungen; dritte Auflage, Springer Verlag, Berlin, 1998

Scherer & Zölch 1995
E. Scherer, M. Zölch: Nutzung humanorientierter Potentiale bei der Gestaltung von Geschäftsprozessen. In: Management & Computer 3. Jg., S.35-42, 1995

Sheth et al. 1996
Sheth, D. Georgakopoulos, D. Joosten, M. Rusinkiewicz, M. Scacchi, W. Wileden, J. Wolf: Report from NSF Workshop on Workflow and Process Automation in Information Systems, Univ. of Georgia, Athens, Georgia, 1996

Schewe & Thalheim 2008
K. D. Schewe & B. Thalheim: Web information systems co-design. iiWAS 2008

Schill 1996
A. Schill: Rechnergestützte Gruppenarbeit in verteilten Systemen; Printice Hall, München, 1996

Schlichter et al. 1997
J. Schlichter, M. Koch, M. Bürger: Workspace Awareness for Distributed Teams. In Proc. Workshop Coordination Technology for Collaborative Applications, Singapore, 1997

Schmidt & Simone 1996
K. Schmidt & C. Simone: Coordination mechanisms: Towards a conceptual foundation of CSCW systems design. Journal of Computer Supported Cooperative Work, vol. 5, no. 2-3, 1996

Scholl 1990
W. Scholl: Die Produktion von Wissen zur Bewältigung komplexer organisatorischer Situationen. In: Fisch, Boos (Hrsg.): Vom Umgang mit Komplexität in Organisationen. Universitätsverlag Konstanz 1990

Schüppel 1996
J. Schüppel: Wissensmanagement: organisatorisches Lernen im Spannungsfeld von Wissens- und Lernbarrieren. Gabler, Wiesbaden 1996

Schwab 1995
K. Schwab: Workflow Management Systeme: aktuelle Trends und Perspektiven; Fest-Schrift zum 60. Geburtstag von Walter Augsburger, Univ. Bamberg, 1995

Schwabe 1995
G. Schwabe: Gemeinsames Material und Gruppengedächtnis. In CSCW-Kompendium, 1995

Schwabe & Krcmar 1996
G. Schwabe, H. Krcmar: Der Needs Driven Approach. In: Krcmar et al. (Hrsg.): Herausforderung Telekooperation - Fachtagung Deutsche Computer Supported Cooperative Work 1996, Berlin, Heidelberg u.a.O.: Springer 1996

Smith & Welty 2001
B. Smith, C. Welty: FOIS Introduction –Ontology: Towards a new Synthesis. In: Formal Ontology in Information Systems 2001

Sowa 2000
J. F. SOWA: Knowledge Representation: Logical, Philosophical, and Computational Foundations. Erreichbar unter: http://users.bestweb.net/~sowa/ontology/

Swenson 1993
K.D. Swenson: Visual Support for Reengineering Work Process. Proceedings of the Conference on Organizational Computing Systems, ACM, Milpitas, California, p. 130-141, 1993

Teufel et al. 1995
S. Teufel, C. Sauer, T. Mühlherr, K. Bauknecht: Computerunterstützung für die Gruppenarbeit; Addison-Wesley, Bonn, 1995

Tesmer & Blank 1999
O. Tesmer, T. Blank: Workflowunterstützung für den universitären Lehrplanungsprozess: Möglichkeiten und Grenzen bei der Umsetzung mit FlowMark. Studienarbeit, Fachbereich Informatik, 1999

Ulich 1992
E. Ulich: Arbeitspsychologie. 2. verb. Aufl., Poeschel, Stuttgart und Verlag der Fachvereine an den schweizerischen Hochschulen und Techniken (vdf), Zürich, 1992

Uschold & Gruninger 1996
M. Uschold, M.Grüninger: Ontologies: Principles, Methods, and Applications. The Knowledge Engineering Review, 1996

Van Griethuysen 1982
J.J. Van Griethuysen: Concepts and Terminology for the Conceptual Schema and the Information Base. ISO Technical Report ISO/TC97/SC5/WG3, 1982

Wastell et al. 1994
D.G. Wastell, P. White, und P. Kawalek: A methodology for business process redesign: experiences and issues. Journal of Strategic Information Systems, 3(1):23–40, 1994

Watt & Monk 1997
L. Watts, A. Monk: Telemedical consultation: Task characteristics. In Proceedings of CHI'97 Conference on Human Factors in Computing Systems, pages 534–535, Atlanta, GA, ACM Press, 1997

Weber 1919
M. Weber: Wirtschaft und Gesellschaft, englische Übersetzung: Economy and Society, 1978, University of California Press, Berkley and Los Angeles, California

Wetzel 2000
Wetzel: Information Systems Development with Anticipation of Change Focusing on Professional Bureaucraties. Proc. Hawai', HICCS-34, Maui, January 2000

Willke 1998
H. Willke: Organisierte Wissensarbeit. Zeitschrift für Soziologie (27) 3: 161-177, 1998

Wilson 1991
P. Wilson: Computer Supported Cooperative Work; Oxford, U.K.: Intellect Books, 1991

Winograd 1988
T. Winograd: A language/action perspective on the design of cooperative work. Human Computer Interaction, 3(1):3-30, 1988

Winograd & Flores 1986
T. Winograd, F. Flores: Understanding Computers and Cognition: A New Foundation for Design. Addison Wesley, Reading, 1986

Wyssusek 2004
B. Wyssusek: Ontology and Ontologies in Information Systems Analysis and Design: A critique. In: Proceedings of the Tenth Americas Conference on Information Systems, 2004

Yu & Mylopoulos 1994
E.S.K.Yu, J. Mylopoulos: From E-R to "A-R" - Modelling Strategic Actor Relationships for Business Process Reengineering". In Proceedings of the 13th Int. Conference on the Entity-Relationship Approach, Manchester, December 13-16, 1994

Yourdon 1989
E. Yourdon: Modern Structured Analysis. Prentice-Hall. 1989

Yun Yang 1995
Yun Yang: Coordination for Process Support is not enough! EWSPT 1995: 205-208

Zacklad & Rousseaux 1996
M. Zacklad, F. Rousseaux: Modelling Co-operation in the Design of Knowledge Production Systems: the MadeIn'Coop Method. Computer Supported Cooperative Work: the journal of Collaborative Computing, Vol.5, p. 133-154

Zacklad 1999
    M. Zacklad: La théorie des transactions intellectuelles, dans Intellectica, Paris, 1999

Zacklad 2003
    M. Zacklad: Communities of action: a Cognitive and Social Approach to the Design of CSCW Systems. ACM, November9-12, Sanibel Island, Florida, USA, 2003

Ziegler 2002
    J. Ziegler: Modelling cooperative work processes- A multiple perspectives framework. Int. Journal of human-computer interaction, 14(2), 139-157, 2002

Züllighoven 1998
    H. Züllighoven: Das objektorientierte Konstruktionshandbuch nach dem Werkzeug & Material-Ansatz. Dpunkt, Heidelberg, 1998

Zúñiga 2001
    G. L. Zuniga: Ontology: Its Transformation from Philosophy to Information Systems. In: Smith, B.; Welty, C. (eds.): 2nd Int. Conference on Formal Ontology in Information Systems: FOIS 2001, ACM Press, 2001

i want morebooks!

Buy your books fast and straightforward online - at one of world's fastest growing online book stores! Environmentally sound due to Print-on-Demand technologies.

Buy your books online at
www.get-morebooks.com

Kaufen Sie Ihre Bücher schnell und unkompliziert online – auf einer der am schnellsten wachsenden Buchhandelsplattformen weltweit! Dank Print-On-Demand umwelt- und ressourcenschonend produziert.

Bücher schneller online kaufen
www.morebooks.de

 VDM Verlagsservicegesellschaft mbH
Heinrich-Böcking-Str. 6-8   Telefon: +49 681 3720 174   info@vdm-vsg.de
D - 66121 Saarbrücken   Telefax: +49 681 3720 1749   www.vdm-vsg.de

Printed by Books on Demand GmbH, Norderstedt / Germany